ヒトラーの娘たち

ホロコーストに加担したドイツ女性

ウェンディ・ロワー
Wendy Lower
著

武井彩佳
監訳

石川ミカ
訳

HITLER'S FURIES:
German Women
in the Nazi Killing Fields

明石書店

HITLER'S FURIES:
German Women in the Nazi Killing Fields
by Wendy Lower

Published by special arrangement with
Houghton Mifflin Harcourt Publishing Company
Japanese translation rights arranged with
Houghton Mifflin Harcourt Publishing Co., Massachusetts
through Tuttle-Mori Agency, Inc., Tokyo

祖母、ナンシー・モーガンとヴァージニア・ウィリアムソン、
母、マリー・スザンヌ・リリェクイスト、
そして姉妹、ヴァージニア・ロワーとローリー・ロワーに本書を捧げる。

おもな登場人物
目撃者、共犯者、殺人者

インゲレーネ・イヴェンス（INGELENE IVENS）
キール出身の教師。ポーランドのポズナンに派遣された。

エリカ・オーア（ERIKA OHR）
シュヴァーベンのスタッヒェンハウゼン村出身の看護師。牧羊農家の娘。ウクライナのジトームィルにある病院に派遣された。

アネッテ・シュッキング（ANNETTE SCHÜCKING）
ミュンスター出身の法学生。著名な作家、レオン・シュッキングのひ孫で、社会民主党の政治家兼ジャーナリストの娘。ウクライナのノヴォフラド＝ヴォルィンシキーおよびロシアのクラスノダールの軍人保養所に看護師として派遣された。

パウリーネ・クナイスラー（PAULINE KNEISSLER）
ラインラントのデュースブルク出身の看護師。ウクライナのオデッサ生まれで、第一次世界大戦末期にドイツに移住。ポーランドとベラルーシに派遣された。

イルゼ・ストルーヴェ（ILSE STRUWE）
ベルリン郊外出身の秘書。ドイツ国防軍とともに、フランス、セルビアおよびウクライナに行った。

リーゼロッテ・マイアー（LISELOTTE MEIER）
ドイツとチェコの国境近く、ライヒェンバッハというザクセンの町出身の秘書。ベラルーシのミンスクおよびリダに派遣された。

ヨハンナ・アルトファーター（JOHANNA ALTVATER）
ヴェストファーレンのミンデン出身の秘書。鋳物工場の現場監督の娘。ウクライナのヴォロディーミル＝ヴォルインシキーに行った。

ザビーネ・ヘルプスト・ディック（SABINE HERBST DICK）
ベルリンのゲシュタポ本部で働いていた秘書。中流階級出身で、ギムナジウムを卒業。ラトヴィアおよびベラルーシに派遣された。

ゲルトルーデ・ゼーゲル・ランダウ（GERTRUDE SEGEL LANDAU）

親衛隊指揮官の娘で、ウィーンのゲシュタポ本部で働いていた秘書。ポーランドのラドムおよびウクライナのドロホビチでの職務に志願。行動隊《アインザッツコマンド》隊長でゲシュタポ将校のフェリックス・ランダウの妻。

ヨゼフィーネ・クレップ・ブロック（JOSEFINE KREPP BLOCK）

ウィーンのゲシュタポ本部で働いていたタイピスト。ウクライナのドロホビチでゲシュタポ事務所長を務めていた親衛隊少佐の夫、ハンス・ブロックをしばしば訪問した。

ヴェラ・シュテーリ・ヴォーラウフ（VERA STÄHLI WOHLAUF）

ハンブルク出身の資産家。親衛隊および第一〇一警察予備大隊中隊指揮官、ユリウス・ヴォーラウフ大尉の妻。ポーランドで夫に合流した。

リーゼル・リーデル・ヴィルハウス（LIESEL RIEDEL WILLHAUS）

タイピスト。ザールラント工業地域の製鉄所の上級現場監督の娘。カトリックの教育を受ける。親衛隊員でヤノフスカ強制収容所長のグスタフ・ヴィルハウスの妻。ウクライナで夫に合流した。

エルナ・キュルプス・ペトリ（ERNA KÜRBS PETRI）

農民の娘で農民の妻。ギムナジウムで教育を受ける。ウクライナで親衛隊の農場を、親衛隊少尉の夫ホルスト・ペトリと経営した。

ヒトラーの娘たち　ホロコーストに加担したドイツ女性◉目次

ナチ東部
ドイツ軍最前線、1943年
ソビエト社会主義共和国連邦
レニングラード
ノヴゴロド
カリーニン
ヴォルガ川
モスクワ
オカ川
ヴャジマ
スモレンスク
ヴィーツェプスク
モギリョフ
ミンスク
バブルイスク
ホメリ
デスナ川
ベラルーシ
チェルニーヒウ
プリピャチ川
ドン川
ヴォロネジ
スターリングラード
ハルキウ
ヴォロシーロフグラード
キエフ
ポルタヴァ
ジトームィル
リウネ
ベルディーチフ
チェルカースィ
ドニエプル川
ドニプロペトローウシク
スターリノ
ドネツ川
ロストフ・ナ・ドヌ
ウクライナ帝国弁務官領
ヴィーンヌィツャ
マリウポリ
メリトーポリ
アゾフ海
トランスニストリア
ブグ川
ニコラエフ
ベッサラビア
ブルト川
ドニエストル川
オデッサ
ヤシ
クラスノダール
ケルチ
クリミア
ソチ
シンフェローポリ
セヴァストーポリ
ヤルタ
黒海
ルーマニア
ブカレスト
ドナウ川
ブルガリア
トルコ

フィンランド
ノルウェー
ヘルシンキ
タリン
オスロ
スウェーデン
ストックホルム
エストニア
スタヴァンゲル
プスコフ
スカゲラク海峡
ラトヴィア
リガ
ドヴィナ川
リーバウ
カテガット海峡
リトアニア
デンマーク
メーメル
オストラント帝国弁務官領
北 海
コペンハーゲン
マルメ
バルト海
コヴノ
ヴィリニュス
メーメル川
ケーニヒスベルク
リダ
ダンツィヒ
コツポロヴォ
(コンラートシュタイン)
東プロイセン
グロドノ
スロニム
キール
ヴィスワ川
ビャウィストク
ビャウィストク
地区
ハンブルク
プウォンスク
(プレーネン)
ブレーメン
エルベ川
ブク川
メゼリッツ・
オブラヴァルデ
ヴァルテラント
ブレスト
ワルシャワ
ミンデン
ハノーファー
ライヒェルスフェルデ
ミェンジジェツ・
ポドラスキ
ベルリン
ポズナン
ウッチ
ポーランド
ミュンスター
ドイツ帝国
ラドム
ルブリン
ヴォロディーミル＝
ヴォルィンシキー
ライプツィヒ
フルビェシュフ
ルーツィク
デュースブルク
ドレスデン
オーデル川
ヴァイマル
総督府
ケルン
エアフルト
ヘレッセン
ライヒェンバッハ
クラクフ
リヴィウ
グジェンダ
リディツェ
プラハ
フランクフルト
ボヘミア＝モラヴィア保護領
(ベーメン＝メーレン)
ドロホビチ
ザールラント
ピルゼン
スロバキア
ニュルンベルク
ブルノ
ノインキルヒェン
スタッヒェンハウゼン
ストラスブール
シュトゥットガルト
ドナウ川
ルッパーツホーフェン
ティサ川
デブレツェン
リンツ
ウィーン
ミュンヘン
ブダペスト
クルジュ
オーストリア
インスブルック
ハンガリー
ベルン
グラーツ
スイス
ペーチ
サヴァ川
トリエステ
ミラノ
フィウメ
ヴェネツィア
クロアチア
ベオグラード
イタリア
ユーゴスラビア
セルビア

凡例

・原注の一部は〔　〕に、訳注は［　］に示した。
・原書の本文中には注番号が記されておらず、巻末に出典が示されている。このため、翻訳にあたっては文中に注表示があるドイツ語版を参考に注番号を記した。ただしオリジナルの英語版と翻訳のドイツ語版では注の数が異なっており、このため注の数についてはオリジナル版に、注の場所についてはドイツ語版に沿った。

序

一九九二年夏、パリに飛び、中古のルノーを手に入れた。友人とともにキエフに向かう。ソビエトの悪路を何百キロも走るのだ。途中でたびたび車を停めなければならなかった。でこぼこ道でタイヤがパンクしたり、ガソリンが切れてしまったり、物好きな農夫やトラックの運転手たちが西欧車のエンジンを見ようとボンネットを覗きたがったからだ。リヴィウとキエフを結ぶ唯一の幹線道路を行く途中、ジトームィルという町に立ち寄った。ここは帝国ロシアのユダヤ人居住区で、ユダヤ人の生活拠点だった場所だ。第二次世界大戦中には、ホロコーストの立案者、ハインリヒ・ヒムラーの本部が置かれていた。さらに南へ下ったヴィーンヌィツャには、「人狼《ヴェアヴォルフ》」と呼ばれたアドルフ・ヒトラーの本営があった。かつてはこの地域全体が、ナチの恐怖の支配下にあった。

ヒトラーは千年続く帝国を建設しようと、このウクライナの肥沃な地——誰もが切望するヨーロッパの穀倉地帯——に、植民地化と搾取の任務を課せられた開発業者、役人、治安当局、「人種科学者」、技術者などを大勢引き連れて乗り込んだ。ドイツは一九四一年に東部に電撃戦を仕掛け、占領地域に荒廃をもたらしたが、一九四三年と一九四四年には西へと敗走した。赤軍が再びこの地域を占拠し、ソ連の将校たちがドイツの公式報告書、写真と新聞のファイル、箱に詰められたフィルムリールを数えきれないほど押収した。この「戦利品」は保管され、重要な文書は機密扱いとして中央の、もしくは地方の文書館に収められ、その後数十年間、鉄のカーテンの背後に隠された。私がウクライナまで足を延ばしたのは、この資料を読むためだった。

ジトームィルの文書館では、軍靴の跡が付き、縁が焼け焦げた書類を何枚も見つけた。ナチの有罪を示す証拠も焼き払った焦土作戦による撤退と、一九四三年の一一月と一二月の戦闘による都市破壊という二つの災禍をくぐり抜けてきた文書である。ファイルには、とぎれとぎれの通信記録、インクが色あせてしまった紙の切れ端、下っ端のナチ将校らが残した仰々しく読みにくい署名入りの命令書、そして恐怖におののくウクライナ人農民たちが震える手で走り書きした警察の尋問調書が入っていた。以前にも、アメリカ合衆国の首都ワシントンＤＣの国立公文書館マイクロフィルム閲覧室で、ゆっくりと腰を落ち着けて大量のナチ文書を調べたことがある。だが今、かつてドイツ軍に占領されていた建物の中で座って資料をめくる私は、生の資料が持つリアルさに加え、重要な事実を見出していた。驚いたことに、ヒトラー帝国の建設者としてこの地域で積極的に活動していた若いドイツ人女性の名前も見つかったのである。それは、さほど重要とは思われない、役所が作った幼稚園教諭のリストに載っていた。私はアメリカとドイツの文書館に戻り、それらを手掛かりに東部に派遣されたドイツ人女性、特に、ホロコーストを目撃し、実行した女性たちに関する文書を、さらに系統立てて探すことに取り掛かった。ファイルが増えていき、物語が姿を現し始めた。

戦後の捜査記録を調べるうちに、数百人もの女性が裁判の証人として召喚されていたこと、その多くが極めて率直に証言していたことに気づいた。検察官は女性たちよりも、その男性同僚や夫の凶悪犯罪に関心があったからだ。女性の多くは、自分が目にし、体験したことについて詳しく語るとき、常に冷淡かつ傲慢だった。ウクライナの元幼稚園教諭は、「戦時中の、あのユダヤ人のこと」と話した。元幼稚園教諭とその女性同僚らは、一九四二年にドイツから国境を越えて東部占領地域に入ると、手短な説明を受けた。彼女の記憶によれば、「金褐色の制服」に身を包んだナチ将校が、銃声を聞いても怖がることはないと保証してくれた――「ユダヤ人が数人、撃たれただけ」だからと。[1]

戦時中、ユダヤ人に対する発砲など驚くことではないと考えられていたのなら、実際に女性たちが任地に赴任したとき、彼女たちはどのように反応したのであろうか。顔を背けたのか、見てみたいと思ったのか。あるいは、それ以上のことをしたいと思ったのか。グドルン・シュヴァルツやエリザベス・ハーヴェイなどの先駆的な歴史学者による研究を読み進めた結果、ナチ体制へのドイツ人女性の関与について私が抱いていた疑念は裏付けられたが、より広範かつ深い有責性に関する疑問は残された。[2]シュヴァルツは、親衛隊の妻たちの暴力的な姿を暴いている。そして、ポーランドのフルビエシュフに住んでいたある女性について、現地の墓地で繰り広げられた虐殺の最中に、夫の手から銃を取り、ユダヤ人を複数射殺したと書いている。しかし、この殺人者の名前は記されていない。ハーヴェイは、女性教師らがポーランドで活動していたことと、ときおりゲットーを訪れ、ユダヤ人の所持品を盗んでいたことを立証している。しかし、東部地域における虐殺にどの程度女性が関与していたかは、その後も明らかにされていない。次のような疑問を抱いて、戦中・戦後の記録と回顧録を調査した者はいないようだ。一般のドイツ人女性は、ナチによるユダヤ人大量銃殺に加わったのだろうか。ウクライナ、ベラルーシ、ポーランドなどにいたドイツ人女性は、戦後その罪を認めることはなかったが、実はホロコーストに関与していたのだろうか。

ドイツ、イスラエル、オーストリアで行われた戦後の捜査では、ユダヤ人生存者らは、ドイツ人女性は陽気な見物人であっただけでなく、暴力的な拷問者でもあったとして、加害者だと証言している。しかし、生存者たちには彼女らの名前がわからず、また、名前がわかっていても、戦後結婚して別の姓を名乗るようになると見つけられなくなってしまった。私の調査は情報源に限界があったが、その後、一九九二年にウクライナで見つけた教師やナチ党活動家のリストに名前が挙がる女性は、氷山の一角であることが判明した。実際には数十万人ものドイツ人女性がナチ占領下の東部――すなわち、ポーランドと、長年ソ連の西部地域に含まれていた現在のウクライナ、ベラルーシ、リトアニア、ラトヴィア、エストニア――へと移り、まさに、ヒトラーの殺人マシンの不可欠なパーツと化していたのである。

これらの女性の一人にエルナ・ペトリがいる。彼女の名は、二〇〇五年夏、アメリカ合衆国ホロコースト記念博物館所蔵記録の中に見つけた。この博物館は旧東ドイツ秘密警察《シュタージ》ファイルのマイクロフィルムの複製を入手している。その記録の中に、エルナと夫ホルスト・ペトリに対する訴訟の尋問調書と裁判記録がある。二人はともに、ナチ占領下ポーランドにあった自宅の敷地内で複数のユダヤ人を射殺したとして有罪を宣告されていた。エルナ・ペトリは、彼女が拳銃を取り出したときにすすり泣いた半裸のユダヤ人少年たちについて、当人しか知り得ないような描写をしている。尋問官から母親でもある彼女がなぜこれらの子どもたちを殺せたのかと詰問されると、ペトリは政府の反ユダヤ主義と、男性に対して自分が有能だと証明したかったということを理由に挙げた。ペトリの行為は社会に対する反逆ではなかった。私にはペトリがナチ体制の具現化であるように思えた。

記録に残された女性殺人者の事例は、ある意味ではそれまで隠され、見過ごされ、調査されることのなかった、これよりはるかに重要な現象を示唆するものである。第三帝国時代に成人を迎えた若年集団のイデオロギー的教化と東方への軍事行動における彼らの大動員、ナチの占領と植民地化の過程に根付いていたジェノサイド的な暴力の文化を考慮したとき、私は――告発者としてではなく歴史学者として――推論した。ユダヤ人をはじめとする帝国の「敵」を殺害した女性は大勢おり、その数は戦時中の記録や戦後に起訴された数よりも多いということを。直接手を下した者の数は記録の上では多くないが、彼女たちの存在は深刻に受け止めなければならず、例外として片づけてはならない。「ヒトラーの娘たち」は、社会の片隅に追いやられた社会病質者《ソシオパス》ではない。彼女たちは自分の暴力が帝国の敵に対する正当な報復だと信じ、そのような行為は忠誠心の現れだと考えていたのだ。エルナ・ペトリにとっては、ガス室行きの貨物列車から逃れようとしていた無力なユダヤ人少年たちでさえ無害ではなかった。少年たちはもう少しで逃げきることができたというのに。


東欧がナチとその協力者らによる大量殺人の舞台となったのは偶然ではない。歴史的にこの地域はユダヤ人の数が最も多く、彼らの故郷とされていた。ナチは、これらのユダヤ人の多くが危険なほど「ボルシェヴィキ化」されてしまっていると考えたのである。西欧出身のユダヤ人はポーランド、ベラルーシ、リトアニア、ラトヴィアなどの遠く離れた地に移送され、公然と射殺され、ガス室に送られた。

ホロコーストの歴史は、ドイツ人が総動員されたナチによる東欧への帝国主義的侵略として、要約できる。ナチの言葉を借りれば、「フォルクスゲマインシャフト」、すなわち「民族共同体」の一員となることは、ホロコーストを含む帝国のあらゆる政策への参加を意味した。親衛隊と警察をはじめとする強大な機関が、その主要執行部隊であった。これらの機関は男性に支配されていたが、女性職員もいた。政府のヒエラルキーにおいて、女性職員と妻たちは権力のある男性に従属していたが、体制内で最も立場が弱い者の生命を支配するなど、自らも少なからず権力を行使した。男性を職務から解放して戦線に送り出すために軍補助員に任命された女性は、部下に命令を下す権限を持っていた。これらの女性は、ナチのヒエラルキーにおいて、極めて地位の低い役職から非常に高い役職までさまざまな職務を果たしていた。

東部に随行したヒトラーの取り巻きの中には秘書もいた。ヴィーンヌィツャ近くの掩蔽壕《えんぺいごう》で総統の口述筆記をしていたクリスタ・シュレーダーのような女性たちである。シュレーダーは、ウクライナ郊外の視察において地域のドイツ人長官らと酒を酌み交わし、民族ドイツ人（Volksdeutsche）の入植地を訪問している。彼女は戦時中に書いた手紙の中で、新生ドイツの「生存圏《レーベンスラウム》」の未来について次のように思いを巡らせている。

ここに移り住んだドイツ人には楽な仕事などありませんが、偉業を成し遂げる多くの可能性があります。この広大な地域で長い時間を過ごし、はかり知れない発展の機会があることに気づけばそれだけ、将来この偉大な計画を誰が成し遂げていくのかという疑問がわいてきます。色々な理由で異民族〔Fremdvolk〕に任せるわけにはいかないし、最後には、何世代も経つうちに支配層のドイツ人と外国人との混血が起こるでしょう。それは、私たちの北方人種としての遺伝継承を保たなければならないという考えを根本から損なうもので、そうなると、私たちの未来はたとえて言えばローマ帝国と同じ道をたどることになるでしょう。[3]

シュレーダーは当然、数少なき選ばれた者の中でも極めて特異な立場にあった。しかし、その言葉は、現場の秘書が自分の帝国主義的な役割を自覚していたこと、そして、ナチの任務に対する理解が、通常は男性の征服者や支配者によって用いられる人種主義的かつ植民地主義的な言葉で、明確に表現されていたことを裏付けるものである。[4]

優等な支配者を自称するナチ東部占領地域のドイツ人女性は、「劣等人種」に対し、かつてないほどの権力を行使した。自分たちが社会のくずと見なした人々を迫害し、殺害することさえ認められていた、とミンスク近郊にいたある秘書は戦後語っている。これらの女性は、国が運営する巨大な殺人マシンの中で権力の間近に、また犯罪現場の近くにいたのだ。女性が日々の仕事に出かける小さな町と、ゲットーや収容所、集団処刑の恐怖の現場とはそれほど離れていなかった。銃後と戦線との区別はなかったのである。女性たちは、すさまじい暴力への参加を現場で決断することができた。

「ヒトラーの娘たち」は、血塗《ブラッド》られた地《ランド》で熱意あふれる事務職員であり、略奪者であり、拷問者であり、殺人者であった。[5] 彼女たちは東部に赴いた数十万人――少なくとも五〇万人――の女性に紛れていた。その数字だけでも、ジェノサイドを伴う戦争と帝国主義的支配を特徴とするナチ体制において、ドイツ人女性が果たした重要な役割が裏付けられる。ドイツ赤十字社はナチ時代に六四万人の女性に看護訓練を行ったが、そのうち約四〇万人が戦時中の奉仕に駆り出されており、大半は東部戦線の後方地帯やその近隣に送られた。そして、軍や武装親衛隊の野戦病院で働いたり、駅のプラットホームで兵士や難民に軽食を配ったり、数百カ所もの軍人保養所でウクライナ、ベラルーシ、ポーランドやバルト諸国に駐留するドイツ軍兵士と交流を深めたりした。ドイツ軍は補助職に就いていた五〇万人を超える若い女性——無線オペレーター、ファイルの管理者、飛行記録者、盗聴者など——に訓練を行ったが、このうちの二〇万人は東部で働いていた。秘書たちは戦争マシンを動かし続けるのに必要な大量の補給物資を管理し、状況を見て配備した。ナチ党が資金提供していた無数の組織（ナチ福祉団など）とヒムラーの人種植民本部には、ドイツ人女性と少女がソーシャルワーカー、人種審査官、植民担当者、教育官、指導補佐として配属された。「ゲルマン化」の実験室であった編入地ポーランドのある地域には、ナチ指導者により数千人の教師が配属された。さらに、私がジトームィルで見つけたファイルに名前があった若い教諭を含む数百人が帝国内の他の入植地に派遣されている。ナチ帝国建設の担い手として、これらの女性は現地を「文明化」するという建設的な仕事を命じられたのだ。しかし、ナチによる侵略と占領では、破壊と建設という二つの実践を切り離すことはできなかった。

戦争とホロコーストの暴力を目撃し、恐れおののいた女性のほとんどは、それから距離を置き、犯罪的な政権の担い手としての役割を最小限に抑えるという方法を見出した。しかし、ヒムラーの親衛隊と警察によって憲兵隊《ジャンダメリー》事務所やゲシュタポ本部、刑務所などの補佐役に任命された三〇万人の女性の場合、心理的に距離を置くことは難しく、大量殺人に直接関与する可能性が高かった。地区総督と帝国弁務官が率いる文民行政当局では、さらに一〇万人の秘書がロブノ（現リウネ）、キエフ、リダ、レヴァル（現タリン）、グロドノ、ワルシャワ、ラドムなど、ナチ東部占領地域の中心都市と地域支所に散らばっていた。これらの役所はユダヤ人を含む現地住民の統治を担当し、多くのユダヤ人が、こうした役所のドイツ人官僚の下でゲットーに送られ強制労働を課せられた。「ヒトラーの娘たち」は必ずしもナチ政権の担い手ではなかった。その多くはポーランド、ウクライナ、ベラルーシ、バルト諸国やロシアへ、息子や交際相手、夫とともに赴いた母であり、恋人であり、妻である。しかし、最悪の殺人者はこの集団の中にいた。

このようにして動員された集団の中でも、特定の女性の存在が際立っている。いくつもの仕事を同時にこなす秘書は机上の殺人者であり、サディストでもあった。中には、ユダヤ人一掃命令をタイプするだけではなく、ゲットーでの虐殺に関与し、大量射殺に加わった者もいる。親衛隊員の妻や恋人は、汚れ仕事から戻ってきた男性を支えたが、それだけではない。ときには自らの手を血で染めることもあった。ナチによれば、数時間かけてユダヤ人を一カ所に集め、射殺するのは骨の折れる仕事であったので、女性がもたらす慰めは家庭で良心の逃げ場を作ることにとどまらなかった。女性たちは集団処刑と強制退去の現場近くで、男性のために食事と飲み物を用意した[6]。ラトヴィアのある小さな町では、一人の若い女性速記者が、パーティーの盛り上げ役としてだけでなく、大量射殺者としても目覚ましい活躍を見せた。資料を読むと、セックスと暴力が絡み合っていたことは明白で、戦後のわいせつなナチ・ポルノさながらだ。恋人たちのロマンティックな森の散歩がホロコーストを直に体験する機会となることもあった。冬に狩猟の計画を立てたベラルーシのドイツ人弁務官とその恋人の秘書について読んだことがある。二人は獲物が見つけられなかったため、雪の中をのろのろと動くユダヤ人を代わりの標的にした。

ナチ党で女性トップの地位にあったゲルトルート・ショルツ＝クリンク[7]など、ヒトラーの帝国で公職に就いていた女性は極めて目につきやすい存在であったが、その大半は形だけの指導者で、実際には政治権力を行使するような立場にはなかった。これに対し、それ以外の数多くの役職に就いていた女性の貢献については、概して認識されることも研究されることもなかった。この歴史上の盲点は、東部占領地域の女性たちのケースでは特に際立っている。

すべてのドイツ人女性は有給、無給を問わず、戦争への取り組みに参加し、貢献しなければならなかった。女性は父親不在の家庭や家族経営の農場と事業を切り盛りし、工場や近代的なオフィスビルで働き、農業分野で、また「女性の」ホワイトカラー専門職とされた看護師や秘書などとして中心的な役割を果たした。ヴァイマルからナチ時代にかけて、教師の約二五〜三〇パーセントは女性であった。帝国のテロ支配が拡大すると、強制収容所での仕事など新たなキャリアの道が女性に開かれた。女性看守の仕事とその行為についてはジャーナリストや研究者による詳細な研究がすでにあるが、従来の女性的とされる役割を果たしていた女性、つまり、残酷になるようには訓練を受けなかった女性だが、偶然か状況ゆえか政府の犯罪的政策に力を貸すことになってしまった女性については、わかっていることははるかに少ない。

教師、看護師、秘書、福祉士、そして妻。これらは、最も悪質な犯罪が行われていた東部占領地域にいた女性たちである。野心あふれる若い女性にとって、出世の可能性は国境を越えて拡大するナチ帝国にあった。彼女たちはドイツでの生活を厳しく管理し、抑圧していた厳しい法律、ブルジョワ的道徳観と社会的伝統を後にした。そして、東部占領地域の、より開放的な体制の中で残虐行為を目撃し、自らも加担した。だがそれは、キャリアと解放だと彼女たちが考えた体験の一部だった。

本書『ヒトラーの娘たち』は、ホロコースト内部とその周縁に現れる女性一人ひとりの変容に焦点を合わせている。これらの女性はエリートに交じってオフィスで働き、殺戮の地《キリングフィールド》に立った。[8] ホロコースト犯罪にかかわる可能性が最も低いと思われていた女性が、しばしば誰よりもこれに巻き込まれることになった。本書で取り上げている女性はヴェストファーレンの農村地域、国際都市ウィーン、工業地域のラインラントなどさまざまな地域の出身者で、その経歴も多様だが、全体として同世代（一七歳から三〇歳まで）の集団を形成している。彼女たちは皆、ヒトラーの興亡と同時期に成人を迎えていた。

ときには、資料を通じてさらに深い疑問と向き合うことができた。なぜこれらの女性は暴力的だったのか。東部で過ごした時間について戦後どのように認識していたのか。詳細な尋問記録、回想録、日記や手紙などの私的文書と多数の例外的なインタビュー記録がなければ、女性たちが考えていたことや、戦前、戦中、そして戦後の彼女たちの態度を究明することは不可能に近かっただろう。

戦後、ほとんどのドイツ人女性は、自らの体験をおおっぴらに語ることはなかった。[9] あまりに恥じており、恐れていたために、何が起きたのか、何をしたのかを話せなかったのだ。だが、この恥ずかしいという想いは必ずしも自分に責任があると考えてのことではない。中には、ひどかったと言われる時代について良い思い出を持つ者もいた。十分な食料、[10] 初恋、好きに使える使用人、立派な大邸宅、深夜のパーティー、広大な土地。ドイツの未来は無限と思われ、国はヨーロッパ全土を支配していた。実際、多くの人々にとって、ドイツの軍事的敗北に先立つこの時期は人生の頂点であった。

ユダヤ人をはじめとするホロコーストの犠牲者について女性たちが沈黙を守っていることは、青年時代の身勝手さと野心、これらのドイツ人少女を育んだイデオロギー的雰囲気、そして人格形成期に受けた影響は戦後も衰えなかったことを示すものである。ティーンエージャーとして、熱意あふれる職業人として、新婚の妻として、これらの女性は自分の計画に夢中になり、シュヴァーベンの小さな農場で、あるいはハンブルクのようなにぎやかな港町で夢を描いた。尊敬される仕事に就き、高い給料を得たい。多くの友人や洒落た服を持ち、旅をし、もっと自由に振る舞いたい。そう願っていたのである。真新しい赤十字社の制服を着た自分に見とれているとき、ナチ党が後援する保育講習の修了証書を誇らしげに見せるとき、あるいはゲシュタポの事務所で新しくタイピストの仕事に就いたことを祝ってもらうとき、彼女たちは、意図的にせよ無意識的にせよナチ体制の一員となったのである。これらの若い女性が自分自身、あるいは私たちに対して、当時も、また長い年月が経ったのちにも、法廷や回想録の中で自らのナチ体制への参加が引き起こした現実を認めなかったとしても、驚きはしない。

　戦争直後には、イルマ・グレーゼやイルゼ・コッホなどの極悪女性看守に関心が集中したため、一般女性の関与と有責性をめぐるより緻密な議論は困難になったようだ。裁判では、女性のサディズムについてセンセーショナルな話が明るみに出たが、これらは戦後のナチ・ポルノの流行によってさらに煽られた。一方、一般のドイツ人女性は俗に、恥ずべき過去が残した混乱の後始末をしなければならないヒロインとして、また赤軍による略奪とレイプの犠牲者として、あるいはアメリカ兵といちゃつくお人形さんとして描かれた。新たに生まれたフェミニストの視点は犯罪の担い手としての女性の役割ではなく、犠牲者としての姿を強調するものだった。この同情すべき女性のイメージは、ベルンハルト・シュリンクの小説『朗読者』が人気を博したにもかかわらず、その後もほとんど変わっていない[11]。現在、ドイツの各都市では「瓦礫の女たち」に捧げられた彫像や記念碑が見られる。ベルリンだけでも推定六万人の女性が廃墟となった首都の瓦礫を片づけ、未来に向けて過去を清算したと言われている。女性は、西ドイツ経済の奇跡と東ドイツの労働者運動の原動力となったとして称賛された。

戦後広まった通説の一つに、女性は政治に無関心であったという説がある。戦後、多くの女性が、自分は「ただ」事務所で雑務処理をしていただけであるとか、東部に駐留していたほかのドイツ人男性の世話をしたり、自分の任務を果たしたりして、日常生活において社会に参加していただけだと法廷で証言したり、そうしたオーラル・ヒストリーを残したりした。彼女たちは、社会的なものがどのようにして政治的になるのか、そして政府、軍、ナチ党組織の日常業務における一見小さな貢献の積み重ねが、どのようにしてジェノサイドを引き起こすシステムへと転じていくのかを理解していなかったか、理解したくなかったのであろう。キエフのナチ党の事務所や、ミンスクの軍や親衛隊、警察署で働き、ルブリンの大邸宅で暮らしていた女性ファシストらは、ただ「女の仕事」をしていたわけではない。だが、ドイツ人女性が特定の領域に押し留められ、その政治的影響力が最小限に抑えられる限り、歴史学者アン・テイラー・アレンの言葉を借りれば、ジェノサイドを引き起こす社会の構成員の半分が「近代国家の犯罪に関して無実とされ」、「歴史の外に」置かれるのである。[12]

ドイツ人女性全員(一九三九年の時点で約四〇〇〇万人)が犠牲者であるとは考えられない。女性人口の三分の一、すなわち一三〇〇万人はナチ党組織に積極的にかかわり、女性ナチ党員の数は終戦までに着実に増えていった。歴史における女性の行為主体性は一般に過小評価されるが、第三帝国の犯罪においても同様で、これまで詳しく語られたり、説明されたりすることはなかった——道徳的・法的意味合いを考えれば、これはより深刻な問題だ。[13] 一般のドイツ人女性の大多数は犠牲者ではなかった。だが、ホロコーストへの女性の日常的な関与の形態もまだ明らかにはなっていない。

「すべての」ドイツ人女性を一般化することは当然避けなければならない。しかし、ホロコーストにかかわった女性の役割を救済者から傍観者、さらには殺人者まで、またその中間に位置するあらゆるグレーゾーンについて、多少なりとも理解するには何から始めればよいだろうか。どうすれば体制のジェノサイド機構に、女性をより正確に位置付けられるのか[14]。彼女たちを「共犯者」や「加害者」という犯罪者のカテゴリーに当てはめても、システムがどのように機能していたのか、また一般女性がホロコーストをどのように目撃し、これに関与したのかを説明することにはならない。ナチ体制において権力がどこにあったのかをより広く検討し、誰が誰に対し、どこで何をしていたかをより正確に把握することで、真実がさらに見えてくる。たとえば、国家保安本部のある女性主任は数千人の子どもの運命を直接決定したが、それは帝国全土に散らばる約二〇〇名の女性職員の協力の下に行われた。これらの女性職員は、将来の犯罪者と烙印を押された「人種的に劣る」若者に関する証拠を集めた。また、彼女たちは約二〇〇〇人のユダヤ人の子ども、「ジプシー」の子ども、そして特別収容所に勾留されていたその他の「非行者」を追跡するために、色分けシステムを考案した。このような組織的な事務処理能力は女性特有のものと見なされ、「犯罪と闘う」ための近代的、官僚的アプローチに大変適しているとされた[15]。

本書で取り上げている女性の目撃者、共犯者および加害者は、戦時中のドイツの文書、ソ連による戦争犯罪捜査、東ドイツ秘密警察のファイルと裁判記録、西ドイツとオーストリアの捜査と裁判記録、ウィーンのジーモン・ヴィーゼンタール・センターのアーカイブ、出版された回想録、戦時中の私信と日記、ドイツやウクライナの証人への聞き取り調査の研究に基づいている。親衛隊の結婚許可申請書、占領地における人事記録、赤十字社の記録とナチ党の報告書など戦時中の公文書は、さまざまな地位に就いていた女性の存在について、その詳細な経歴を確認する上で、また所属組織のイデオロギー教化について解明する上で貴重であることがわかった。しかし、そのような記録は個人によって書かれ、タイプされていても、いずれも個性や動機を語るものではない。

個人の体験と物の見方を長期にわたり研究し人物像をまとめるには、ドイツ人研究者らが「エゴ・ドキュメント」と適切に言い表しているものに大いに頼らざるをえない。これは証言、手紙、回想録、聞き取り調査の記録など、研究対象者によって生み出された自己表現物を言う。そのほとんどは戦後に作成されているので深刻な問題を内包するが、歴史的資料としては排除されるべきではない。修練を積めば徐々に、これらをどう読み、どう聞くかがわかるようになり、言い逃れのテクニックや誇張した語りを見つけ、文学的表現への逃げや決まり文句を見分けられるようになる。また、正確性を検証するためにこれらの裏付けを取ろうとする者もいるが、これらの資料が特に貴重なのは、まさにその主観性のためなのである。

検察官に対する証言と、オーラル・ヒストリー、ジャーナリストや歴史学者とのインタビュー、そして回想録の内容には著しい相違点が見られる。[16] 話者は聞く者の期待に沿うよう話をする。また、時間が経ち、別の情報源から自分の過去についてさらに学んだり、聞く側の質問が変わったりすると、その話が変化することがあるのだ。たとえば、一九八〇年代に発表されたオーラル・ヒストリーでは、今世紀に入って出版された回想録に見られるようなホロコーストに対する敏感さはない。さらに、最近の回想録では当時の知識と関与の問題を取り上げようとする試みが多いが、これは彼女らが読者から「ユダヤ人迫害について何を知っていたのか、何を見たのか」と質問されることを予測しているからである。また、回想録——通常は高齢者によって著される——は、本人とその子や孫との共同プロジェクトであることが多い。戦時期を生きた年老いた証言者は、その生の証を残し、家族史にドラマティックな一章を記したいと考えている。だが、自分の回想録が未来の世代に読まれるという自覚から、ユダヤ人との接触やナチズムへの情熱、大規模な犯罪への関与について語る際に率直であること、具体的であることをためらう。ときには、これらの説明に使われる言葉がそれとわからないよう別の言葉に置き換えられ、手掛かりだけが与えられたりする。私は何人かの回想録の筆者と直接接触することにより、さらに詳しい内容を尋ねることができた。

回想録の執筆者や証言者は、騙し、事実の隠ぺいをもくろむゆえ、恐ろしい真実は隠されているという理解から出発すべきではない。つらいことを抑圧するのは、一つの対処方法として自然なことである。回想録を発表した女性たちは理解されたい、自分たちの人生を認めてほしいと願っていたのであり、審判を受けたり非難されたりすることを望んでいたのではなかった。多くの証言を苦労して読み進めるうちに、私にはどれがより信頼できるかがわかるようになった。

ホロコースト／ジェノサイド研究では、大量殺人を可能にするシステムは広く社会の関与がなければ機能しないという点で見解が一致している。しかし、ほぼすべてのホロコーストの歴史記述では、社会に生きる者のおおよそ半分が扱われていない。あたかも女性の歴史はどこか別の所で営まれているかのようだ。それは論理性を欠くアプローチであり、不可解な切り捨てである。これから見る女性たちのドラマティックな物語は、女性の行為の最たる闇をあらわにする。そして、背景や職業が異なる女性たちが戦争に動員され、ジェノサイドに黙従するとき、何が起こりうるのかを示すだろう。

第一章　ドイツ女性の失われた世代

第三帝国というテロの体制を立ち上げ、動かしていた者は驚くほど若かった。[1] 四三歳のヒトラーが一九三三年一月にドイツ首相に任命されたとき、部下の三分の二は四〇歳未満だった。未来の国家保安本部長官ラインハルト・ハイドリヒがヴァンゼー会議を主宰し、ヨーロッパ・ユダヤ人の絶滅計画を明らかにしたのは三七歳のときだ。大量殺人マシンを動かし続けた秘書の多くは一八歳から二五歳であったし、戦場で働き、医学実験を補佐し、致死注射を打った看護師も若き職業人であった。親衛隊エリートの恋人や妻といえば、健康な子を産み、未来のアーリア人種の純血を確保することが任務だったのだが、それゆえ妊娠可能で出産適齢期にあった。強制収容所女性看守の平均年齢は二六歳で、最も若い女性看守はドイツとポーランド国境地帯のグロース・ローゼン収容所に採用された当時、わずか一五歳だった。

テロ体制は若者の理想主義と活力の上に育ち、彼らを大衆運動における従順な中核集団、自警武装集団、さらにはジェノサイドの実行者へと仕立て上げた。不運にも第一次世界大戦期に成人したドイツ人男性の世代がこの典型的な例にあたり、彼らがどのように思想形成されたかはまだ調査・分析が試みられている段階だ。ある歴史学者はこの若い男性世代について、「妥協なき」、確信的イデオローグでプロフェッショナルとしての自負もあり、ベルリンでホロコーストを立案する中で親衛隊エリート集団における自分の野心を実現したと分析した。[2] 若い女性の世代もまた、ジェノサイドで舵を取ったことはなかったが、殺人マシンの操縦者としてその役割を果たした。ホロコーストを可能にした専門職の若い女性や妻たち、すなわち第二次世界大戦中に東部に移り、そこで犯された殺人を直に目撃し、共犯者や加害者となった女性たちは、第一次世界大戦後のベビーブーマーであり、一つの時代が終わり、新たな時代が始まるときに生まれたという特徴を持つ。[3]

一九一八年末、ドイツ帝国は軍事的敗北により崩壊し、水兵は反乱を起こし、ドイツ皇帝は戦犯と宣告されオランダに逃亡した。家父長的な旧世界は崩れ去り、その廃墟では政治的にあらゆることが可能と思われた。

新しい秩序――ドイツ初の民主主義の実験で、アメリカとイギリスの例をモデルとしていた――により、近代化する西欧でさらなる個人の自由と権限を手に入れる機会が女性にもたらされた。一九一九年一月、ドイツ人女性は初めて投票を行い、ヴァイマル憲法の下で少なくとも紙の上では形式的平等が達成された。これは、ドイツ人女性が一九〇八年まで政治活動を禁じられていたこと、ドイツ社会で「劣等な」性として従属的な地位に置かれ、しかも大多数のドイツ人女性がこれを当然と認めていたことを考えれば驚くべき変化であった。女性は第一次世界大戦をきっかけに、工場、路面電車、役所など、戦争に関連した職に就くことを余儀なくされたが、政界での経験はほとんどなく、大半は自らを政治に無関心として満足していた。だが、君主制の崩壊とともに、それまで彼女たちに閉ざされていた政治の舞台が突然開かれたのだ。

ヴァイマル共和国では雑多な政治運動が展開され、自警団やあらゆる政党組織が爆発的に増加した。[4] 一九二〇年代初頭、このような運動はミュンヘンだけでも四〇件ほど展開されていたが、初期のナチ党もその一つであった。当時、多くの人々が誇らしげに自分のことを「フェルキッシュ」と称していた。この言葉は「民族的」という意味だが、この場合の「民族」とは、もっぱらドイツ人のみを指す。これらの大衆運動は臆面もなく民族主義的であり、外国人を嫌悪し、反ユダヤ主義的であった。また、人種主義を通じた連帯感を求め、自由主義と議会制民主主義を拒否した。この二つは、平和と秩序が支配する理想的なゲルマン的生活様式に対する外国からの押しつけだとされた。過去の感傷にひたり、「民族」を称える人々は、ゲルマンの血と土を戦士の鋼の意志と結び付けることに価値を置いた。戦後、敗戦国として屈辱を味わう中で、国家再生と国の名誉を回復するための救世主探しの神話が、特に若者と農村部の貧しい者の共感を呼び、彼らは多数の大衆政党にこぞって参加した。

右派運動形成へのドイツ人女性の関与はほとんどなかったと思われる。男性は政治における伝統的な優位を放棄することを嫌い、女性問題は国家の優先課題ではなく二次的な問題と見なされた。ヴァイマル時代の「フェルキッシュ」な政党は、銃後の女性の世界ではなく戦場という男性の世界にその強さの源を求めた。女性は、カトリック系の中央党や社会民主党など、戦前からの既成政党に多く参加し、おもに都市部の急進的な少数派のみが共産主義運動を支持した（知られるように、ローザ・ルクセンブルクらを指導者としていたが、ローザはベルリンでの蜂起に失敗し、殺害された）。

当時のフェミニズムは、一九六〇年代〜一九七〇年代の女性運動に見られたような熱心さを欠いていた。[5]その代わりに、ヴァイマルの政策、文化、社会における「女性問題」はより広範だが矛盾した形で現れた。たとえば、売春、避妊、性的快楽、福祉改革、労働条件、ヴェルサイユ条約の規定に基づき喪失した領土からのドイツ人難民に対する支援などをテーマとした組織的なキャンペーン。投票権獲得のための闘いを通じて得られた結束が、今度は運動の爆発的な増加をもたらしたわけである。性の解放の問題に取り組んでいた一部の者は過激なほど革新的であった。議論を呼ぶこれらの活動は、多くの場合、右派を刺激すると同時に左派を勢いづけた。

女性団体は政治には無関心であると主張することが多かったが、実際には、これらの団体による女性的もしくは家族的価値観に関する主張は、国会で耳にするようなうわべだけの主張ではなかった。こうした価値観は、この上なく押しつけがましく、通常は排他的にドイツ人であることの意味を定義するものであった。ドイツ植民地連盟の婦人部は、長年、国外在住のドイツ人と異人種との混淆に反対していた。また、ドイツ主婦連盟は若い女性を対象に、望ましいドイツ家庭を切り盛りするための講習を行った。それは、染み一つないエプロンを着た確固たる愛国心を持つ主婦が、家事使用人をうまく利用し、ドイツ製品を揃え、科学的に営む家庭である。[6]これに対し、未婚の母を支援し、未婚女性とその子どものための住宅を運営する母性保護・性改革協会の活動のように、逆の動きも見られた。このような第一次世界大戦前の急進的な運動でさえ、その中核を成していたのはやはり、女性にかかわる社会問題に対処するために、ますます「人種科学」へと傾倒していった医療専門家たちであった。

一九二〇年代には、一般のドイツ人にも個人の自由とさらなる政治的権限の拡大がもたらされた。表現、余暇、移動、商取引、行政サービスへのアクセスの自由。これらすべてが、かつてないほどに利用できるようになった。その一方で、ラジオ、雑誌、自動車により都市のテンポと、しばしばその喧噪が地方に持ち込まれた。しかしそれらはすべて、大半のドイツ人には過剰だと感じられた。こうして、近代と民主主義がもたらした混乱と不安の中で、秩序と伝統の回復への関心がますます高まっていった。反革命運動が脆弱な共和国を包囲し、不満を募らせた愛国主義者と無力化された君主制支持者はドイツの敗北を受け入れることを拒み、ついには街頭に出て、共産主義の赤い脅威と「ドイツを背後から一突きした」ヴァイマルの「一一月の犯罪者たち」――一九一八年一一月の休戦協定の署名者――という新たな敵に照準を定め、頑なに塹壕戦を続けた。新旧の右派は第一次世界大戦でのドイツの敗北について、戦場ではなく銃後に敗因があるとしたが、この場合の銃後とはおもに二種類の人物像を想定していた。すなわち、連合軍による封鎖でドイツへの食糧補給が断たれひどく衰弱してしまった女性たちと、資本主義者の詐欺師または政治家のお決まりの格好をしたユダヤ人である。このような通説と偏見は、脆弱な共和国の政治的分裂と連立政権の機能不全を招いた。行き詰まりは新たな選挙を求めることで打開された。ドイツ人は、ほぼ絶え間ない選挙運動と、大衆宣伝や弱い者いじめの混じり合ったアジプロ的政治文化に背中を押され、心身を消耗させながら投票所にたびたび足を運んだ。一九一九年から一九三二年までに、二一の異なる連立政権が統治を試みた。繰り返される選挙運動による激しい対立と不安、とどまる所を知らないインフレ、近代がもたらすあらゆる困惑と高揚感――ヒトラーの大量殺戮計画に関与した女性の大半は、まさにこのような状況にあったドイツで大人になったのである。

ドイツ人女性の極端な右傾化はナチ党とともに始まったわけではない[7]。女性はヴァイマル時代に認可された三〇の政党のうち、保守多数派に投票した。一九三二年の選挙でナチ党の人気が最高潮に達したときでさえも、ナチ党への投票が不釣り合いに多かったわけではない。実際にはナチ党は女性党員を受け入れず、女性を候補者とすることもなかったため、保守派の女性にとって最も魅力のない選択肢だった。ビアホールで戦略を練り、街頭で繰り広げられる近代の政治活動は男の仕事であった。一九二〇年代末、女性はナチの制服を着てデモ行進に参加することはできたが、総統本人と並んでパレードで行進することはできなかった。ナチ党の公式な歴史書には、突撃隊員の世話をした看護師として知られる「赤い鉤十字団」の思い出が感傷的に記されている。闘いが始まって間もない頃は多くの血が流され、運動に参加した看護師は多くの負傷者の手当てをしてきた、と。一九二〇年代のナチ運動を支持した女性たちは慈しむ者として理想化され、従属的な役割へと追いやられた。それでも一部の女性はヒトラーの運動に魅了され、独自のイニシアティブを取り、女性闘争連盟（一九二六年）などの補助機関を設立し、民族共同体への女性の社会的・政治的統合に努めた。ヒトラーの理念に従うドイツ人女性は、投票所で、党の事務所で、また自宅で、その役割を果たした。ある初期の女性活動家は、女性のナチ運動に対する政治的覚醒と初期の闘争と選挙において果たした役割を次のように物語っている。

女性たちは、この闘いに加わらずにいることはできなかった。なぜならそれには女性の未来もかかっていたからである。そして、子どもたちの未来も。…（中略）…そのとき、国民社会主義ドイツ労働者党（ナチ党）の最初の演説者の話が聞こえてきた。私たちは耳を傾けた。そして、さらに多くの会合に足を運んだ。総統の話も聞いた。…（中略）…男性たちは前列に立っていた。女性たちは静かにその義務を果たした。母親たちは夜になると、男性たちの帰宅を告げる足音に何時間も不安げに耳をそばだてた。多くの女性がベルリンの暗い街路を覗き込み、劣等人種との闘いで血と命とを危険にさらしている夫や息子を探した。突撃隊の隊員たちが郵便受けに投函できるように多くのチラシが折りたたまれた。突撃隊の台所や部屋で多くの貴重な時間が費やされた。いつもお金が集められていた。新しい信条は口伝えに広められた。どんな犠牲も進んで払われ、党に対する奉仕はどんなささいなものであれ進んでなされた。[8]

ナチ運動の積極的な支持者であったとはいえ、実際にヒトラーに投票し、権力の座に就かせたとしてドイツ人女性に責任を負わせることはできない。[9]ヒトラーは民主的に選ばれたのではなかった。左派を打ち負かし、保守派の勢力を取り戻すために、この若い成り上がりを利用できると考えた上流階級の年寄り連中の画策により、首相に任命されたのである。

ヒトラーは就任後すぐに支持者とともにあらゆる機会と法の抜け穴を利用して、ドイツを一党独裁の人種主義国家へと変容させた。[10]政権掌握から一か月もしない一九三三年二月に市民的な基本権が停止された。政敵は逮捕され、刑務所や新たに設立されたダッハウ強制収容所に投獄された。労働組合は解散させられ、ユダヤ人の店はボイコットされ、書物が焼かれた。すべての公職は非アーリア系の者に「退職」を強いることにより「再建」された。およそ八〇〇〇人の迫害された女性の中には、共産主義者、社会主義者、平和主義者と「反社会的な」女性がいた。[11]一九三三年三月には、社会民主党議員のミナ・カメンスが反ナチのチラシを配布した罪で逮捕された。尋問と勾留の最中にカメンスはゲシュタポに殺害された。共産党の女性党員も逮捕され、殺害されたり、独房で首を吊っているのを発見されたりした。モーリンゲン矯正作業所は国内初の女性囚人を受け入れる強制収容所に生まれ変わり、戦争に反対し、ヒトラーを救済者として受け入れることを拒んだエホバの証人の信者を含む人々が収監された。リーナ・ハークをはじめとする著名なドイツ共産党員の妻たちは、夫とともに逮捕された。ゲシュタポは昼食時にハークが住むアパートから彼女を連行したが、同じ階の隣人たちは皆「とても静かに、注意深く」戸を閉めたのであった[12]。ハークは刑務所と収容所で五年間過ごすことになる。シュトゥットガルト刑務所の独房でハークは、死刑を宣告された囚人の絶望に打ちひしがれた小さな声を耳にした。また、酔っぱらったナチ看守が当時の流行歌を歌いながら、「去りゆくときには、静かに別れを告げよ」と繰り返す間、刑務所の壁を貫く囚人の叫び声が聞こえてきた[13]。

女囚の増加は女性看守の増加を意味し、国民社会主義婦人団〔以下、ナチ婦人団〕から看守が採用された[14]。収容所には女性医療スタッフも配属された。終戦の頃には、収容所職員の約一割は女性であった。少なくとも三五〇〇人の女性が強制収容所看守として訓練を受けた。大抵訓練はラーヴェンスブリュックで実施され、そこから、シュトゥットホーフ、アウシュヴィッツ＝ビルケナウおよびマイダネクなどのさまざまな収容所に配属された。身の毛のよだつような仕事に志願した者たちは、これらの大量殺害の現場を雇用とチャンスをもたらしてくれる場と考えていた。立派な制服、高い給料、そして権力を振るうことに魅力を感じたのだ。看守になった女性の中には、自分自身も犯罪歴がある者や刑期を務める囚人だったが、ナチ体制における更生の一手段として看守職に回された者もいた。戦時中は強制的な労働義務が課せられたために、多くの者がこの種の業務を押し付けられていた。

看守に採用された女性は訓練を終えると忠誠の誓いを立て、収容所の組織体制に加わった。しかし、その監視下の囚人に対して人間味のある態度で接していた者はほとんどいなかった。ノイエンガンメ収容所の女性看守たちは、金切り声で叫び、平手打ちや殴打することで名が通っていた[15]。そのような

「懲罰」は囚人に突然降りかかる暴力であり、これをするのが女性であるという点でも不快なものであった。

収容所の外でも女性たちは他の女性を迫害した。囚人というカテゴリーは、意図的に曖昧なまま、幅を持たせてあった。怠け者、サボタージュする者、はみ出し者、あるいは「反社会的分子」として密告される可能性は誰にでもあった。ある日、パン屋に入った女性が近所の人に対してしなければならない「ハイル・ヒトラー」の敬礼をし損ねた。彼女はその後、ゲシュタポに尋問された。「反社会的分子」——路上生活者、コソ泥、売春婦と、ドイツを穢し、アーリア人の輝かしい美のイメージを貶めた「くず」たち——は逮捕され、不妊手術を施されたり、殺されたりした。隣人が恐怖心や服従心、狂信と悪意から政府の監視活動を進んで行うとき、独裁政権に巨大な秘密警察の力は必要ない[16]。個人的・政治的な怨恨はこうして晴らされる。社会で最も弱い立場にいる者、社会の周縁で生きている者は切り捨てても問題はない。

ヒトラーは女性の居場所は家庭とナチ運動にあると宣言した。一九三四年のニュルンベルクでの党大会では、典型的な戦争の理論でこう語った。「男性が戦場で勇敢にも捧げるもの、これに匹敵するのが、女性の尽きることのない忍耐力と犠牲であり、それには絶え間ない痛みと苦しみが伴う」。「女性はこの世に子どもを産み出すたびに闘っている。自らの民族の存続のために闘っているのである。…(中略)…なぜなら、国民社会主義の民族共同体は、まさに数百万人もの女性たちが我々の最も忠実かつ熱狂的な同胞戦士となったがために、確固たる基盤の上にできあがったのである[17]」。一九三五年と一九三六年のナチ婦人団に向けた演説で、ヒトラーは、五~七人の子どもを健やかに育てている母親は一人の女性弁護士よりも多くを成し遂げたのだと言って称えた。また、マルクス主義者が求めていた女性の平等な権利は、「女性が必然的に劣る分野に女性を引き込むものである。それは男性と社会の双方に対する女性の地位の強化にはならず、ただ弱めるだけである」として拒絶した[18]。高等教育の場や行政官庁で学位や高い地位を得ようとした女性は、定員制限によって阻まれた。ナチ党のイデオローグ、アルフレート・ローゼンベルクは次のように総括した。「したがって、女性の活力開発のあらゆる可能性は常に女性に対して開かれたものでなければならない。しかし、一点明確にしておかなければならないことがある。裁判官や兵士、そして国家の支配者であるのは、そして、そうあり続けるのは男性だけである[19]」。

出生率を上げる闘いにおいて、ヒトラーの女性戦士たちは他の者に合わせ、命令に従い、大義のために犠牲になり、鋼の精神を育み、黙して苦しまなければならなかった[20]。国家に奉仕する立場に置かれた今、自分の体を自分で管理することは諦めなければならなかった。勝利は出生数ではなく、健康なアーリア人乳児の数によって判定された。しかるべき人種の子を残すためのキャンペーンは、あらゆる世代と階級のドイツ人女性の支持を集め、結局女性たちはナチの人種戦争に苦しみながらも、これを推進することになってしまった。職業としての助産師の数が爆発的に増え、純粋なるもの、自然なるものを政府が賛美したため、帝王切開が制限され母乳育児が賞賛された。だが、すべての女性がこの闘いにおいて兵士にふさわしいと考えられていたわけではない。いわゆる遺伝性障害のある者（アルコール中毒症と臨床的にうつ状態の者も含む）、性病にかかっている売春婦、シンティ・ロマの女性やユダヤ人女性は強制不妊手術と中絶の対象とされた。断種された非ユダヤ系ドイツ人四〇万人のうち、約半数は女性が占めていた。歴史学者ギゼラ・ボックによれば、医療処置の失敗が原因で数千人が死亡した[21]。一般のドイツ人女性と少女たちは、助産師と看護師らから騙されもした。妊娠が判るとすぐ欠陥があると告げられ、婦人科定期検診で中絶や不妊手術を勧められたのである。こうして、第二次世界大戦勃発前にすでに進行していた完璧なアーリア系の子どもを産むという国民の闘いにおいて、女性たちは他の女性の生死にかかわる残酷な決断を下し、道徳観念を失い、体制の犯罪に他の女性を巻き込んでいったのである。

ドイツ人女性は少女でさえも政治的服従を求められた。イデオロギー的教化は公式には一〇歳から始まった。一九三六年の時点で、ヒトラー・ユーゲントの女子部門であるドイツ女子青年団（BdM）への入団は義務とされていた。のちにナチ党は、ヴァチカンの保護下にあった一部のカトリック青年団を除きほとんどの青年団体を解散し、あるいはヒトラー・ユーゲントに吸収した。ナチ運動から子どもを守ろうとした親も家庭での権威と共同体での地位を失い、大抵はナチ活動家や近隣の人々、そして同僚からの圧力に屈してしまった。ミンデンなどの町では、現地の役人がナチ党に女児出生登録簿を提出していた。これを、少女たちをナチ運動に強制的に参加させるため、党のボランティアが個別訪問に利用した。

ドイツ女子青年団は共同体に属し永遠の友情を得るという多くの若い女性の希望――政治的な望みも、そうではない望みも――をかなえた。一部の者にとって、それはナチ党への正式な入党と運動でのキャリアを手に入れるための足掛かりであり、適切な技能を身に付けるための一手段であった。ミンデン地域の女子青年団指導者は「信じがたいほど権威主義的」で、その叫び声と金切り声は「ミンデン中で広く知られており、凶暴と言えるほどだった」[22]。地元で最悪と噂されるようなナチ指導者でも、小さな町で育つ若い少女たちの手本となりえたのだ。

この時代の若い女性は後方ではなく前方を見ていた。だが、彼女たちは自らフェミニストと称する

準軍事的訓練の一環として、ライフルを撃つドイツ女子青年団の団員（1936年）

ことはなかった。実際、この世代の女性の大半は婦人参政権論者を時代遅れだと拒絶していた。ナチ党が一九三三年に女性参政権の廃止を求めたとき、ドイツ人女性はハンガーストライキをすることはなかった。女性の敵は「抑圧的な男性」ではない。多くの女性にとって、それは「ユダヤ人」であり、「反社会的分子」であり、「ボルシェヴィキ」であり、「フェミニスト」であった。女性の解放について語っているのはユダヤ人のインテリだと、ヒトラーは一九三四年に言明している。したがって、ナチ運動はローゼンベルクの言葉を借りると、「女性解放運動から女性を解放する」ことになる。[23] 実際、ユダヤ系ドイツ人女性がヴァイマル時代の社会改革と女性運動で重要な役割を果たしていた。つまり、ヒトラーの発言には二つの目的があった。ドイツの政治からユダヤ人を排除することと、ドイツにおける女性独自の運動を抑え込むことである。さまざまな試みがなされたヴァイマルの実験室は完全に否定され、廃止されなければならず、その一方で、規律と服従を優先するナチの女性解放策が導入された。ナチ運動によって地位が向上したと感じたドイツ人女性は、家父長制度に挑むフェミニストとしてではなく、保守的で人種主義的な改革の担い手としての仲間意識を通じて一種の解放を体験した。

ヒトラーのファシスト社会における一人前のアーリア人構成員として、彼女たちは意図せず政治的な存在となった。今や「女性問題」は形を変え、女性と少女は大会と行進に参加するために町に出かけ、勤労奉仕のために農場に行き、夏のキャンプに参加し、行進練習をし、家政講習や健康診断を受け、そして国旗を掲揚する式典に向かうようになったのである。

「民族《フォルク》」のイデオロギーは女性に関して独自の美意識を持っていた。[24] このイデオロギーによれば、美とは、化粧品ではなく、健康的な食生活とスポーツに対する熱意の賜物であった。ドイツ人の少女と女性は、マニキュアを塗ったり、眉毛を抜いたり、口紅を付けたり、髪を染めたり、やせすぎていたりしてはいけなかった。ナチ指導者らは一九二〇年代の化粧品ブームをすべてユダヤの商売とし、ドイツ的な女性らしさを貶め、女性を売春婦に変え、人種的衰退をもたらしたとして非難した。ドイツ人男性は都会人やハリウッド風の妖婦ではなく、隣に住む娘と付き合うのが良しとされた。若い女性の自然な輝きは、運動と屋外活動、またその最も祝福される形である妊娠から発するべきとされた。

ヒトラーは一般ドイツ人の人種意識向上を目指したが、多くの女性にとって、人種意識の覚醒は政治に対する目覚めでもあった。女性は、人生にはもっと多くのことを求めてしかるべきだという野心的な考えに従って行動するようになり、ときには気おくれしつつも、エネルギッシュに活動することが増えた。回想録やインタビューの中で、「ヒトラーの娘たち」はそれぞれ、若い頃の似たような体験について語っている。基礎教育を終え青年期に達すると、彼女たちは自分が「ひとかどの人物」になりたいと気づいたのだ、と。[25] このような野心は、今では当然陳腐な決まり文句だが、当時は革新的だった。ごく普通の背景を持つ若い女性たちが故郷の村を離れ、タイピストや看護師になるための研修に登録し、政治運動に加わることにより、自己の存在を主張したのだ。初めて女性にも開かれた

1935年8月のベルリンでのナチ党大会。横断幕には、「ユダヤ人は我々の不幸である」「女たちよ、少女たちよ、ユダヤ人は諸君の破滅の源である」と書かれている。

ヴァイマルの選挙で投票した者の娘たちは、ドイツとそこからさらに広がる世界での可能性に思いを巡らせた。

本書で取り上げている女性は、ナチによる戦前のユダヤ人政策について語ることはほとんどなく、言及することすらない。ミンスクの軍属ショーガール、ブリギッテ・エルトマンは一九四二年に母親へ宛てた手紙の中で、ベラルーシで初めてドイツ出身のユダヤ人に会ったと記している。ではドイツ人女性は、ヒトラーのイデオロギーの中心に「ユダヤ人問題」が位置していたことを理解し、ユダヤ人に何が起きているのかを把握していたのだろうか。ドイツで育った少女たちは、当然のことだが、品のないプロパガンダ、つまり劣等人種としてのユダヤ人のイメージをポスターや新聞で目にしていた。小説や映画でも、ユダヤ人は何か危険な者のように描写され、特に少女たちにとっては好色な者として描かれた。このような性的なイメージを植え付けることで、反ユダヤ主義はキリスト教徒とユダヤ人の性的関係という、最も個人的な感情のある場所を狙い撃ちにした。それは、自分自身の体をユダヤ人から油断なく守らなければならない、かよわい性的対象とされたドイツの「アーリア系」女性に合わせて仕立て上げられたイメージだった。このような反ユダヤ主義は、ドイツ人男性の男らしさを煽ることにもなった。「危険な」ユダヤ人から女性を守ることで、彼らの名誉と男らしさが試されたのである。

女性は保育講習で、「劣等人種」の顔立ちと頭蓋のおぞましい特徴を見分ける「人種衛生」の指導を受けた。中学校では、生徒は皆詳細な家系図を作成し、これは二つの目的を果たした。子どもは自分のドイツ人としての血統を自覚するようになり、教師は誰がアーリア系で誰がそうでないのかを知ることができた[26]。教科書の新版では、反ユダヤ主義のスローガンとユダヤ人のグロテスクなイメージが、ナチのシンボルや加工修正された魅力的な総統の写真に添えられた高揚感あふれるその言葉の引用と対をなしていた。ユダヤ人を公衆の面前で中傷し、いたぶることは、遊びの場でも公衆浴場でも、またスポーツのイベントでも許容されていた。カトリックが盛んな地域で行われたカーニバルのパレードでは、精巧な山車とパレスチナに向かう正統派ユダヤ教徒の格好をしたドイツ人の行進が見られた。行進に参加した者たちはユダヤ人を真似ようと「ユダヤ人の鉤鼻」を付けていた[27]。

戦間期、ドイツ人の少女たちは路上や学校で政治的暴力を目撃した[28]。そして、暴力を容認するだけでなく、強い敵や立場の弱い同級生に対してどのような行動をとるべきかも学んだ。あるドイツ人の少女が学校でかつて友人だったユダヤ人の少女を殴りつけようとしたとき、驚いたことに相手が仕返しをしてきた。ドイツ人の少女はきっぱりと言った。「あんたはユダヤ人なのよ。やり返すことなんてできないわ[29]」。

一九三八年の一一月ポグロム［ユダヤ人に対する集団的暴力］の頃には、第一次世界大戦後のベビーブーマーは成人に達していた。彼らはドイツ全土でユダヤ人に対する破壊的な暴力を目にし、耳にし、それについて読んだ。都市や小さな町で数百のシナゴーグに火が放たれ、店の窓は粉々に砕かれた。突撃隊員と親衛隊員はユダヤ人の墓地を荒らし、墓石を掘り起こして叩き割った。数千人ものユダヤ人男性がめった打ちにされ、三万人が強制収容所に放り込まれた。ドイツ当局筋はユダヤ人の死亡者数を九一人と報告した。しかし、歴史学者のリチャード・エヴァンズは自殺者三〇〇人を含む一〇〇〇人から二〇〇〇人の死者が出たと推定する[30]。ドイツでユダヤ人が経営する約九〇〇〇の商店のうち、四分の三以上が略奪に遭い、破壊された。買い物途中の女性や少女たちがこの破壊行為を目撃していた。その多くがひどく散らかって後片づけが必要だったと話し、無秩序と不便について不満を漏らした。一般のベルリン人はこのポグロムのことを遠回しに「クリスタルナハト」すなわち「水晶の夜」と呼んだが、つまり人間ではなく物が壊された事実に力点がある[31]。あるベルリン人は朝の光の中で輝くガラス片を見て、密かにこう考えた。「ユダヤ人は新生ドイツの敵だ。昨晩、奴らはこれがどういうことかわかっただろう[32]」。

ドイツ人女性は、消費社会において買い物客や店員としてユダヤ人と日々接触があった。不買運動が始まったばかりの頃は、どの店に入るか、どの店を避けるかを決め、店の所有者が代わるのを目の当たりにしていた。一九三三年以前には、ベルリンのハロッズと言われたカーデーヴェー（KaDeWe）も含むティーツの系列店など、ドイツ最大の百貨店をユダヤ人がいくつも所有していた。不買運動の際にはナチの突撃隊が店の窓に落書きをし、女性たちが店に入るのを阻止しようとした。これらのほとんどはユダヤ人が家族で経営していた小さな店だが、ティーツのような大規模百貨店では多くのドイツ人女性が店員として働いていた。ナチ指導者とドイツ人投資家らがユダヤ人を廃業に追い込み、事業を安く買い叩くと同時に、ユダヤ人取締役が取締役会から排除された[33]。ドイツ人女性店員の大半には、ユダヤ系小売店の「アーリア化」は自分が失業すること、あるいは新しい上司を迎えることを意味していたと考えられる。いずれにせよ、それはユダヤ人の商店主や雇用主に対する迫害と、続く彼らの失職が可視的に示される出来事であった。

一九三〇年代には、ナチによるたび重なる攻撃がドイツのユダヤ人を圧迫するようになり、最終的には移住できるユダヤ人の大半は出国した。一九四〇年までに約半数がドイツを離れたが、その三分の二は子どもであった。ドイツ人からすれば、ドイツにとどまったユダヤ人は人間としては不可視だが、ドイツを脅かす幽霊あるいは邪悪な力として遍在していた。かくして、東部でユダヤ人の存在に驚いたミンスクのショーガール、ブリギッテ・エルトマンなどのドイツ人女性は、それまで実際にユダヤ人を見たことはないと信じていたが、実は多くの女性が幼少時代、ドイツで日常的にユダヤ人と接触していたのである。

ユダヤ人の窮状に目をつむる社会規範は、ドイツ人少女に女性独自の強さの体現を求める期待と結び付いていた。ドイツ女子青年団に参加する若い女性向けのスポーツには行進訓練と射撃があった。若い女性、実際には少女たちが編隊を組んで空気銃を撃つ訓練を受けていたのである。プロイセン軍国主義の長い伝統は総力戦と「最終解決」の文化を育んだだけでなく、二〇世紀的ファシストとして女性を軍事社会に取り込み、愛国的な保育者かつ戦闘員にしたのである[34]。

身体活動と併せて、この集団の衆愚化も進められた。ドイツの女子生徒はラテン語などの教科を教わらなかった。この種の知識は将来の母親には必要ないからであった[35]。その代わりに少女たちには、夫の選び方に関する助言が載った冊子が与えられた。将来の結婚相手に尋ねる最初の質問はこうだ。「あなたはアーリア系の方ですか？」。年頃の女性にとって、そのようなガイダンスと社会的支援が役立つと考えられていたのだ。母親という役割を公に肯定することも好評だった。「わが国では、母親は最も重要な市民である」とヒトラーは断言している[36]。それまでドイツの母親はそのように認められたことはなく、乳児ケアセンターの増加や充実した医療（「人種衛生」）など、多くのサービスの恩恵を受けることもなかった。また、四人以上の子どもを持つ母親が「母親十字章」を授与され、式典で名誉に浴すこともなかった。

ナチのプロパガンダとナチ指導者らの発言を額面通りに受け取ることは、確かに慎重にならねばならない。これらのプロパガンダは、女性を「子ども、台所、教会」という私的な領域へと押し戻すことを意味していた。ところが、結婚と出生率の増加を意図した奨励金ではナチ指導者らが期待していた結果は得られなかった。一九三五年以降、出生率は減少し離婚率が増加した。統計によれば、ほとんどのドイツ人女性は未婚で、常に妊娠しているわけでもなく専業主婦でもなかった[37]。ドイツ全土（のちには占領地域）で第三帝国の政府機関や役所が増大するのに伴い、女性はドイツ史上かつてないほどに、労働力の一部となっていった。この世代に属するある女性は、第一次世界大戦から学んだことを次のようにまとめている。「誰もが仕事を持たなければなりません。将来結婚するという確信など決して持てませんから。…（中略）…将来どうなるか、誰にわかるというのでしょう[38]」。

とはいえ、ヒトラーが支配するドイツでドイツ人女性が手にしていた選択の自由を過大評価することは間違っているだろう。[39] ユダヤ人男性との結婚や遺伝性と考えられる疾患を持つ子どもを育てることを、ドイツ人女性が選択できなかったのは確かである。また、ナチ党が唯一の合法政党であったため、もはや政治的な選択肢もなかった。さらに、彼女たちに開かれていた職種は限られていた。戦前は、新たに高校を卒業した者や大学進学を準備する者など、すべてのドイツ人が国家に対する労働奉仕を求められ、通常は六カ月間農業に従事した。これらの労働奉仕団の施設には男女別ではあったが、国民としての同胞意識を育むために、あらゆる社会経済階級の者がまとめて入れられた。一九三八年初頭にはヒトラーの戦争準備の一環として、高等教育機関や職業訓練校に入学した女子生徒全員が防空、救急、通信という三つの分野で基礎訓練を修了している。

ナチは体制に従わない者を許さなかった。いったん軍や公職に配属されれば、妊娠を含む健康上の理由あるいは過失（この場合は罰せられる）を除き、女性職員が職を離れることはできなかった。国家に奉仕する義務は学校や青少年向けのプログラムで子どもたちに叩き込まれ、「仕事嫌い」または「怠け者」と烙印を押された者は、「再教育」されるために急増する収容所に送られた。

一九四一年の夏には、ヒトラーの軍隊が東部でより多くの地域を支配下に置き、軍需産業、役所、病院などにさらに多くの女性が配属され、就労の道が広がった。ナチ指導部は総力戦と大帝国の建設に備えた。最終的にはヨーロッパ全土が、ヒトラーがベルリンの大本営から指揮するアーリア人の大帝国になるはずであった。そして、そのような世界規模の野望には、若い男女から成る新たな階級、すなわち、ドイツ帝国エリートの創出が必要とされた。

第二章　東部が諸君を必要としている
教師、看護師、秘書、妻

ナチ運動が始まって間もない頃、ヒトラーとその仲間たちは帝国主義的イデオロギーを練り上げ、領土拡張への野望を打ち出した。ヨーロッパの大国としてのドイツの地位を取り戻せば、かつて皇帝が試みたことを達成することになるだろう。しかし、制海権と海外領土の維持による覇権を目指した英国のアプローチとは異なり、ドイツの戦術ではヨーロッパ大陸、特に東欧の肥沃な土地に焦点が絞られた。ヒトラーの信条は一九二五年に出版されたナチ運動のバイブル、『わが闘争』に詳しく述べられている。

われわれの先祖たちは…（中略）…生命を賭けることによって〔土地を〕戦いとらねばならなかったと同じように、将来われわれに土地、したがってわが民族の生活を割り当ててくれるのは民族に対する恩寵ではなく、無敵な剣の力だけなのである。…（中略）…われわれはこの問題を解決するのには、ただ植民地を獲得すればよいと考えてはならないのであり、母国の面積そのものを増し、…（中略）…移民領域を獲得することにもっぱら問題解決はかかっているからである。…（中略）…以上でもって、われわれ国民社会主義者は、我が国戦前の外交政策については終止符を打っておくことにする。われわれは六百年前に到達した地点から出発する。われわれはヨーロッパの南方および西方に向かう永遠のゲルマン人の移動をストップして、東方の土地に視線を向ける。[1]

『わが闘争』とは、ヒトラーの伝記をその生い立ちや、敵への攻撃、政治信条などとごちゃ混ぜにして、ナチ運動の目的と結び付けた代物である。東欧を植民地化せよという明確な要求は、今日的視点からすると厚かましい。私たちは、ヒトラーがそう支持者に求める中からジェノサイド的結果がもたらされたことを知っている。しかし、ヨーロッパ覇権の黎明期には、自らを大国と認識する国のこのような帝国主義的主張は正当なものと考えられていた。ヒトラーは自国民にはこれらの地域に対する集団的権利があり、それは歴史的にも当然認められると思い込んでいたのである。彼はのちに、ウクライナの掩蔽壕《えんぺいごう》で次のように思いを巡らせている。

ドイツ人入植者は広くて立派な農場に住むべきだ。ドイツ人の公共施設も立派な建物で、庁舎は宮殿のようにしよう。…（中略）…我々にとってのロシア、これはかつてのイギリスにとってのインドである。あの広大な大地が我々の未来に何をもたらすか、ドイツの人々に分かってほしい。植民地は財産としてはやや安定を欠くが、ロシアは確実に我々のものである。ヨーロッパとは地理的な概念ではない。人種的な概念なのだ。[2]

一九三〇年代、『わが闘争』は発行部数を伸ばし、「純血の本質」を学校の教室で教えるためにこの本を使用することが国によって義務付けられた。[3] ナチ式の結婚式では、総統からの特別な贈答品として婚礼用の『わが闘争』がすべてのドイツ人夫婦に贈られた。

この本を受け取った新婚のドイツ人女性は――もしそれをわざわざ読んだとしても――、東部を植民地化せよというヒトラーの呼びかけの意味が最初はわからなかっただろう。しかし、一九一四年当時の国境を回復――実際には拡大――せよというヒトラーの要求が不評だったわけではない。ドイツ人にとって、第一次世界大戦の体験、特に屈辱的な領土の喪失は、自分たちは一九二〇年代のベストセラー小説の題名にもなった「土地なき民」である、すなわち、十分な場所を持たない民族であるという想いを膨らませただけだった。[4] ナチの宣伝担当者とインテリは、教科書や一般向けの展示物に記されたドイツの歴史を、繰り返し行われた東方植民の成功談として書き直した。一九三八年、ヒトラー・ユーゲントの少女ら（ドイツ女子青年団）は、「東風に向かって旗を掲げよ／東風にはためき広がる旗の／彼方に築け、取り掛かれ／時の定めにいざ挑め」などという歌詞の入った新しい歌を習っていた。[5] 一九四二年には、国家宣伝大臣ヨーゼフ・ゲッベルスとその参謀が、ベルリンで「ソビエトの楽園」という大規模な博覧会を開催した。これは一九三四年から進められてきた企画で、一三〇万人のドイツ人が観覧することとなった。[6] この中でゲッベルスは、ボルシェヴィズムの恐怖をドイツの「東方への衝動」と組み合わせている。博覧会では、東欧におけるドイツ人の歴史が中世までさかのぼって紹介されたが、この時代、十字軍のドイツ騎士団、ハンザ同盟の勤勉なドイツ商人、そして働き者のドイツ人農民は皆、西へと進出してくるアジア人の大群の防波堤になってきたというわけだった。ドイツ人は文明の偉大なる守護者であり開拓者なのだ。「ソビエトの楽園」では、女性も愛情あふれる妻やたくましい母として描かれた。これらのイメージと物語によって、一般のドイツ人は東部へといざなわれ、ボルシェヴィズムに対する闘い、一九三九年のポーランド征服、そして一九四一年のソ連侵略を歴史的に正当かつ必要なものとして進んで受け入れるようになると考えられたのである。

第三帝国時代に東部に向かったドイツ人女性は、ドイツ帝国主義者の第一世代ではない。サハラ以南のアフリカにおける帝国植民地の支配層には女性の伝道者もおり、戦間期には女性たちが身近な国境地域での活動に動員され、ヴェルサイユ条約で失われた領域に居住していたドイツ人の救援に当たった。一九三九年九月にポーランドが敗北すると、数千人のドイツ人女性が労働奉仕に駆り出され、ポーランドで休暇を過ごすよう強く奨励された。ナチ党による女性運動のプロパガンダは帝国主義的な幻想に再び火をつけた。一九四二年には、「我が軍が戦い、勝利を得つつ踏破した東部の広大な地はますます拡大しており、〔さらに〕政府とともに東部地域に向かうドイツ人の数も、ますます増えつつある。…（中略）…闘う兵士たちの後を、常に、迅速にドイツ人女性が追っている」と謳っている。[7]

しばらくすると、党内で上級管理職の地位を望む女性は皆、東部占領地域で一定の訓練を終えることを求められるようになった。一九四三年には、三〇〇〇人を超える若い女性が就職準備のためにポーランドに向かった。彼女たちは、ルーマニアとウクライナからポーランドのザモシチなどの入植地に落ち着いた民族ドイツ人の世話をし、彼らを教育した。こうした場所では、ドイツの占領軍が冷酷にもポーランド人を家から追い出し、家畜や個人の所有物を略奪したのであった。ヨーロッパと海外へのドイツの帝国主義的な拡張の歴史において、ジェノサイド的政策や社会工学に基づく計画の実施、そして女性活動家の起用という点で、ナチ時代は最も急進的だったと言える。

ナチの想像力においては、東方の「生存圏《レーベンスラウム》」、すなわち国外におけるアーリア人の生存圏は、あらゆることが可能なフロンティアであった[8]。ドイツ人だけのユートピアのような入植地に加えて、大量殺人工場も建設できる場所だったのである。「東部」は当時の文学や映画に見られる暴力的な、しかし同時にロマン的な、カウボーイとインディアンの西部劇を連想させた。第三帝国の大衆文化では、未開拓の東部は肥沃な土地と描かれ、そこではチュートン人の賞金稼ぎや自警団、開拓者らが土地を支配し、未開の人々を手なづけていた。ナチの写真では民族ドイツ人は幌馬車に乗っているが、現地の警察や親衛隊員はカウボーイが馬にまたがるようにオートバイにまたがり、平原を渡っていった[9]。一九三〇年代に人気のあった家庭用ボードゲームでは、ドイツ人移住者が東部開拓者として描かれていた。

ヒトラーはアメリカ西部に魅了された一人で、「ドイツ人の移住により（東部を）ゲルマン化し、現地の住民をインディアンと見なす」べきだと唱え、東部とアメリカ西部の関連性を明確に示した。一方ヒムラーは、東部でのナチの任務をドイツの「マニフェスト・デスティニー（明白な使命）」として語った。多くのドイツ人はカール・マイの冒険小説を読み、一九三六年の映画『カリフォルニアの皇帝』を観、あるいは一九四一年の話題作で、アフリカで白いコートに身を包み、黒光りするブーツを履き、「黒人」を鞭打つ残虐なドイツ人の姿を描いた『カール・ペータース』を観て育った。これらの文化的所産はドイツ表現主義の初期のホラー映画やギャング映画――『吸血鬼ノスフェラトゥ』

『カリガリ博士』『M』など――と同様に、当時の文化批評家ジークフリート・クラカウアーの言葉を借りれば、「集団心理の深層」と、この時代と世代の「内面的傾向」を反映しているのだ。[10]

「生存圏」の概念は帝国内での「民族共同体」の考え方とほぼ同様に機能し、東欧を征服し、植民地化し、搾取するべくドイツ人を奮い立たせるものと考えられていた。ドイツ国境地域と国外のドイツ文化圏を取り戻すことが民族自決行為とされた。ドイツ国防軍のポーランドとソ連への侵攻とともに、数百万の一般ドイツ人は征服地域における帝国の支配者として、また移住者として、後に続くことを期待された。だが、現実の「生存圏」は大衆に約束された世界とはかけ離れたものとなっていった。

軍隊、親衛隊と警察、文民行政当局機関、そして開発請負業者が一体となり、ドイツの巨大な破壊力を構成していた。ヒトラーに次いで帝国で最も影響力のあった親衛隊帝国指導者でドイツ警察長官のハインリヒ・ヒムラーは、保安機構を掌握し、かつ社会工学的政策も担った。東部総合計画(Generalplan Ost)と呼ばれたヒムラーの壮大な計画によれば、ドイツ人移住者の居所を設けるために、三〇〇〇万人から五〇〇〇万人のスラヴ系「劣等人種」が二〇年かけて殺され、国外追放される一方で、残された「幸運な」者は奴隷として新たなドイツ人の主人に仕えることになっていた。人種植民本部とその他のゲルマン化推進機関は、人種的に受け入れ可能な民族ドイツ人と適切な入植地を求めて、東部占領地域全土で活動を展開していった。ヒムラーは部下に対し、国が関与する組織的な誘拐作戦を指示した。その一つは、悪意を込めて「干し草刈り作戦」と呼ばれた。[11] 親衛隊員はウクライナやポーランド、ベラルーシの村で、顔立ちの良い、ブロンドの髪と青い目をした子どもを見つけたら確保してもよいとされた。親衛隊の人種審査官が、その子にドイツ系の血が十分ありと判断すれば、その子は養子に出された。子どもができなかったり流産したことがあるが、母親になることで自分に人種的価値があることを証明したいと必死になっているドイツ人女性が、誘拐されてきた子どもを養子として迎える有力候補となった。人種的に価値がないとされた子どもは児童施設や労働収容所に送られ、場合によってはナチの医学実験のモルモットにされた。

このように、帝国が国をあげて進めたジェノサイドにおいて、ドイツ人女性が関与したもう一つの領域が、子どもの審査と新たな養育先の手配であった。植民担当職員や人種審査官としての役割を果たす中で、女性たちは人種的に好ましい子どもを選別し、東部から帝国内へと送り届け、養育家庭や国営の児童養護施設を手配したのである。[12] ゲルマン化とは、これらの子どもの強制的な同化、つまり、ドイツ人女性の福祉ワーカーと母親たちによる彼らの「文明化」を意味した。よくあることだが、ドイツの公式な報告書ではこれらの子どもについて、受身形で「孤児になった」という書き方をしている。しかし実際には、親衛隊と軍隊が、反パルチザン作戦と大規模な報復作戦を展開する中で父親を射殺し、母親を強制収容所に送ったのだ。ヒムラーの部下ラインハルト・ハイドリヒの暗殺に対する報復としてナチが破壊したチェコの村リディツェ出身の一〇五人の子どもが、おそらくは最もよく知られたケースであろう。だが、それ以外にもこのような子どもは大勢いた。誘拐された子どもの数は五万人から二〇万人と推定される。戦後、ポーランド政府と生き残った親類縁者が子どもの返還を求めた。しかし、ほとんどの子どもの行方は確認できず、ドイツ人養母の多くは子どもの引き渡しを拒んだ。こうして、多くの子どもが自分がどこから来たのかを知らされることなくドイツ家庭で成人した。ドイツ人女性職員とドイツ人養母の関与がなければ、ナチ・ジェノサイドのこうした側面は起こりえなかった。

ヒムラーは敵を破壊し、アーリア系の血統を広めることで、ドイツ民族を保護し増強させるという二重の責務を負っていた。ナチ運動はヨーロッパの歴史を新たな方向、すなわち、ドイツによる覇権の時代へと導くことを追求していた。その中心をなす反ユダヤ主義的「世界観（Weltanschauung）」は、ユダヤ人の人種的、政治的影響力からの解放を意味した。危機の時代に「ユダヤ人」をスケープゴートにすることは、当然ドイツ人が思いついたことではないが、ナチのイデオロギーの特徴はこのような「他者」の重要性であった。

ナチの考え方によれば、東方の「生存圏」は矛盾した形で現れる。それはドイツの未来の「エデンの園」、すなわち、機会に満ちた場であるだけでなく敵意に満ちた地でもあるのだ。帝国主義の夢はドイツとロシアの間の土地――ナチが描いたイメージによれば、脅威をもたらす劣等人種と政敵が住む土地――に向けられた。このような被害妄想的憎悪に誘発された過激な人口政策と強力な治安対策のすべてが、非戦闘員、ソ連戦争捕虜、特にユダヤ人の男性、女性、そして子どもの大量射殺の論拠となった。ドイツが予測したソ連の急激な崩壊が現実味を帯びてきたように思われた一九四一年七月末から、ヒムラーはパルチザンの巣窟と見なされた村に住むユダヤ人の根絶を求め、まずベラルーシの湿地帯から彼らを一掃した。大量殺害は戦争を隠れ蓑に始められ、歴史学者クリストファー・ブラウニングの適切な表現を借りれば、そこには「勝利の陶酔感」が伴っていた[13]。

ドイツ人はどのようなルートをたどって東部へ向かったのだろうか、また、どれほどの数のドイツ人が関与していたのだろうか[14]。ドイツ軍の後方で、ドイツ政府とナチの各機関は、旧ソ連の占領地域に少なくとも三万五〇〇〇人の行政官や職員を派遣している。ナチ占領下のポーランドも一部の渡り者、起業家、ディレッタント、出世を狙う者、上昇志向の強い者、犯罪歴のある者などを引き寄せ、合計約一万四〇〇〇人のドイツ人が総督府として知られる統治組織で働いていた。歴史学者マイケル・ケイターは一万九〇〇〇人の若いドイツ人女性がポーランドの編入地域に派遣され、入植者の再定住を補佐したとしている。[15] また、これ以外にも多くの女性がドイツの郵便局と鉄道に配属された。これらの数字には、ヒムラーの親衛隊と警察、ドイツ赤十字社、軍本部と現地出張所、政府の請負業者の職員は含まれていない。異動、休職、死亡、一定期間にわたる家族訪問や引越しが、正しい推定数を出す作業をさらに複雑にしている。しかし、東部の女性に関して、先に示された五〇万人という推定数は記録に残されている看護師、秘書、教師、妻、ナチ党活動家と本部の職員の合計人数を基にしており、これは一九三九年にドイツに併合されたポーランド領土を含む東欧と東欧南部が対象となっている。

本章では、東部に行くことを受け入れ、あるいはこの機会に飛びついた教師、看護師、秘書、そして妻という、最大のカテゴリーに属する女性たちを取り上げる。

教師

人々は一夜にしてナチズムに傾倒したわけではない。それには帝国の学校における執拗な教化と反復が必要であった。ヒトラーにとって正しい教育とは、「人種感覚と人種感情を本能と知能に焼き付ける、若者の知性と感情はそれに委ねられる」べきものであった。[16] 一九三四年の改革により、学校は若者を国家に奉仕し、国民社会主義の精神を持つ者へと教育する場であり、教師はその精神を伝えるパイプ役となるべく訓練を受けなければならなくなった。すべてのドイツ人教師の三分の二が訓練施設に通い、身体訓練とイデオロギー講習を受けた。

ドイツの学校における歴史の授業では、ドイツ人の武勇伝、昔の帝国、英雄とされる先駆者らに焦点が絞られた。ヒトラーは、カール大帝、フリードリヒ大王、ビスマルクらとともに英雄の殿堂入りを果たした。語学指導では、言葉遣いが地域方言ではなく人種による違いとして説明された。数学の授業では、公立の精神病院に入院している障害者のために政府が支払う社会福祉費を生徒に計算させ、「穀つぶし」とされた患者の大量殺害が若者の心の中で経済的観点から正当化されるようになった。「ユダヤ人を見分ける方法——歩き方、身のこなし、身振り、話すときの動作」を生徒に教える教科書もあった[17]。また、ユダヤ人は外面だけでなく内面も醜いと教える教師もいた。すべての教科に織り込まれていたテーマは、ドイツ民族の優越性である。公立学校のあるユダヤ人女生徒は、ある日教師が教室に鉤十字を身に着けて現れ、彼女を指して言った言葉をのちにこう回顧した。「教室の後ろに行きなさい。あなたはもう私たちの一員ではありません」[18]。このような主義主張に異議を申し立てる者は、教師であれ生徒であれその学校から排除された。同調しない子どもや従わない子どもへの体罰は、一九三〇年代には日常茶飯事だった。

一九三三年の遺伝病子孫予防法を実施するために、教師は障害のある子どもを報告するよう求められた。コートのボタンをきちんと掛けられなかったり、試験の成績が悪かったり、スポーツや遊び場で協調性に欠けていたりする子どもは、「スクリーニング検査」の対象として報告された。ライヒャースボイアーンというバイエルンの村では、教室が一つしかない学校の打ち解けた雰囲気の中で、このような死につながる可能性のある選別が行われていた。二〇一一年、私はかつてこうした生徒の一人で現在は七〇代のフリードリヒ・Kにインタビューをした。彼は戦時中に少年として体験したことについて話してくれた。私たちは彼の家のテラスに座り、習慣となっている夕方のコーヒーとケーキを楽しんだ。その後、フリードリヒ・Kと話に加わってくれた妻に、彼の村のナチ指導者たちについて尋ねた。彼はオトナート先生という地元の教師がいたことを思い出したが、彼女は亡くなっていた。自殺だった。彼は彼女が埋葬されているという近くの教会を指し、墓について地元の小さな村の住人だけが知っているような詳しい話をしてくれた。彼女が何をしたのかと尋ねると、彼はためらい、妻を見た。妻は同意するようにうなずき、そこで彼は説明し始めた。かわいい少女が村にいたのだ、と。その子と一緒に遊ぶのが好きだった。二人で木登りをし、教室では隣に座った。だが、その子はときどき発作を起こした。てんかんだったのである。オトナート先生はそれに耐えられなかった。すると、女の子は学校に来なくなり、村から消えてしまった。気になった子どもたちが女の子の行方を先生に尋ねると、クラスの問題児だったので追い出さなければならなかったのだと説明された。その子は二度と戻ってこなかった[19]。

看護師や助産師と同様に教職においても、従来女性の美徳とされてきた慈しみの心が引き続き重要視されていたが、今やそれは、「人種的」基準――誰が人間で誰が「劣等人種」なのか、誰がドイツ人で誰がドイツ人ではないのか、誰が社会への参加にふさわしく誰が排除の対象となるのかという判断――に基づき、選択的に適用されるようになった。教師は生徒を遠足で精神病院――当時は精神疾患者の保護施設と呼ばれていた――へ連れ出し、生徒たちは見世物にされている奇形の患者や奇声をあげる患者を前にして、自分たち自身の「人種的健全性」を感じることができた。子どもたちはこれらの「劣等者」に対し、同情することのなきよう指導を受けた。歴史学者クローディア・クーンズは、こうした行事は恵まれない人々や社会から排除されている人々を無遠慮にじろじろ見たりしないという中産階級の道徳観に反していたと認めている。[20] だが、ナチの社会化とは、実際には自らの優越性を確認するために劣等者を見つめることを「奨励」するものであった。こうして人は、苦しみを傲慢な目で見る術を学んだ。それはドイツ国内でのみ教えられたわけではなかった。劣等者に対するこのような視線は、東部の帝国領土における「劣等人種」にも向けられた。

ドン・キホーテタイプの夢想家、インゲレーネ・イヴェンスは、占領下のポーランドで正しいドイツ教育のために闘うヒトラーの女性兵士の一人になろうとしていた。イヴェンスはハンブルクで教職課程を修了したが、教員資格を取るための試験に備えているとき、自分がどこで教えたいかを考えた。成績優秀者のみが外国での職に採用されることになっていたため、イヴェンスは必死に勉強した。子どもの頃、父親とオランダを訪れたことがあり、政府の所在地であったハーグのドイツ人学校にはとりわけ懐かしい思い出があった。ヒトラーの軍隊がヨーロッパを支配していた一九四二年春、イヴェンスはベルリンの科学・教育・文化省からの赴任を命じる公式な辞令を待っていた。どこに配属されるのだろうか。多くの候補地があった。理想はハーグだが、オランダ、フランス北部、ボヘミア、ポーランド、ラトヴィア、ウクライナなど、ほかの場所はどうだろう。

公印が押された薄い青色の封筒が届くと、イヴェンスは突然、鼓動の高まりを感じた。開封して読んだ。「ポーゼン地区、ライヒェルスフェルデ・ギムナジウムの職員として赴任を命じる」[21]。イヴェンスはショックを受けた。父親は部屋を出て友人に電話をかけ始めた。この場所がどこにあるのか、誰か知っているか。父親はできる限りの情報を得て戻ってきた。ライヒェルスフェルデはポーランドの併合地域にある村だ。そこには郵便局も、鉄道の駅も、電気も、そして水道もない。

イヴェンスは失望したが、どうしようもなかった。命令は命令で、ハーグについて感傷的になっている時間はほとんどなかった。荷造りを始め、旅の計画に取り掛かった。招集地は地区の中心であるポズナン（ポーゼン）だが、そこからライヒェルスフェルデの学校まで二五キロほどの道のりを、歩くか自転車で向かうのだ。

イヴェンスは、ドイツからポーランドのヴァルテガウに派遣されて辺ぴな地域で教室が一つしかない学校を運営した数百名の教師や、ポーランドのほかの地域、ウクライナ、リトアニア、ラトヴィア、ボヘミア＝モラヴィア［ベーメン＝メーレン］（チェコのナチ併合地域）などに送られた数千人の教師と補助教員のうちの一人だった。[22] ナチ当局は独身女性をこれらの辺境地域に配属することに乗り気でなかったが、ほかに選択肢はなかった。戦争が続いており、こうした地域の役所の事務職と専門職に就ける男性が減っていたのである。ナチ指導者らは東部での「文明化の使命」が、いかに独身女性にとって危険であろうと、これを進めていくことを決定した。学校は民族ドイツ人をナチの教義へ目覚めさせ、ドイツ人以外の子どもを追放する一方で、女性教育者という新たなエリートを養成する人種主義的ヒエラルキーを作り出す中心的機関となった。戦争勃発から約六カ月後の一九四〇年三月までに、ベルリンの帝国教育省はすでにドイツ全土の支局に対し、この任務を遂行するために、訓練を受けた教師を東部地域に速やかに派遣するよう指示していた。ポーランドの一つの地域だけで、約二五〇〇人のドイツ人女性がドイツ人のみを対象とした学校で働いており、五〇〇を超える幼稚園の設立を準備していた。イヴェンスのように、これらの教師が赴任先を選ぶことはほぼ不可能で、ライヒェルスフェルデのような所への赴任から外してもらおうとしても決まって却下された。離職を阻止するために、ナチ党のドイツ女子青年団とナチ婦人団は、東部における任務を愛国者の義務であり冒険であるとして宣伝した。

東部占領地域で学校と幼稚園を運営していた教師と保育者は、いくつかの重要な点で政府のジェノサイド作戦の推進と実施に貢献した。ドイツ人以外の子どもを学校制度から排除し、ポーランド、ウクライナ、バルト諸国の民族ドイツ人に特権を与え、イデオロギー的教化を行った。学校と学童のためにユダヤ人やポーランド人の財産や所有物を略奪し、さらにナチスが東部から撤退したときには、その多くが孤児であった生徒を見捨てたのである。学校は多くの場合、国内から派遣されたドイツ人女性と、それを補佐する現地の民族ドイツ人によって運営されていた。ポーランドとウクライナで幼稚園教諭の補佐として働いていた若いラトヴィア系民族ドイツ人女性は、それは「シーシュポスの神話にあるような、果てしない仕事」だったと振り返る。[23] 現地の親衛隊員たちは、「人種的に価値のある」子どもを次々と学校に置いていった。親を射殺された子どもたちである。トラウマを抱え、身寄りもなく、子どもたちは東部で急増していた各地のナチの学校でドイツ語を学び、ドイツの歌を歌い、正しい行動とドイツ民族の優越性を説くヒトラーの格言を暗記することを求められた。

看護師

すべての専門職の中で、最も多くのドイツ人女性を戦争とナチ・ジェノサイドに直接関与させたのは看護職であった。[24] 看護師は拡大する人種主義国家において、従来の、もしくはそれまでなかったような役割を果たしたからである。看護師は「人種衛生」と遺伝疾患に関して、一般女性の相談にのった。ドイツでは施設に入所している精神疾患者と身体障害者の選別に看護師も加わり、これらの犠牲者にガス室まで付き添ったり、致死注射を打ったりした。東部占領地域では、ドイツ人兵士の世話をし、ソ連人の戦争捕虜とユダヤ人に対する飢餓政策と殺人を目撃し、強制収容所の医務室でも働いた。また、至近距離で犠牲者を射殺した経験がトラウマとなってしまったドイツ人親衛隊員や兵士たちの心のケアをした。そして、衛生検査のために公務でゲットーを訪れたが、恐いもの見たさで、あるいは物欲しさに自らゲットーに行ったこともある。鉄道車両に閉じ込められ移送されるユダヤ人たちが助けを請う横で、駅のプラットホームに立っていたこともある。看護師は、ヨーロッパにおけるホロコーストの第一の目撃者であった。安楽死計画がドイツからポーランドへと拡大されるに伴い、大量殺人を犯した者もいた。では、どのような者がナチ体制の看護師だったのだろうか。また、彼女たちはどのような状況の下で東部に行ったのだろうか。

看護職は一九世紀後半には崇高な仕事だと見なされるようになったので、これに従事するのは中流および上流階級の女性に限られていた。ドイツの軍国主義文化においては、戦時中、野戦病院の傷ついたドイツ人兵士に心の平穏と衛生をもたらし、母親のように世話をするために、「家庭の天使」はその翼を広げるよう求められた。実際、兵士たちは、長く白いドレスを身に着け、羽を広げたような形のナースキャップをかぶり、枕元から枕元へと飛び回るこれらの看護師を「戦場の天使」と呼んでいた。一九三〇年代半ばには、新たな人種序列の出現と国家統一への呼びかけの結果、ドイツ社会における階級格差は全般に目立たなくなり、社会的地位はもはや問題とはならなくなった。その上、ヒトラーの世界戦争の計画によって看護師の大量動員も必要となった。[25]「模範」看護師が各地の村を訪問し、在宅看護講習を行うとともに、若い少女たち、特にドイツ女子青年団〔BdM〕に参加している者を採用するために面談を行った。採用担当者は、愛国的なスローガンと異国の地で清潔な白い制服に身を包んだ笑顔の看護師という宣伝用イメージで、つまり、戦争を流血と暴力ではなく、むしろ癒しと看護の体験として若い女性を勧誘した。多くの十代の若者が国家に奉仕せよという呼びかけに応じた。彼女たちは村から脱け出たいと考えていたし、すでに保育講習で衛生学と人種生物学にどっぷりと浸かっていたのである。ナチがポーランドを征服した後の一九三九年末〜一九四〇年初頭には、約一万五〇〇〇人の女性が募集活動に応じて集まった。

ナチ時代、看護の仕事は強い国家主義的・イデオロギー的特徴を帯びていた。[26] 第一次世界大戦中の看護服は、あつらえたドレスと質素なナースキャップに替わった。新しい制服で最も重要なのは徽章で、これは軍隊風の名誉と組織への所属の印であった。親衛隊将校で医師のエルンスト＝ロベルト・グラヴィッツの指揮の下、ドイツ赤十字社はハインリヒ・ヒムラーと非公式だが重要な関係を保っていた。ヒムラーの妻は誇り高き看護師であった。ナチ党はドイツ赤十字社の看護師認定を規制する一方で、「褐色の看護団」という独自の組織を創設した。[27] ユダヤ人看護師はユダヤ人専用の病院でしか働くことを許されず、ユダヤ人患者のみを看るようになった。看護師として正式に認定されるには、つまり、どの病院でも働ける資格を得るには、自らのアーリア系の血統と政治的信頼性を示す証拠を提示する必要があった。

実際、このように位置付けされた看護職には、今や人道主義的理想の入る余地はほとんど残されていなかった。エアフルトで訓練を終えたある看護師は、「嫌悪は崇高である」という指導者のコメントに衝撃を受けた。[28] 従来の看護師の美徳、すなわち、犠牲、規律そして忠誠心は戦争を遂行するためのものになったのである。看護師の使命とは、指導者らが強調するところによれば、兵士を看護し、

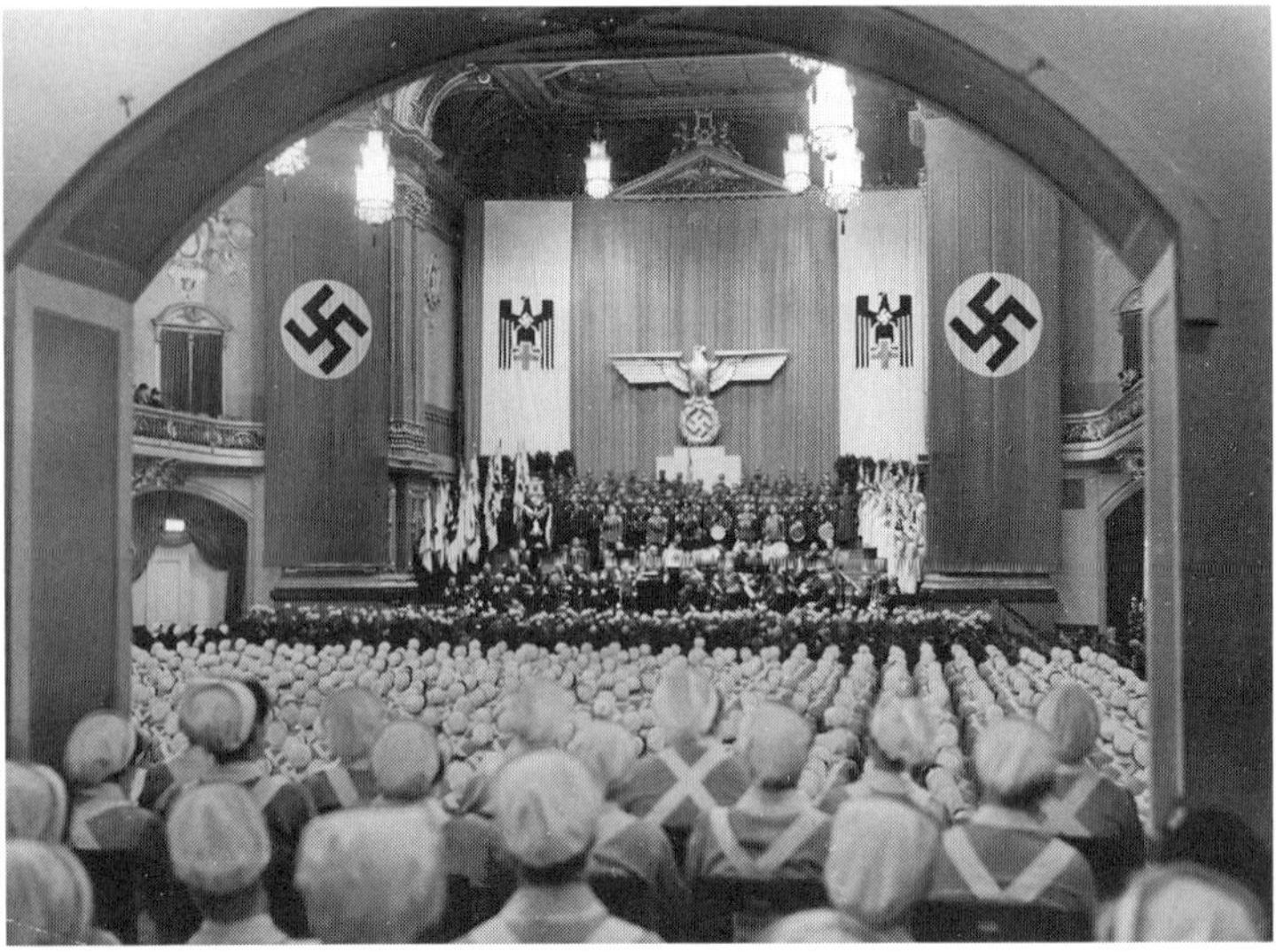

宣誓就任式のためにベルリンに集まった赤十字社の看護師

彼らの士気を高め、その健康を取り戻すことによりドイツ軍の戦闘力を強化することであった。一般ドイツ人兵士と同様に、看護師も総統に対し宣誓せねばならない。リガに派遣された赤十字社のある看護師は最近、ビデオカメラの前で「ロシアの悪人」、すなわち、子どもを虐殺し、むさぼり食う「ボルシェヴィキの共産主義者」について教わったと語った。ビデオ映像からは、「ユダヤ人」と言いかけたものの素早く自己検閲をかけ、「ボルシェヴィキの共産主義者」と言い換えたことが明らかに見て取れる。「私たちは皆、言われたことを信じていました」と彼女は語った。[29]

一九三八年に看護師採用担当者たちが牧羊農家の娘、エリカ・オーアに話を持ちかけたとき、彼女はシュヴァーベンのルッパーツホーフェンに住む神父の家で家事使用人兼子守りとして働いていた。だが、そこはあまり居心地がよくなかった。神父の家で若い独身女性が一人で働くなんて、と村人に白眼視されたのが特にこたえた。地元のナチ活動家らが神父と話をし、オーアをドイツ女子青年団に参加させるよう勧めた。選択の余地がないと感じたオーアは団に加わった。しかし、会合は大抵晩に開かれ、その時間、まだ彼女には神父の家で台所仕事があったのでほとんど参加しなかった。会でイデオロギーにかかわる話を聞いたかどうか、何も思い出せない。ことによると、あえて詳しく語ることをしなかったのかもしれない。しかし、パリッとした白いブラウスと濃紺のスカートの制服を受け取ったことは覚えていた。

オーアの未来をさらに決定付けたのが、あるイベントだった。おそらくこれもナチ党が後援していたと思われる。そこでオーアは赤十字社の二人の看護師に会った。二人も農場の生まれで、一番上の兄が家業を継ぐと知り、別の道を探しキャリアを積もうと決心したという。赤十字社の制服を着て襟章を付けた二人を見て、オーアはやる気になった[30]。二人はオーアに、牧羊農家や神父の家での家事使用人としての生活から逃れるための計画を示してくれた。オーアはこう語った。「私はもっと多くのことを望んでいました[31]」。

一九三九年、一八歳になるとすぐにオーアは一番近い都市の看護学校に登録した。しかし、まず国家労働奉仕団の労働義務を免除してもらい、その後、自分がアーリア系であることを裏付ける証明書を確保する必要がある。役所の書類が整うと、オーアは自分を行かせてくれるよう雇用主の神父を説得しなければならなかった。オーアが旅立つという噂が広まっても、近隣の者は、神父の料理人であるオーアが赤十字社の看護師になるとは信じられなかった。彼女の大きなスーツケースに荷物が詰められ、シュトゥットガルトへ送られて初めて彼らは信じたのである。

エリカ・オーア（1941年）

　一九三九年の開戦とともに、看護師と女性医療助手に対するニーズが高まった[32]。オーアの志願書はちょうど良いタイミングで届いたというわけだ。しかし、はやる思いで志願書に記入したものの、彼女のような若い女性が大勢ドイツ全土とヨーロッパに派遣され、傷ついた兵士と親衛隊員を看護し、中には精神病院や収容所の医務室で「生きるに値しない命」と見なされた者を殺す仕事をすることになるとは、オーアには想像もできなかった。一九四〇年一〇月、オーアは秋季研修を受けるために一九人の少女に加わった。女性上司、つまり看護師長らはオーアよりもずっと年上だ。一人は第一次世界大戦時に奉仕した経験がある。皆極めて効率的で、正確性と清潔さを重んじていた。中には、若い志願者に命令を下すことを明らかに楽しんでいる者もいた。一人は、看護師は皆、きちんとした婦人らしく見えるように髪を中央で分けるべきだと言ってきかなかった。だがエリカ・オーアにも自分の好みというものがあった。一時帰宅したときに撮った制服姿の写真には、髪を横分けにした誇らしげなオーアの姿が写っている。

　シュトゥットガルトの複数の診療所と病院で二年間集中訓練を受けたのち、オーアは看護師として正式に認定され、進軍命令を受けた。ドイツ赤十字社のすべての看護師と、宗教団体、党や政府機関などに所属する看護師は軍隊に召集される可能性があった。これはヒトラーが戦争準備の一環として、赤十字社を軍の指揮下に置いた一九三七年の時点からの公式な政策である。オーアは看護学校に登録したときにその政策について知ったが、それでも、進軍命令を受け取ったことには驚いた。だが拒否することはできない。この道を選んだのは間違いだったのだろうか[33]。

オーアはシュトゥットガルトの軍の病院でドイツ兵を治療したことはあるが、今度は前線の近くで、しかも、異国の地で働かなければならない。ヨーロッパのナチ占領地域や北アフリカのどこかに派遣される可能性もある。オーアには外国生活の経験はなかった。南ドイツの故郷の町から一五〇キロ以上離れた所に足を踏み入れたことはないのだ。シュトゥットガルトにある軍の支部に、一九四二年一一月三日と押印された公式の転勤命令書を取りに出向いたとき、彼女は緊張していた。行先はウクライナだった。だが、それについて考える時間はほとんどなかった。二、三日でベルリンに発つよう求められたからである。彼女は大急ぎで荷作りをし、任務について家族に伝えた。ウクライナに向かう列車に乗ったとき、数千人の兵士の中で自分が唯一の女性であることに気づいた。駅で手を振って別れの挨拶をしてくれる者は誰一人いなかった。

一九四一年の夏、名家の出身で高学歴の若い女性、アネッテ・シュッキングも、あつらえた赤十字社の制服を身に着けていた。彼女は一九世紀に文豪が輩出した一族の出身で、曾祖父はアネッテ・フォン・ドロステ＝ヒュルスホフの友人だった。この偉大な文豪が描いた勇敢な主人公とヴェストファーレンを舞台とするロマンティックな詩は、ナチ文化の理想と一致していた。

ヒトラーの国でシュッキングは名門の血筋で一目置かれたが、一族によるリベラルな政治的信条が

看護師の制服を着たアネッテ・シュッキング（1941年夏）

評価されなかったことは間違いない。ヴァイマル共和国を設立したドイツ社会民主党（ＳＰＤ）の活発な党員であった平和主義者の父親は、一九三三年にナチが権力の座に就くと政界から締め出された。自宅で知的な世界に触れ、父親の運命に落胆したシュッキングは、女性の高等教育を阻む極めて競争の激しい定員制度をものともせず、法学の学位取得を目指そうと決心した。愛国主義者であり、理想主義者でもあったアネッテは、法廷から独裁を切り崩せると信じていたのだ。[34]

しかし、すぐにシュッキングは、ナチ体制とそれを支配している男性を変える力は自分にはないと気づいた。ミュンスター大学のクラスに女性は二人で、その一人が彼女だった。だが、もう一人の女性とともに、ゼミでの二人の存在を伝統への侮辱と考える横柄な教授陣に常に小馬鹿にされていた。とはいえ、シュッキングの優秀な学業成績を鑑み、一九四一年七月に初めて受けた国家試験で教授陣は彼女に合格点を付けた。しかし、どれほど良い成績を残しても、弁護士として開業することはかなわなかった。ヒトラーが司法と法律に携わる職業から女性を締め出したためである。[35]

いずれにせよ、学位を取得する前に、シュッキングは戦時中の労働義務を果たすべく召集された。[36]彼女に何ができるだろうか。シュッキングは退屈な事務の仕事は避けたいと考えていたし、工場で働くには間違いなく学歴が高すぎた。彼女はナチとナチによる政治的権利と自由の抑圧を嫌い、自分自身のキャリアの夢もくじかれてしまっていたが、それでもなお、使命感を抱く誇り高きドイツ人であった。同世代の若いドイツ人男性が戦争に送られ看護を必要としているのに、彼女が家に居続けることなどできない。この頃、ドイツの映画館では『モギリョフの母親たち』というニュース映画が上映されていた。映画では、ベラルーシの戦場で看護師たちが女性らしい仕事をしている様子――ヒトラーを出迎え、傷ついた兵士を看護し、薬の量を計り、若い兵士に軽食とケーキを出している姿――が描かれていた。数カ月の訓練ののち、シュッキングは牧羊農家の娘、エリカ・オーアが向かった地に近い、ウクライナのノヴォフラド＝ヴォルィンシキーにある軍人保養所に配属された。

オーアの野心とシュッキングの理想主義は、どちらも看護にその表現の場を見出した。ウクライナとロシアでの二人の仕事は、同僚看護師と軍補助員の大多数がそうであったように、ジェノサイドを伴うヒトラーの戦争の遂行に不可欠だった。これらの看護師は犯罪的な体制の一要素ではあったが、その職務によりこれと結び付けられていたのであり、個人の行為において有罪というわけではなかった。しかし、自ら大量殺人を犯した看護師も実際にはいた。すべての女性の職業の中で、安楽死計画や収容所における医学実験など、犯罪記録が最も集中しているのが看護の仕事である[37]。

パウリーネ・クナイスラーは、ドイツの殺人看護師の一人としてよく知られている。一九〇〇年生まれのクナイスラーはウクライナのオデッサ州の裕福な民族ドイツ人家庭で育った。ボルシェヴィキ革命から逃れるために一家はヴェストファーレンへ向かい、パウリーネの父親は農業を始めたが、最終的にはドイツ国営鉄道の仕事に落ち着いた。クナイスラーは一九二〇年にドイツの国籍を取得し、ライン河畔のデュースブルクで看護学を学んだ。そして、一九二〇年代初めにはさまざまな施設での訓練を終え、ベルリンの精神病院で市の看護師という安定した地位を手に入れた。その後、一九三七年にクナイスラーはナチに入党した。また、ナチ婦人団、ナチ福祉団（ＮＳＶ）、全国防空連盟（ＲＬＢ）、全国看護師同盟にも参加した。ナチ組織における積極的な役割と精神病院での常勤の仕事以外に、クナイスラーはプロテスタント教会の聖歌隊で歌うことも楽しんでいた。

一九三九年一二月、クナイスラーは警察に召喚され、新年早々に内務省に出向くよう命じられた。実際に伝えられた住所は、ナチの安楽死作戦本部が置かれたコロンブスハウスだった［作戦本部は一九四〇年にティアガルテン通り四番地に移され、「Ｔ４作戦」と呼ばれるようになった］。そこで彼女と約二〇名の看護師は、総統官房のヴェルナー・ブランケンブルクから手短に説明を受けた。クナイスラーはのちにこう証言している。

総統は「安楽死法」を作りましたが、戦争に配慮し、公表はされませんでした。その場にいた者たちの参加への同意は完全に自由意志でした。この計画に反対する者は誰もいなかったので、ブランケンブルクは私たちに宣誓をさせました。私たちは秘密順守と服従を誓わせられ、ブランケンブルクは誓いを破れば死によって罰せられることになると伝えました。[38]

看護師たちは、シュトゥットガルトから六〇キロほど離れた所にあり、オーアが看護訓練を受けた場所に近い中世の城の建つグラーフェネックに配属された。この城は丘の上にあり、かつてヴュルテンベルク公が夏を過ごす別荘だったが、最も近い町でも数キロ離れている。第一次世界大戦後は障害者施設になっていた。

クナイスラーの仕事は、グラーフェネックへの移送者に選別された患者のリストを持って周辺施設を訪ねることだった。介護の慈善財団が移送を担当しており、そこのシュヴェニンガー氏が殺害対象となっている者のリストを持っていた。このリストを訪問先の施設の患者リストと照合しなければならなかったのだ。クナイスラーによれば、患者は「特に全員が重症というわけではなく」、多くは「良好な健康状態」にあった。ある日、約七〇人の患者を乗せた車がグラーフェネックに到着した。クナイスラーが付き添い看護師の一人だった。[39]

グラーフェネックに着くと、患者はバラックに入れられ、二人の医師による形式的な診察を受けた。問診票に基づき、「これら二人の医師は患者をガス室に送るべきか否か、最終的な決定を下した。…(中略)…ほとんどの場合、患者は到着から二四時間以内に殺された」。医師たちは犠牲者をガス室に送り込む前にモルヒネ・スコポラミンを二CC投与し、その後、多くの死体を解剖した。死体は荼毘に付され、遺灰は混ぜ合わされ、それぞれの犠牲者の骨壺に分けられ、同じ文面の手紙を付けて親族に送られた。秘密を守り、殺人者を守るために、お悔やみの手紙には実際には存在しない医師たちの名が記され、死因はねつ造された。

一九四〇年の一月から一二月までの間に、医療関係者はグラーフェネックで九八三九人を殺害した。クナイスラーはガス殺を目撃し、恐ろしいとは思ったが、それほど酷くもないと考えていた。彼女も同僚らも、「ガスによる死は苦しくない」という理由を挙げた。

クナイスラーはグラーフェネックやハダマール、そしてドイツにおけるその他の「安楽死」の現場で五年間にわたりほぼ毎日、ガス殺の進行を手伝い、患者を餓死させ、精神病や身体疾患のある者に致死注射を施し、殺人を業務として行う者となった。戦後、殺人者としての彼女の役割が広くドイツで知られるようになった。あまり知られていないのは、彼女が短期間東部に配属されていたという事実だ。これが、ドイツからポーランド、そしてベラルーシに大量殺人の手順が伝えられた接点であった。

パウリーネ・クナイスラーの仕事はナチ体制下で変質し、彼女を殺人へと訓練し、実行させた。クナイスラーはヒトラー公認の殺人者集団に加わってしまったわけだ。これに対して、記録に残る東部でのほかのドイツ人女性による殺人は職業訓練の結果としてではなく、単にそのような機会があったから、あるいは個人の性格から、または権力と暴力的な現場の近くにいたからといった理由でなされたものである。収容所や刑務所の女性看守でさえ、囚人や患者をどれだけ残虐かつサディスティックに扱うかは自分の裁量であった。ナチ政権は数千人の女性を共犯者へと変え、国家の敵を無慈悲に扱うよう訓練したが、女性殺人者の専門集団を作ることは目指していなかった。とりわけ、収容所、刑務所、精神病院などのテロ施設の外では、女性が特に暴力的になることや殺人を犯すことは求められなかった。殺人を犯した者は、それに適した社会政治的環境の下で、その「機会」を利用したにすぎない。彼女らが期待していたのは見返りや賛同を得ることであり、社会から異端視されることではなかった。実は、東部で直接手を下す殺人者となる可能性が最も高かったのは、教師でも看護師でもなく、秘書と妻たちであった。犯罪現場の近くにいた者、大量殺人を犯した男性に近い存在が必然的に巻き込まれ、これから見ていくように、必要以上に関与してしまったのである。

秘書

看護師以外でヒトラーのジェノサイド戦争の日常業務に最も貢献したのは、東部にあった国や民間の事業体で働いていたドイツ人秘書と文書係や電話交換手などの事務補助員であった。ナチによる権力掌握に先立ち、ドイツではこの世代の女性にとって極めて重大な別の革命が進行していた。すなわち、現代的な職場の出現とそこで働く独身職業婦人の急増である。[40] 一九二五年までには、ホワイトカラー事務職の女性の数は一〇年前の三倍になっていた。一九三三年から一九三九年までの間に、若い女性は従来の農業や家事労働以外の仕事をますます求めるようになった。女性は官僚制国家や企業でさまざまな職に就いたが、ホロコーストを計画し、組織し、実行していたのが、まさにこれらの組織であった。ごく普通の若い女性は、ヴァイマル時代に自由な精神を掲げた新しい女などではなかったし、ナチ時代でも民族衣装を着た慎み深い主婦ではなかった。むしろ、働きすぎなのに給料は安い秘書にすぎなかったのだ。近代は刺激的だが人々を疲弊させもした。

ナチ体制の下で利用されはしたが、若い女性は行政分野に新たな機会を見出した。国内外の職場で働くこともできれば、政府機関や軍需産業で働くこともできた。イルゼ・ストルーヴェは、ドイツを離れて東部の事務所で働いていた、少なくとも一万人はいた秘書の一人である。

イルゼは活発な子どもだった。実際、あまりにお転婆で、プロイセンの実家での決まり文句は「静かに」だったと彼女はのちに語っている。寝たきりの母親は、いつも静かにしていること、余計なことは言わず黙っていることを彼女に執拗に求めた。父親は果物卸売業者でナチ党員であったが、イルゼが従わないときには彼女を殴った。すぐに彼女は、愛され、受け入れてもらうには、そして勇敢な良い女の子になるには、権力に逆らわないのが一番であると学んだ。静かに耐えることを学んだのである。

一四歳のとき、ストルーヴェは母親を亡くした。亡くなった母親の穏やかな顔が目に浮かぶ。その顔はこう言っているかのようだった。「神よ、感謝します。この人生が終わったことを」[41]。母親の葬式でストルーヴェは三人のドイツ女子青年団員に会い、感銘を受けた。たった一人で悲しんでいるとき、青年運動に誘ってくれたのである。彼女は会合に行き、仲間に入れてもらい、おどけて彼女を笑わせる突撃隊の少年と友達になった。その後少年は、ポーランド侵略の際にパラシュートで降下して、年老いたユダヤ人のあごひげを切り落としてやったと故郷の恋人イルゼに手紙を書いて自慢した。

机に向かう陸軍幕僚秘書、イルゼ・ストルーヴェ（1942年）

ストルーヴェは少年を嫌いになった。

大人になると、ストルーヴェは自分を抑圧する家と村から出る方法があることに気づいた。生涯を人に依存していた哀れな母親は生前、娘に何か職業訓練を受けるよう助言していた。そこでストルーヴェはベルリンに移り、実科学校に通い、その後職業訓練校で秘書となる訓練を終えた。しかし、いずれにせよ結婚するのなら、なぜそんな訓練を受けて時間を無駄にするのかと父親はいぶかしがった。彼は娘に家に戻って家業を手伝うよう強く求め、ストルーヴェは父親の命令に従うつもりでいたが、ベルリンにいた叔父に軍の仕事を探すよう勧められた。ドイツが占領したばかりのパリに新しい事務所が開かれることになっていたのだ。彼女は志願した。

一九四〇年、ストルーヴェはフランスに派遣され、一九四一年にはセルビアに、そして一九四二年にはウクライナに送られ、郵便物を開封したり、報告書をタイプしたり、公報を編集したり、ドイツ国防軍の作戦室で通信を中継したりした。彼女は軍の補助員として陸軍、空軍および海軍で補佐役を務める約五〇万人の女性の一人となったのだ[42]。これらの女性のうち二〇万人は、ストルーヴェのように占領地域に送られた。ウクライナに転勤になったとき、ストルーヴェはあまり深く考えなかった。冒険と旅を求めていたし、どこだろうと派遣されれば行かなければならなかったのだから。

一方、リーゼロッテ・マイアーは東部に行くことを自ら選んだ。リーゼロッテは、ボヘミア国境のエルツ山地の麓にあるライヒェンバッハというザクセンの町で育った[43]。マイアーと幼馴染の一人は、ホワイトカラーの仕事に就く準備を一緒に進めた。そして、ライプツィヒ、ドレスデン、ベルリンなど近郊の都市で働くことを夢見た。だが、結局二人とも、ベラルーシのリダにある同じ事務所で働くことになる。マイアーは二年間職業訓練校に通い、さらに二年間見習いを務めた。一九歳のとき、ライプツィヒの自動車工場で働くか、東部の新しい占領政府に秘書として加わるかを選ぶことになり、後者を選んだ。そして、新たに占領政府の職員となる者たちとともに、クレッセンゼー城で一カ月間

リーゼロッテ・マイアー
（1941年頃）

のオリエンテーションを受けるためポーランドのポンメルンに向けて旅立ち、就任したばかりの地方長官らと交流し、予防接種とイデオロギー教化を受けた。

リーゼロッテ・マイアーと同様に、ヨハンナ・アルトファーターも東部での活動に志願した。アルトファーターはドイツ西部のミンデン出身の労働者階級の娘で、父親は鋳物工場の現場監督であった。ヴェストファーレンのこの町は社会的には厳格で、経済的には停滞しており、宗教的には保守的であった。一九三〇年代、ここで仕事にありつける見込みはあまりなかった。近代化の進む国で、結婚は今なお社会的地位を上げるための主要な手段であった。ただし、彼女らは公務員としてより高い地位を目指すこともでき、多くがヒトラーの国家機構に加わっていった[44]。

アルトファーターは女子中学校に通い、地元のドイツ女子青年団で「強く勇敢な女性」へと変貌を遂げ、「ナチ世界観の闘士」となった[45]。アルトファーターはドイツ女子青年団が地元に設立されるとすぐに団員となり、それは入団が義務化される前のことであった。女性の同志らとともに、アルトファーターはイデオロギー審査と健康診断を受けた。ここでの付き合いは、従来の女性の価値観に則った形ではなく、決して花嫁学校ではなかった。お転婆でもあり、冗談好きな浮気者でもあるが、安産体型を評価されていたアルトファーターはナチ党の理想のタイプに近かった。彼女は人種闘争において、男性同志に引けをとらずにやっていくことができた。

アルトファーターはすぐに、抑圧的な雰囲気のミンデンの外に目標を定めた。そして、一九三五年から一九三八年まで、機械製造会社で企業秘書としての訓練を受けた。監督者は彼女について、「非常に時間に正確で、仕事熱心であり、誠実で勤労意欲がある」と評価している。[46]この推薦状のおかげで、彼女は故郷の市役所で速記者の職に就くことができた。しかしすぐに、落ち着いて机に向かってはいられなくなり、戦場の近くに行きたいと思うようになった。ミンデンの上司が引きとめようとしたが無駄だった。

ナチ党に入党すれば、おそらくはポーランドの併合地域でのチャンスが開けてくると知り、アルトファーターは入党を志願した。そして一九四一年一月に認められた。事務の経験もあり、独身で党に対して献身的にも見えること、そして、異動への強い熱意が彼女を理想的な国外勤務候補にした。アルトファーターは新たに誕生した東部占領地域省からウクライナへの異動を命じられ、すぐに出発した。

一九一五年にギゼラ・ザビーネ・ヘルプストとして生まれたザビーネ・ディックは、ストルーヴェ、マイアーおよびアルトファーターよりもわずかに年上だった。[47]ディックは、ギムナジウムというドイツでも優秀なタイプの高等学校を修了しており、最終的に東部での任務に就くに至った過程も他の秘書より格上だった。その少し前に設立されたベルリンのゲシュタポ本部での職を得たとき、ディックは一九歳であった。そこから国家保安本部に異動したが、それは大組織で、一九四四年には職員数が約五万人に達していた。ディックは対諜報部で働いていたが、そこは、広く「民族共同体の存在またはドイツ民族《フォルク》の生命を脅かす者」と考えられていた国家の敵の捜査と逮捕、尋問および投獄を手配する部署だった。

ナチの恐ろしい組織の中でも、この最も悪名高い部署で働いていた秘書たちはある特定のプロフィールを備えていた。[48] ほとんどはナチ党員か、あるいは東部での雇用に先立ち党の組織で積極的に活動していた者であった。皆真面目な自信に満ちた女性で、ゲシュタポの建物におじけづくこともない。そこに呼び出されたドイツ人の多くは、家に戻ることがなかったというのに。ところが、こうした求職者たちはそこを魅力的な職場だと考えたのである。給料は良いし、その中にいる方が外にいるよりも安全だろう、と。

ドイツのオーストリア併合はナチ体制へのさらなる女性の参加を後押しした。ヒトラーが一九三八年三月に自分の出身国を併合する頃には、ウィーン在住の二人の若い秘書はすでにナチズムを選択していた。狂信的な彼女たちは、のちにポーランドとウクライナのゲシュタポ事務所で働くことを志願する。

一九二〇年に生まれたゲルトルーデ・ゼーゲルは、親衛隊少尉の娘で、それゆえ親衛隊の血縁共同体の一員であった。同世代の多くの者と同様、彼女は小・中学校で八年間学び、その後、職業訓練校に二年間通った。民間企業でタイピストとして二、三年働いたのち、新しく設立されたゲシュタポ事務所に一九三八年に加わり、一九四一年二月までとどまったが、同年、ポーランドのラドムで保安警察・親衛隊保安部（ＳＤ）の高官に仕えるより高い地位を求めた。

親衛隊の人種審査官から「気さくで誠実な性格」と評されたゼーゲルは、自分は家をきちんと掃除し、倹約家で母性的だと強く主張した。[49] しかし、彼女はアーリア系には見えなかった。背は低く、茶色い目とこげ茶色の豊かな髪をしていたのである。親衛隊の医師は彼女の外見について、「ディナール」人種の血統が現れていると判定し、それでも、価値のある南東ゲルマン系の異型と考えられるとした。のちに親衛隊指揮官、フェリックス・ランダウとの結婚許可申請書に添えられた写真では、奇妙なことにゲルトルーデは刺繍されたブラウスを着てポーズを取っている。それは田舎のスラヴ女性の晴れ着だった。

研究者マイケル・マンはドイツ国外――特にポーランド、ボヘミア、アルザスとオーストリアの国境地帯――のナチが、一九三〇年代に特に狂信的な傾向を強めたと主張している。[50]「大ゲルマン帝国」の一員になるという彼らの望みは、中欧の国境線を引き直し、革命を起こし、祖国を崩壊させることさえ意味した。一九三三年、ヒトラーの政権掌握とドイツにおけるナチ勢力の強化に刺激され、ウィーンのナチ活動家たちはその支持基盤の拡大を積極的に求めた。若い独身男女の勧誘を目的に、夜の集会が盛んに催された。それに参加した女性の一人がヨゼフィーネ・クレップである。

ゲルトルーデ・ゼーゲル（1941年頃）

ヨゼフィーネ・クレップは二三歳のタイピストで、ウィーン郊外の実家で暮らしていた[51]。だが、一家が住むクラウゼンガッセの集合住宅は、キャリアを積むにも夫を見つけるにも、最適の場所とは言えなかった。一九三三年三月、クレップはナチ党の集まりに参加するために市内へと歩いて出かけた。ナチ運動についてさらに学び、好奇心旺盛な若い男女に会うために二シリングを払った。その二シリングの入場料が、彼女が初めて支払う党費となった。クレップは入党を申請し、正式に政党に参加するのはこれが初めてとなるはずだった。しかし、公式な身分証明書の受領は、しばらく待たなければならなかった。ナチが一連の爆弾事件をオーストリアで起こし、ナチ党は一九三三年六月に非合法となったからである。その間にクレップは、中央警察署でそれまでよりも良い仕事を見つけた。そして、一九三八年にドイツがオーストリアを併合すると、まだ入党志願者と見なされていたクレップは少なくともナチの徽章を身に着けることは許された。その後、クレップの献身と野心は認められ、新たな職務を与えられた。今度はウィーン中心部、リングシュトラーセ近くのベルクガッセ四三番地にあるゲシュタポ本部での仕事だった。

クレップが働く事務所は、ベルクガッセ一九番地のジークムント・フロイトの家から通りを少し下った所にあった。フロイトの家は併合《アンシュルス》後、数日のうちに襲撃され、その二、三カ月後、年老いたフロイトはパリに亡命した。フロイトは、ウィーンのユダヤ人共同体を周縁化させ、困窮させた一連の反ユダヤ的法令とポグロムから逃げることができた、およそ一三万人のユダヤ人の一人である。その後、シナゴーグやユダヤ人の文化施設、学校、事業は荒廃するにまかされた。ヒトラーはウィーンのユダヤ人を特に憎悪していた。多くのオーストリア人は、一九三八年と一九三九年のこの時期にウィーンで熱心に成果を出すことで、党と帝国における自らの将来を確固たるものにした。[52] 一九三八年八月、オーストリアの親衛隊大尉であったアドルフ・アイヒマンが、ウィーンの旧ロスチャイルド邸に中央移住局を設置した。そこで彼と部下たちはユダヤ人の強制移住と財産没収制度の完成に熱心に取り組み、そのモデルがのちに、ポーランドの絶滅収容所と東欧の集団射殺現場へヨーロッパのユダヤ人を大量移送する際に適用された。

ヨゼフィーネ・クレップは、これらの歴史的変化の恩恵を直に受けた人間だった。古参のナチ党支持者として、かつ忠実な事務職員として認められ、彼女は一般警察署からエリート保安機関であるゲシュタポへと昇進したのである。クレップはハンス・ブロックという親衛隊員と結婚し、一九四〇年三月、夫婦は洒落たアパートを与えられた。ウィーン出身のユダヤ人一五〇〇人が、ポーランドのニスコにある居留地に初めて移送された一九三九年一〇月以来、空いていた部屋であった。アポロガッセに住むヨゼフィーネ・ブロックの新しい隣人は、ゲルトルーデ・ゼーゲルだった。

ブロックとゼーゲルのような秘書は一般の事務員ではなかった。ヒムラーのベルリン本部やウィーンに勤めるこれらの若い女性は、外見、出自や性格に関する親衛隊の審査に合格すれば、新興エリートの一員としての自分の将来を思い描くことができたのだ。[53] 東部での勤務も成功への道だ。そこで、多くの者がポーランド、バルト諸国、ウクライナへの配属を志願した。[54] 中には、社会的地位を上げるために相応の配偶者を探す者や、新たに見出したイデオロギーの目標を実現しようとする者、また自由をもたらす冒険を求める者もいた。多くの者は、それらすべてを望んでいた。

ゲシュタポや国家保安本部で秘書として働いていた女性たちは、通常これらの機関に長くとどまった。雇用手続きの一環として彼女たちは守秘の宣誓をした。信頼できると判断されれば、別の事務所に異動させられることもあった。速記者とタイピストが急ぎで必要とされれば、どこにでも行かされた。これがザビーネ・ディックがたどった道である。彼女は、誰もがうらやむミンスクのゲシュタポ事務所で所長直属のポストを約束する上司に誘われるまでは、ドイツ国外への異動に興味はなかったと戦後主張している。それはベルリンでの仕事よりも給料が良く、影響力のある地位だった。

ナチス・ドイツの驚異的な成長と国の役所や党の事務所の増加、再軍備による経済的・軍事的要請は、事務員、速記者、電話交換手、受付係といった若い女性の労力に依存していた[55]。当初、新興の女性専門職であるこの集団については、男女間においてある種の相反する感情が認められた。一方では、彼女たちは政府と事業を運営し続けるために必要とされ、ほとんどの者が低賃金であったため安価な労働力とされていた。他方では、これらの働く女性は、潜在的に「際限なきエゴイズム」に突き動かされる出世第一主義者になりつつあった。意地の悪い者は彼女たちについて、男性の仕事を盗み、家庭の伝統を弱体化し、「母になるという国家的義務をもはや果たさない」と批判した[56]。しかし、そのような恐れと偏見は、戦場に駆り出された男性に代わって女性が職場で必要とされるようになると、棚上げせざるを得なくなった。かくして、ナチ体制に対するこのような女性の貢献ははかりしれなかったが、公には彼女らの役割は矮小化された。ナチのイデオロギーとプロパガンダでは、母親がドイツ民族のヒロインであり続けた。

妻

ゲシュタポの数千人もの秘書は恐るべき犯罪の直接的な目撃者であり、その実行においては共犯者であった。しかし、秘書として雇用されていたとはいえ、彼女たち自身が暴力に訴えたり、自ら犯罪を犯したりする可能性は低く、逆説的ではあるが、最悪の女性加害者は犯罪に手を貸す公的な役割には就いていなかった女性、すなわち、自らの憎しみを行動で示し、権力を非公式の場で行使した女性の中にいた。それは、東部に配属された夫——ナチ党、親衛隊・警察の上級将校や占領政府の高級官僚——について行った妻たちである。これらの女性は、結婚に対する二つの理解を体現していた[57]。一見したところ、彼女らは家事労働と子育てに満足しているように見え、夫に従属する従順な妻であったが、その一方でこれは、総統と「民族共同体」の求めがあれば、犯罪の共犯へと根本から転じる結婚関係であった。ナチの権力ヒエラルキーにおいては、夫婦が同じ人種であるという事実はジェンダーの不平等を克服しうるものであった。ドイツ人女性は、政府の汚れ仕事——その仕事は将来の帝国の存在に必要だった——を遂行している男性を模した。両者は人種的に平等なのだから。

親衛隊員の花嫁として、約二四万人のドイツ人女性が社会の新たな人種的エリートに迎えられた[58]。ハインリヒ・ヒムラーの「婚姻条例」によれば、ドイツの存在は、確固たるナチ的信念を持つ北方ゲルマン系男女の優れた人種的血統の強化と再生産にかかっていた。人種的エリートは親衛隊に集められる。ヒトラーが一九三九年にドイツ民族性強化国家全権に任命したハインリヒ・ヒムラーは、ドイツ人と非ドイツ人の血の管理者であった。ヒムラーの管理下で、親衛隊人種植民本部など多数の機関が純粋なドイツ人の血統を持つ者（当然、一つの種として医学的に分類することは決してできない）を特定し、これを増やし、また、これを汚す者を何としても拒絶することに努めた。ドイツ人とユダヤ人、あるいはドイツ人と「ジプシー」、黒人またはその混血」との人種混淆は犯罪だった。今や公式な政策には、純粋なドイツ人の血統への脅威を取り除くための断種、中絶の犯罪化、そして多産夫婦を増やすための厳格な結婚規制が含まれていた。

このイデオロギーの狂気を振り返るとき、ある世代がどうしてそれほどまで急に、そしてまた真剣にその虜となったのか理解に苦しむ。なぜならナチの人種イデオロギーを実践するには、それが内包する矛盾を克服し、漠然とした概念を明確にする必要があった。その目的を果たすために、法学者、科学者、医師、官僚らはニュルンベルク法と呼ばれた「ドイツ人の血と名誉を保護するための法律」と「帝国市民法」などをはじめとする制度、法律、そして手続きを開発した。性行為は国家の承認を得なければならない人種的交配の一形態と化した。厳格な管理者であるハインリヒ・ヒムラーは自らを親衛隊員の結婚を認可する唯一の権威とし、上級将校の出自に関する書類のファイルに目を通し、疑わしい血統を選り出すことに専念していた。ヒムラーは結婚許可申請者——親衛隊員と花嫁候補——の双方に、アーリア系の血統（一七五〇年代、ときにはそれ以前まで遡る、詳細な家系史）、イデオロギー的忠誠心、健康状態、許容範囲内の人種的特徴（身長、体重、髪の色、鼻の形、頭囲、輪郭）、生殖能力を証明する詳細な書類を要求した。数十万人の親衛隊花嫁候補が、侵襲的婦人科検診の対象とされ、家事技能と母性本能に関する審査を受けた。一九四二年にヒムラーの机に置かれた結婚許可申請書の一通が、ヴェラ・シュテーリとユリウス・ヴォーラウフのものであった。

間もなくヴェラ・ヴォーラウフとなるヴェラ・シュテーリは、すでにずるがしこく、人の気を引こうとするところがあったが、この性格はおそらく若い頃の苦労で身に付いたものだろう[59]。父親は機械工をしていたが、彼女が五歳のときに亡くなった。ヴェラと母親はハンブルクからスイスに移り、親戚の家に身を寄せるが、のちにハンブルクに戻ってきた。そして一九二九年、一七歳のときにヴェラは職業訓練校での訓練を終えた。恐慌の時代も、さまざまな会社でどうにか事務の仕事にありつくことができたが、一人暮らしをするという目標は果たせなかった。

母が急死したのちも、ヴェラは自分の道をしっかりと歩んで行った。イングランドへ渡り、六カ月間暮らした彼女がドイツに戻ると、ナチが力を強めつつあった。それまで政治に積極的ではなかった彼女にも、今や何らかのナチ党組織に参加することが有利なように思われた。また、ナチ党の成長はさらに多くの職が開かれつつあることを意味していた。一九三三年から一九三五年までヴェラは、労働組合を解体・吸収し、ユダヤ人、社会主義者、共産主義者などを追放していたナチのドイツ労働戦線で働いた。また、全国貿易協会の会員になり積極的に活動した。ヴェラは自分の成果には自信があった。経歴書の上では、ドイツの外食産業における商取引の拡大を担当していたと主張している。

ヴェラは、約一七五センチ、約七三キロ、「たまご型の頭部、青い目、ブロンドの髪、〔そして〕まっすぐな鼻」を持ち、ナチの理想の女性像と一致していた。彼女は親衛隊審査官らに、自分が家庭を切り盛りできる倹約家で、貯金もある女性だと納得させる方法を心得ていた。整理整頓を好み、趣味が良く、賢明であり、家政と子育てに関する必須講習を終え、運動選手がもらうようなメダルを授けられていた。

ヴェラとユリウス・ヴォーラウフの結婚は、ヴェラにとっては再婚となった。ヴェラは多くの若い秘書が夢見ていたように、一九三〇年代半ばにハンブルクで裕福な商人と職場結婚し、社会の階段をどうにか上っていたからだ。しかし、ヴェラは失望した。子どもを持つことが「最大の個人的な願い」であったにもかかわらず、結婚しても子宝には恵まれなかったのだ。[60]これは、結婚から数年後の一九四〇年五月に徴兵された「夫の行動」が原因だと、ヴェラは離婚訴訟で調査官らに告げている。そして、夫はよくハンブルク近郊に配属され休暇で家にいることもあったので、子どもが欲しいという彼女の切なる願いをかなえることはできたはずだと主張した。しかし、夫はそれを拒んだ。ヴェラは離婚を求め、しばらくして夫が同意した。手続きを早めるために、ヴェラが結婚破たんの非を認めた。のちに法廷で、過去八カ月間、夫との性行為がなかったと明らかにしたとき、裁判官は彼女の貞節を問いただし、別の者と関係を持ちはしなかったかと尋ねたが、ヴェラはこれを否定した。一九四二年六月、離婚が正式に成立した。実はその数週間前に、彼女とユリウス・ヴォーラウフは親衛隊人種植民本部に結婚許可申請書を提出していたのだ。

ヴェラとユリウスは結婚を急いでいた。なぜなら、「管理能力にたけた」第一〇一警察予備大隊中隊指揮官ヴォーラウフ大尉は、ポーランドのルブリンでの任務に向けて出発を予定していたからだ。[61]ヴォーラウフはヒムラーが信頼する現場指揮官であり、東部での貢献を認められ親衛隊の髑髏リングを授けられたばかりだった。ポーランドでハネムーンを過ごそうと恋人たちが決めたとき、結婚許可申請書のヒムラーの署名はまだ乾いていなかった。二人は幸福感に満たされていた。ユリウス・ヴォーラウフは自分の財産の三倍を超える資産を持参金としてもたらす、美しく、愛情あふれる妻を得た。一方、ヴェラ・ヴォーラウフは親衛隊エリート社会に新たに受け入れられた。人種審査官らは結婚許可申請書に、ヴェラがナチ的な見解を示し、勇敢に、また精力的に運動を引っ張っているとコ

親衛隊結婚許可申請書のヴェラ・シュテーリの写真（1942年）

メントした。しかし、ヴェラは家に閉じこもるタイプではなかった。彼女は、戦いの真っ只中にいるヴォーラウフと一緒にいたいと考えた。そして、ポーランドで婚約者と七月末に合流することに決めた。

リーゼル・リーデルと親衛隊員の婚約者、グスタフ・ヴィルハウスも、結婚し、社会的地位を上げて、その恩恵を受けたいと心から願っていた。[62] 二人は一九三五年に結婚許可申請書を提出した。リーゼルは手書きの経歴書に、ノインキルヒェン製鉄所の近くで育った上級現場監督の娘だと記している。カトリック系の学校で九年間教育を受けたのち、彼女は大きな養鶏場に働きに出た。一年の四分の三は家事手伝いをし、ときには養鶏場経営者の事務所で雑用をこなした。しかし、リーゼルは養鶏場の単純労働に不満があったため、職業訓練校の八カ月間のコースに入学し、家政と調理の技能を身に付けた。これは、故郷の町の食堂で調理師見習いの職を確保するのには十分であったが、そこでもあまり長続きしなかった。リーゼルは職を転々とした。そして、信託会社の事務員としての給料では貧困線を下回る生活を続けることになるので、ナチ党が出資している『NSZ－ライン前線（*NSZ-Rheinfront*）』という地元の新聞社の職に応募することに決めた。

リーゼルがナチ運動に深くかかわるようになり、給仕長の息子で機械工のグスタフ・ヴィルハウスと出会ったのは、一九三四年から働き始めたこのナチ系新聞社でのことだった。グスタフは一九二四年にナチ突撃隊に参加し、一九三二年には親衛隊に入隊している。路上で喧嘩騒ぎをよく起こし、リーゼルに出会う頃にはその証となるような傷を負っていた。ヴィルハウスはほとんど文字を書くことができず、仲間内では読み書きができないと思われていたが、リーゼルの新聞社から二〇キロほど

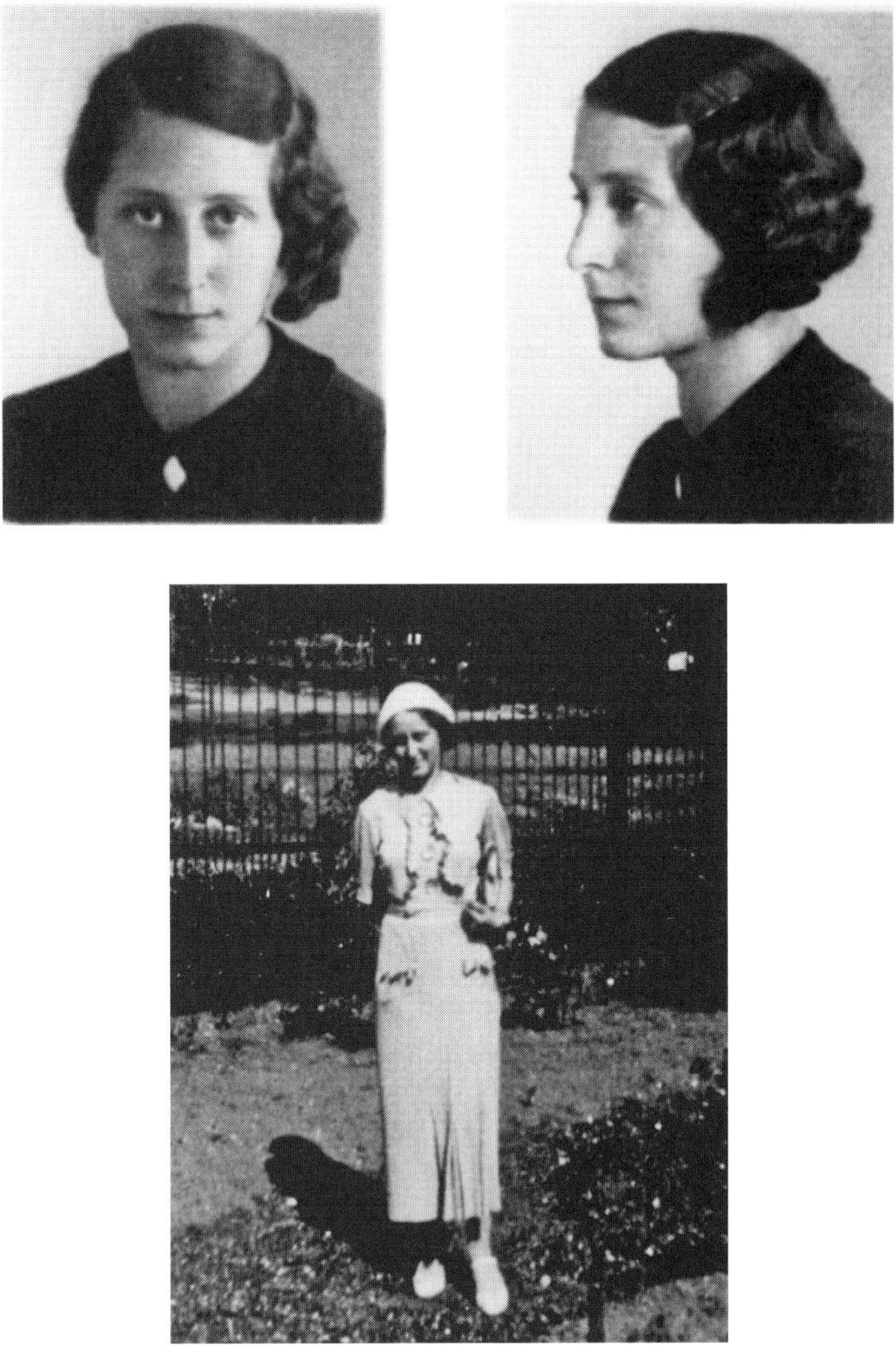

親衛隊結婚許可申請書のリーゼル・リーデルの写真（1935年）

離れたザールブリュッケンに拠点を置く、『ヴェストマルク（*Westmark*）』というナチ系新聞の販売部長に任命された。交際中、リーゼルはナチ婦人団に加わり、期待されたようにナチ党の福祉・救援機関で慈善活動を行った。

この若い恋人たちが互いに相手に何を見出していたのかを、彼ら夫婦に関する公的文書から読みとることは難しい。ベルリンの親衛隊本部への簡潔な手紙の中で、二人は必要書類を出す前から自分たちの要求をしている。何よりも二人は、体制からうまい汁を吸おうともくろむ小さな町の詐欺師という印象を与える。ヒトラーはナチ運動を通じて、人種的に価値のあるすべてのドイツ人を統合したいと考えていた。それにはリーゼルやグスタフのような労働者階級の国民《フォルク》も含まれる。党は反知性主義であり、既存の体制に抗うことを自負し、その姿勢はこの二人にとってうってつけだった。彼らがザールラントという政治的に不安定な地域の出身であるという事実は、親衛隊と党での昇進に役立ったと言える。あるいは、少なくともベルリンの審査官が彼らの欠点と胡散臭さを大目に見る理由にはなっただろう。

ヴェルサイユ条約によって国際連盟管理地域と指定されたザールラントは、歴史的にフランスとドイツの間で国境線が争われてきた地域で、再武装に有用な鉄鉱石の豊富な産地であった。連合国はヴェルサイユ体制でドイツの戦争マシンを封じ込め、フランスとプロイセンの果てしない対立を終わらせ、この地域を民族的にも安定させようとした。しかし、フランス軍が国際連盟の委任でザールラントを占領したという事実が、勝者の押しつけである和平を取り消せというドイツの運動を燃え上がらせた。ヒトラーとゲッベルスはザールラントの併合に備えるため、この地域におけるナチのプロパガンダと政治的扇動を強化した。一九三五年一月、国際連盟の管理が終了する年に住民投票が実施された。このとき、住民の九一パーセントが第三帝国への加入に賛成票を投じた。リーゼル・リーデルとグスタフ・ヴィルハウスはナチ扇動の中心となって活動していたが、これは内戦の様相を呈すに至った。リーデルは新聞社で自分の役割を果たし、ヴィルハウスは共産主義者と社会主義者を叩きのめす、制服を着たならず者の一人となった。ザールブリュッケンでの勝利の演説の中で、ヒトラーはこう断言した。「結局、単なる紙にすぎないいかなる文書よりも、血の方が強力なのである。インクで記されたことは、いつの日か血によって消し去られるだろう」[63]。ヴェルサイユ条約、ロカルノ条約、不可侵協定はすべて、ヒトラーにとってはただの紙切れにすぎなかった。民族《フォルク》、戦争、そして帝国の拡大だけが重要だったのである。

一九三五年一〇月三〇日、ヨーロッパにおけるヒトラーの初の政治的大勝利に湧く国民の熱狂の渦中で、リーゼルとグスタフは結婚した。しかしこのカップルは、厚かましくも親衛隊の公式な承認なしに結婚してしまい、おそらくはそれが理由でグスタフは解雇された。グスタフは家系図を完成させるための適切な証拠書類を入手できなかった。一族に東プロイセン出身者やフランス出身者がいたため、手続きが複雑になってしまったのである。しかし、二人の申請書は別の問題から先延ばしにされていた。グスタフはプロテスタント、リーゼルはカトリック教徒だったのだ。リーゼルの家族はカトリック教会で結婚式を挙げるよう力説し、子どもをカトリック教徒として育てることを望んだ。グスタフは初めはこれに同意していたが、ベルリンの親衛隊審査官らが彼に考え直すよう強く助言した。グスタフには、子どもをナチとして育てる義務があるというのだ。ナチの見解では、カトリック教会は単なる宗教機関にとどまらない。それは「ナチの大義とドイツという国家を転覆させせんとする政治的組織」なのだ。子どもがカトリック教徒になることを許せば、グスタフは「家族のイデオロギー的方向性を統制できなくなる」[64]。グスタフとリーゼルは助言に従った。二人は新興エリートの一員としての共通の未来を見出したのである。家族の期待と信仰は二の次だった。今や彼らの忠義は党と親衛隊に向けられていた。

民族共同体の従順な一員として、グスタフとリーゼル・ヴィルハウスは数年間、子づくりを試みた。一九三九年五月、ついに娘が誕生した。九月に戦争が勃発する数カ月前のことである。グスタフはヒムラーの軍隊、つまり親衛隊の軍事組織である武装親衛隊での戦闘訓練を終えた。ベルリンの親衛隊経済管理本部での事務仕事を済ませたのち、彼は作戦――前線ではなく、占領地域における「ユダヤ人との戦争」――への参加を要請された。

一九四二年三月、グスタフはウクライナ西部のリヴィウ（ドイツ語ではレンベルク）の軍需産業で働くユダヤ人の囚人たちを管理する任務を命じられた。彼の冷酷さは上司らを感心させたに違いない。なぜなら、のちに彼はウクライナ最大の労働収容所であり、中継収容所でもあるヤノフスカ収容所長に昇進したからである。ヤノフスカの近くにあてがわれた特別な家は、一家には十分な広さの大邸宅だった。リーゼル・ヴィルハウスと三歳になっていた娘は、一九四二年の夏に現地で合流した。

エルナ・キュルプスは、ドイツの農業中心地テューリンゲンに農民の娘として育った。家族は何世紀もの間、ヘレッセンの村に住んでいた。小さな村で、ほんの二、三〇〇人の勤勉な人々から成り、一六世紀に造られた粉挽き場、一七世紀に建てられた教会、そして一九世紀に敷かれた遊歩道を誇りにしていた。ヘレッセンは河谷を見下ろす山腹にあり、小麦、ビート、大麦の畑に囲まれていた。一見、孤立しているように見えるが、失敗に終わったドイツ民主主義の実験室、ヴァイマルからわずか一五キロほどの所だ。

エルナの若き日々、一九二〇年代のドイツは二面性を有する社会であり、近代の電撃的な脈動と、これに対抗する強烈な反動の中枢にあったのがヴァイマルであった[65]。すでに一九二五年の時点で、右翼のフェルキッシュ政党によるテューリンゲン州議会の乗っ取りが始まっており、ナチ大管区指導者はすべての議員の人種審査を求めていた。失敗に終わった一九二三年の「ビアホール一揆」とその後の裁判における聴衆に向けたヒトラーの演出については、この男が初めて国政に登場する場として、これまでも多くのことが記されてきた。しかし、反逆罪のかどで有罪判決を受けたのち、裁判所がエルナの故郷テューリンゲンを除くドイツ全土でヒトラーの演説を禁止したことを知る者はほとんどいない。この例外の理由は、ヴァイマルの政治家たちが、芽生えつつあった民主主義において言論の自由を守ると決意していたからではない。むしろ、テューリンゲンがヒトラーに避難場所を与え、一九二六年にミュンヘンからヴァイマルに移された年次党大会の拠点となったほどナチ党の活動家たちがこの州に非常に効果的に浸透していたためである。ヒトラーにとってテューリンゲンは、議会をナチの代表であふれさせ、強引な選挙活動で田舎に運動を浸透させることにより、民主主義制度を内部から合法的に破壊させる方法を示すモデルとなった。実際、ナチ党が一九三二年七月の帝国議会選挙で、全国で三七・四パーセントの票を獲得し自由選挙における人気が最高潮に達したときには、エルナの故郷のナチ党議員らは、これよりもさらに多い四二・五パーセントの票を集めていたのである。党の最大の支持者は、どこにおいてもエルナのような人々、すなわち下位中流階級のプロテスタント農民であった。

ドイツの片田舎では、エルナの世代の若い女性たちは家族で農場を経営し、日の出から日没まで働くよう求められた。新しい映画や大衆宣伝は、まばゆい都市のイメージと無一文から大金持ちになるようなラブストーリーで若い女性を焦がれさせ、彼女たちは退屈な重労働への不満を一層募らせた。しかしそうは言っても、一九三九年に農業労働人口の五四パーセント以上を占めていた女性の中で、農場から抜け出せる者などほとんどいなかった。エルナのような若い独身女性（および未亡人）は、労働力として公的に位置付けられることもなければ給料を支払われることもなかったが、家族経営事業には不可欠だったのである。伝統的家内経済を維持するに、このような女性労働者に教育はさほど必要ではないと考えられていた。ヘレッセンでエルナは七年間公立学校に通い、その後、近くの町で家事使用人として一年間働いた。村の外でのエルナの社会経験は、一九三六年に「花の一六歳」となった彼女が地元のダンスパーティーに参加するまではこの程度であった。そこで彼女は夫となる男性――ナチ運動の新星、ホルスト・ペトリ――と出会った。

この出会いが、エルナが望んでいたように彼女の人生を変えることになるが、それは想像もつかない方向に向かうものだった。背の高い、整った顔立ちのホルストは、おしゃべりな地元のナチ活動家であり親衛隊員で、その壮大な計画でエルナを魅了した。彼は、第一次世界大戦中、アルゴンヌの森で祖国のために命を落とした父の栄誉を回復し、大ドイツ帝国を再建したいと話した。確固たる政治的信念と自分に対する恋愛感情を示されて、エルナはホルストを愛さずにいられなかった。

一九三二年、テューリンゲンの小さな町で、ナチ党の下部組織設立に先立ち、ホルスト・ペトリは農学と農業経済に関心を抱いていた。彼は、農兵、つまり都市化の波に立ち向かう、美化され軍事化されたアーリア人農民の概念に感銘を受けていた。ペトリは『土地なき民（*Volk ohne Raum*）』というベストセラー小説を読み、ドイツの未来は土地――アフリカの海外領土ではなく、ヨーロッパ大陸東部の領土――の欠乏によって脅かされると信じるようになった。そしてナチ運動に対する彼の早くからの献身と農業的使命への特別な関心が、ヒムラーの人種植民本部初代所長であったリヒャルト・ヴァルター・ダレの目にとまった。ダレは、帝国の「農民指導者」で「血と土」の専門家であり、『北方人種の生命源としての農民階級』（一九二九年）、『血と土からの新貴族』（一九三〇年）、『北方民族とセム族の基準としての豚』（一九三三年）などの著作がある。[66] ダレは大量の農民をナチ党に入党させ、ホルスト・ペトリに目をかけてやった。ダレを指導者と仰ぎ、ホルストはイェーナの大学で農学の学位を取得し、ブーヘンヴァルトとダッハウで親衛隊の訓練を受けた。親衛隊員として、またダレの農兵の理想像としてのホルストのキャリアは無限に開かれていると思われた。

一年間の交際ののち、エルナは妊娠した。[67] 二人はすぐに親衛隊人種植民本部に結婚許可申請書を提出した。一八歳のエルナは若き花嫁候補だった（当時、ほとんどの女性は二五歳から三〇歳で結婚していた）。二人はヒムラーの祝福は受けたが、エルナ自身の父親からは祝福されなかった。ホルストが父親に嫌われていたからである。しかし時すでに遅く、二人は一九三八年七月に結婚した。エルナはもう農民の娘ではなかった。[68] 親衛隊将校の妻、親衛隊一族の正式な一員となって、人種的に価値の高い母として、これに貢献するのである。ホルストの息子は一九三八年一一月に誕生した。

一九三〇年代後半のある日、エルナ・ペトリはテューリンゲンで、DKW社のものと見られるオートバイにまたがり写真を撮っている。引き伸ばされた写真は個人のアルバムに貼られていた。エルナが戦後何年間も大切に保管していたナチ時代の思い出の品の一つだ。それは印象的な写真で、ペトリが若さゆえの無邪気さをみなぎらせている最後のスナップショットである。エプロンを着け、両手をハンドルに載せて両足をペダルに掛け、今にも颯爽と旅立ちそうに見える。

テューリンゲンにて、エルナ・ペトリ
（1930年代末）

この写真をよく見ると、女性らしさに関する倒錯がナチの中に芽生えつつあったことがわかる。エルナの世代は皆そうであったが、彼女も現代的な移動手段を楽しんだ。国民社会主義自動車軍団（NSK）には、フォルクスワーゲンを買う余裕はないが、自動車レースやオートバイのスリルを楽しむ、ペトリ夫妻のような下位中流階級出身者が大勢参加していた。[69] 当時ドイツでは、それ以前のヴァイマル時代の「新しい女」——ショートパンツをはいてオートバイにまたがり、ボブスタイルのショートヘアを見せびらかし、タバコをくゆらせる女性——の「際限のない個人主義」は、新たな形態の画一性と人種の序列化に束縛されるようになっていた。[70] 戦間期のドイツ人による国民の一体化、すなわち民族共同体への希求は、ナチ時代に最も残忍で排他的かつ犯罪的な人種クラブの形をとるようになり、ペトリはその誇り高く冒険心にあふれた会員となったのである。

ペトリの柄物のエプロンは、家庭内の平穏を象徴するものではない。それどころか、ヒトラーの支配するドイツでは、それは秩序と清潔感が表すドイツ人の優越性の女性的表現であった。ナチの政権掌握以前でさえ、ドイツ植民地女性連盟は、効率的な家事が「文化的および生物学的ドイツ人らしさ」の表現であるとする考え方を喧伝していた。ナチ帝国ではこれが極限まで引き上げられた。ドイツ人女性は、「優れた」家事運営方法と家庭内秩序を東部の未開拓の地に伝えるという文明化の使命を遂行することが期待された。[71]「浄化」という言葉さえも、暴力的な意味を帯びるようになった。それはポグロムと、「劣等」人種を移送して排除し、最終的には大量に殺害することの婉曲的な表現となった。

一九四二年の夏、ヒムラーの人種植民本部の指揮の下、ホルストとエルナ・ペトリはガリツィア東部でポーランド人の所有であった農場を耕し、これを防衛する任務を与えられた。ホルストのイデオロギー的な妄想が実現することとなり、エプロンを着けた彼の従順な妻はその傍らで聖戦に加わったのだった。

エルナ・ペトリのような女性たちは、解放された女性と伝統的な主婦というドイツ的な女性らしさの両極を具現化している。彼女たちは子ども時代をヴァイマル共和国で、成人期をヒトラーの支配するドイツで体験した。急激な都市化と一進一退の経済危機、そして激動の大衆政治という戸惑いの多い世界で育ったために、この失われた世代の女性たちはヒトラーの第三帝国において、その世代の意味を見出さねばならなかったのだ。

ナチ運動はドイツ人女性の大多数を盲目的な信奉者としたり、帝国の出産マシンとして隷属させることはなかった。むしろ、その人種主義的ユートピアという目標と民族主義的な計画が、一般のドイツ人の変革への意識に火をつけ、新たな愛国的な積極的行動主義を刺激した。女性たちは、明確な制約はあるものの、特に東部に行って支配層エリートに加われば、新たな恩恵、機会、そしてより高い地位をもたらしてくれる制度の中でうまくやっていく方法を学んだ。つまり彼女たちは、一風変わった――そして多くの場合、混乱した――二つの時代の融合体だったのである。

ヒトラーは彼女たちに、この戦争はドイツの生存を賭けた戦いであり、アーリア系とスラヴ系、またドイツのファシズムとユダヤのボルシェヴィズムとの最終的な対決の場であると語った。長年にわたる学校教育と教化を経験し、また外で過激な政治の暴力を目にし、ダッハウやブーヘンヴァルトなどの収容所における恐怖のシステムについて耳にし、上からの、また下からの反ユダヤ主義に遭遇したにもかかわらず、これらのドイツ人女性には帝国の国境を越えてウクライナ、ポーランド、ベラルーシ、そしてバルト諸国に入ったときに自分たちが目にし、体験することを受け止める準備がまだできていなかった。そして誰も、そこで自分が何をすることになるのか想像できていなかったのである。

第三章　目撃者
東部との出会い

赤十字社の看護師エリカ・オーアは、ドイツの駅での孤独な旅立ちのことなどすぐに忘れてしまった。一九四二年一一月中旬のことだ。ヒトラーの軍隊は東部戦線の各地に散らばっていた。ソ連の大反撃が一気に始まろうとしており、ロシアの冬が再び近づいていた。列車が国境を越えてポーランドに入ると、突然、「何もかもまったく違って見えました。田舎の風景も、家も、駅も、看板の文字も」[1]。オーアは爆撃に遭った村を初めて目にした。スターリングラードに向かう周りの兵士たちも、もう冗談を言ったり歌ったりしてはいなかった。オーアは気づいた。ナチのラジオやニュース映画ではドイツの優勢を宣伝していたが、戦争は思ったより長引きそうだ。故郷のシュトゥットガルトも、間もなく過去最悪の空爆に遭うことになる。ナチによる世界覇権に向けた前進は、東部戦線にかかっていた。エリカ・オーアを含むすべての人の目は東部に向けられていた。

オーアには、東部への旅が地平線のごとく果てしなく思えた。ウクライナ行きの列車は途中、ベラルーシをゆっくりと通過していった。窓の外にはたいして見るものはなかった。ぼんやりとした灰色の平原を、ときおり葉を落とした白樺の林が遮るだけである。列車の車輪が回転する音とブレーキの音とが絶え間なく響き、単調さが募る。この異国の地には、何の生き物も存在しないかのようだった。人も、一羽の鳥さえもいない。列車の中では兵士たちが荷物に囲まれて横たわっていた。まどろんでいる者もいれば、古い新聞を読み直している者もいる。

オーアがようやくキエフの西約一四五キロの地方都市ジトームィルに着いたとき、もう日は暮れかかっていた。次は何をしたらいいのかと考えていると、ちょうどドイツ語を話す女性たちの声が聞こえてきた。オーアは制服を着た軍補助員の二人の女性に気づき、彼女たちの方へと向かった。二人は運転手と車を手配し、町はずれの外科病院にオーアを連れて行った。そこが彼女の新しい職場だ。以前は学校だった病院に約一〇〇人の患者が収容されていた。オーアが訓練を受けたシュトゥットガルト近郊の軍の病院とは似ても似つかない。このウクライナ辺境の病院には、血と膿と尿の臭いが漂っていた。凍傷にかかった兵士が苦痛にうめいている。銃弾と爆弾の破片を取り除き、手足を切断しなければならない。歓迎会もオリエンテーションもなかった。

理想に燃えて東部に来たのに、さらに過酷な始まりを経験した看護師もいた。ヴァイマルで短期看護実習を終え、一九四二年の夏、ウクライナのドニプロペトローウシクに着いた女性は初日からすぐに働いた。負傷者がひっきりなしに入ってきた。次から次へと手術を手伝わなければならなかった。苦しみにもがく約二〇〇人の兵士が、助けを求めて叫んできた。ベッドからベッドへと飛び回り、鎮痛剤を注射した。だが、自分自身はストレスに爆発せんばかりだった。その日が終わらないうちに彼女は持ち場を離れ、自室へ逃げ帰った。ベッドに這い上がり、小さく体を丸め、頭を両腕で抱え込み、まるで子どものように人差し指をかみしめた。戦争が冒険だなんて、どうして信じることができたのだろう。

オーアにとって国境を越えて東部に行くことは、ほかの大勢の者と同様にナチの通過儀礼であり、慣れ親しんでいたものとの別れであった。それは、未知なるものの中での孤立感をもたらした。公報と募集の宣伝文句では、ポーランドとウクライナの新たな占領地域は自らの強さとナチ運動への献身が試され、またこれが証明される場だと謳っていた。この地に入ることは、これらの女性の人生を大きく変えるきっかけとなった。第一印象は消し去ることのできない記憶へと変わった。一九四二年八月にロシアのヴャジマに着いたある看護師は、「敵」との初めての遭遇について記録に残している。彼女が降ろされた駅は、大きな戦争捕虜収容所の隣にあった。[2] 大勢のやせ衰えたソ連の捕虜が、「有刺鉄線の柵にしがみつき、獣のように」じっと見つめてきた。[3] 東部の景観を荒地と呼び、そこに住む者を獣のようだとか目に見えないとさえ言うのは、当時故郷に書き送られた手紙によく見られる植民者的なレトリックである。こうした表現は数十年後に書かれた回想録にも変わらず認められる。

東部に行ったことで、心乱され、つらい思いをした者が多かった中で、それは大人になるための心躍る体験で、自己実現に向けた自由をもたらしたと考える者もいた。「パルチザンがはびこる」ミンスクの森を車で通り抜けながら、若きショーガール、ブリギッテ・エルトマンは、身の危険にスリルを味わいつつも「両目を見開いて」その景色を堪能した。[4] ベラルーシで処女を失い、「～嬢《フロイライン》」ではなく「～さん《フラウ》」と呼ばれる名誉を手にした彼女は、今や真の女性となったのだと自負していた。エルトマンはこの新たな地で女性らしさと性的魅力を開花させたが、逆に秘めたる男性性を表に出した女性

ポーランドでの植民担当職員募集用冊子の表紙
「ドイツ人女性よ！　ドイツ人の若き女性たちよ！　東部が諸君を必要としている！」

たちもいた。愛国婦人会にボランティアとして参加し、看護師の訓練を受け、ドイツ赤十字社の一員として総統に宣誓をしたある女性は、不幸な結婚に終止符を打ち、幼い娘を家に残してベラルーシとウクライナに向かった。戦地から家に宛てた手紙で、彼女は「男性の」名誉としてのナチ運動に対する忠誠心を語っている。[5] 男性と同じように武器を手に見張りに立つチャンスをついに手にしたと、熱っぽく記している。看護師という彼女の公式な任務は明らかに女性の仕事だが、兵士になる機会があれば進んでそれも引き受けたのだ。彼女が実際に発砲したのか、誰に向けて撃ったのかは知る由もない。しかし、制服を身に着けたほかの多くの女性と同じように、彼女は勝ち誇った占領者としてのプライドに酔いしれ、東部は自分を解放してくれる場だと記した。

看護師や教師、そして秘書たちは、ジェノサイド的戦争が行われた前線とその後方の戦闘地帯に入った。[6] ほとんどの女性は、ユダヤ人の大量射殺を直接目撃することはなかったが、その一面に遭遇することはあった。だが彼女たちは、あとから振り返って初めて周囲で起きていたことの重大さを察し、ナチ政権の犯罪的政策に対する自分の貢献を理解（もしくは認識）したのである。当時、ホロコーストは、ヨーロッパ全土でさまざまな形で展開しており、各地でその段階は異なっていた。それは現在私たちが理解しているように、結末が見える出来事でもなければ、一つの全体像が浮き上がるものでもなかったのである。ホロコーストの内側で仕事をしていた女性職員は、その一部を垣間見ることはあったが、全体像は把握していなかった。ウクライナのバビ・ヤールで繰り広げられた一九四一年九月と一〇月の大量射殺の話は、前線から戻る兵士やほかの職員の間で伝わり、ドイツの公式な新聞とソビエトの公報でも報告されていた。[7] ドイツの宣伝部隊がリヴィウ（レンベルク）で撮影したポグロムの映像は、ドイツの映画館でニュース映画として上映されていた。一九四二年一月以降、連合軍はドイツ人とその協力者らに、そのような残虐行為に関与した者は戦後罰せられると何度も警告している。しかし、一九四二年三月に始まったベウジェッなどでのガス殺に関する信頼できる情報は、なきに等しかった。[8] いずれにせよ当時国内では、東部に移送されたユダヤ人に何が起きているのか、気にかける者はほとんどいなかった。それよりも、「ユダヤ・ボルシェヴィズム」と闘う、愛する者の安否の方が心配だったのだ。

東部占領地域の女性職員、専門職、あるいは支配層エリートの家族が、ユダヤ人に対する残虐行為を目撃したり、耳にしたりすることがあっても、戦時によくあるひどいことと取り合わず、他人事だと受け流すのはたやすかった。反ユダヤ主義によってドイツ人はユダヤ人、特に国外のユダヤ人の苦境に鈍感になってしまっていた。戦争の暴力とジェノサイドに最初は衝撃を受けていた者も、ほとんどがそれに慣れてしまい、やり過ごす術を身に付けた。ヒトラーの軍隊が勝利を挙げている限り、多くのことはうまく運んでいたのだ。最も不快なイメージは心の引き出しに収められ、日々の生活に追われて記憶から薄れ、目下の関心事に覆い被されてしまった。何があろうと強くあらねばならない――これが高潔な女性、忠実なドイツ人愛国主義者、高等なアーリア人に期待されていることではないか。

東部において、軍や親衛隊の病院と軍人保養所でよく目にされ、数の上でも多かったドイツ人女性は、エリカ・オーアのような赤十字社の白衣を着た看護師である。当時のプロパガンダは、笑顔の看護師たちが列車を乗り継ぐ兵士と親衛隊員らに駅で軽食を出している、といったイメージにあふれている。しかし、移送される途中、これらの駅を通過した戦争捕虜とユダヤ人には、看護師による歓迎

駅で兵士を慰労する看護師たち

などなかった。一九四一年一二月に一〇〇七人のユダヤ人が、デュッセルドルフからリガのゲットーへ暖房が不十分な列車で運ばれたときも看護師はいなかった。人間を詰め込み過ぎたために、列車は一度ならず故障し、いくつかの駅で停車した。停車中、ユダヤ人らは可能な限りのあらゆる方法で、水を手に入れたり、列車の外へ出ようとしたりした。移送されるうちに、これからどうなるか薄々気づき、プラットホームに立っている旅行者たちの注意を引いて絵葉書や手紙を投げて託し、愛する者たちにその運命を警告しようとしたのである。ナチ占領下のヨーロッパではどこでもそうだったように、ラトヴィアのある駅でドイツ赤十字社の看護師らがプラットホームに現れた。気温は氷点下で、午前一時過ぎのことである。看護師たちはドイツ警察官らに温かい牛肉と大麦のスープを振る舞った。ドイツ人たちがスープを味わっている間、リトアニア人の鉄道員が「ユダヤ人専用車両」の明かりを消した。
赤十字社の看護師、アネッテ・シュッキングは、東部の看護師に典型的であった無関心と冷酷さを示すことはなく、その点で珍しい例外であった。彼女は見たり聞いたりしたことだけでなく、自らの道徳的な憤りも記録に残している。一九四一年初秋、ウクライナへ出発する前日の晩に、ジャーナリストの友人が彼女にロシアはあなたが行くような所ではないと警告した。「あそこでは、ユダヤ人を皆殺しにしているのだから」、と。[10] 当時、そんな恐ろしいことが本当にありうるとは想像できず、シュッキングは相変わらずドイツの領土拡張という展望に関心を持ち続け、東部の「文明化」を支持していた。だが、すぐに友人の言葉が彼女の耳にこだまするようになるのだ。
新たな職務へと向かう列車の旅の途中、ブレスト＝リトフスクの駅で、制服を着た二人のドイツ兵がシュッキングの客室に入ってきた。ナチ占領下の東部では、列車の客室はアーリア人専用で、「現地住民」は三等車と貨車で移動した。客室では、乗り継ぎをするドイツ人が見知らぬ者同士、遠慮なく会話を交わすことが多かった。制服の兵士たちは、やはりシュッキングと看護師の女性同僚に話しかけてきた。「突然、男の一人が、ブレストでユダヤ人女性を撃つよう命じられたときの様子を話し始めました」と、のちにシュッキングは回想している。ユダヤ人女性は命乞いし、障害のある妹の面倒を見なければならないと兵士に訴えてきた。彼はその妹を呼びつけ、二人とも射殺したと語った。シュッキングと連れは、「恐ろしいと思ったが、何も言いませんでした」。これが、彼女たちの東部との出会いだった。[11]
看護師や秘書や教師たちが、ヒトラーが望んでいた戦争とは絶滅作戦であることを理解するようになるまで、そう長くはかからなかった。東部への旅の途中で、列車の客室で小耳にはさんだ会話から、また国境を越えるときに、あるいは東部に着いたときに、それぞれの女性にこの気づきの瞬間が訪れた。ジェノサイドの現場に近づくことに、ほとんどの女性は不快感を覚えた。暴力を実行する訓練も、それに対応する訓練も受けていなかったからである。ただし、男性は違った。ドイツの若い男性たちは第一次世界大戦の生々しいイメージを身近に感じながら育った。それはしばしば残忍な塹壕戦の男だけの世界《ホモエロティック》であった。ヒトラー・ユーゲントの訓練は、恐怖を克服し、臆病さを恥じ、痛みに耐え、仲間同士の強い絆を育むことを焦点としていた。行進練習、射撃訓練、従わない者に対する見せしめ、そして通常の軍事訓練を通じて若い男性たちは人を殺す準備ができた。ドイツ人女性は、専門的な訓練を受けた収容所看守を除けば、このレベルの軍事的教化は受けていなかった。また徒党を組んで人をいたぶるようなことはなかった。

東部に着いた女性の中で大量殺人を目撃する覚悟があり、またこれに手を貸す準備ができていた者はごくわずかであった。ホロコーストに対するさまざまな反応からは戦前彼女たちが受けていた訓練というより、本人の性格や政権へのイデオロギー的傾倒の程度がよく伝わってくる。犠牲者を助けるケースから直接手を下すケースまで、彼女たちの反応には幅があった[12]。しかし、大量殺人にさまざまな方法で加担した一般女性の数は、それを阻止しようとした比較的少数の者に比べれば数え切れないほど多かった。

大半は好奇心からだが、これに物欲も加わり、多くのドイツ人女性が東部に何千とあったゲットーでホロコーストに直面することとなった。これらの「ユダヤ人専用」地区は、公式には立ち入りを禁じられた地域である。そこに立ち入る者は、ナチの規則に反する行動をしていたのだ。公的機関による脅しと禁止にもかかわらず（おそらくは、そうであったからこそ）、ゲットーはドイツ人の観光の対象となった[13]。そして、この新たな娯楽には明らかに女性的な特徴が見受けられた。買い物ツアーと恋人とのデートだ。

ワルシャワにいた赤十字社のある看護師は、休みの日に何も予定を立てていなかった。すると友人がびっくりするような話を持ちかけてきた。「今日はゲットーへ行くわよ[14]」。皆そこに買い物に行っている、と友人はまくしたてた。ユダヤ人は路上で板やテーブルの上に身の回りの品を広げている。石けん、歯ブラシ、化粧品、靴紐など必要な物は何でもある。中には、手を伸ばして品物を差し出してくる者もいる。その看護師はゲットーに行けば規則を破ることになるとためらっていたが、ドイツ人医師も発疹チフスの治療について助言をするためにユダヤ人医師に会いに行くから大丈夫だ、と友人は言った。二人の女性は買い物という名の冒険に出かけた。その後、この看護師はポーランドの人々よりもはるかにひどい貧困と不潔さを見たと記録している。「あの人たち」の「ゲットー臭」が、長いこと体に染みついたままだった、と。

ユダヤ人をゲットーに閉じ込めるというナチの政策は、開戦一カ月後の一九三九年一〇月、ポーランドで始まった。時間の経過とともに、ゲットーの形態と役割は多様化していった。村のゲットーは、大通りから通り何本分かの地域が有刺鉄線で区切られていた程度だった。ユダヤ人を人種的脅威かつ敵と見なしたため、ドイツ人は分離主義者として、また治安対策として彼らを閉じ込めたのである。あらゆる施設がこの目的のために使われた。ドイツ軍司令官と親衛隊員や警察官らは、ウクライナのナロジチなどの小さな町に着くとゲットーを作ると発表し、ユダヤ人に登録のために出頭するよう命じた。ナロジチではユダヤ人は地元のクラブに連れて行かれたが、それ以外の場所では大量射殺や収容所への移送計画が立てられている間、学校や工場のバラック、シナゴーグなどに連れて行かれたり、廃棄された鉄道車両に閉じ込められたりもした。動員できる親衛隊と警察隊の数、地元の役人たちの気まぐれ、そしてハインリヒ・ヒムラーや彼の代理人の命令によっては、計画が実行に移されるまでに何日も、何週間も、あるいは何カ月もかかることがあった。その間、地元のドイツ人役人、ポーランド人、ウクライナ人、リトアニア人などは、家からコートやブーツに至るまで、財産をすべて手放すことを強いられた捕らわれの身のユダヤ人たちと一斤のパンや薪をめぐり「取引」をした。熟練したユダヤ人労働者がゲットーから選別され、道路の建設などの重労働や、採掘、被服製造、大工仕事、金属加工などの軍需産業に回された。これらのユダヤ人専用の監禁場所は、しばしばゲットーと呼ばれたが、実際には大量殺害現場への通過駅であり、ゲッベルスの言葉を借りれば「死の木箱」であった。[15] 飢餓、チフス、そして自殺が、そこに詰め込まれた何十万人もの命を奪ったからだ。

ドイツ人ショーガール、ブリギッテ・エルトマンもミンスクで「ゲットー」を体験した。[16] 彼女の公演を観に来た男性ファンの中に、ユダヤ人労働者に対する搾取の中心となっていた軍事建設機関、トート機関の高官がいた。この指揮官はショーガールに、次のデートではゲットーに連れて行くと約束した。ミンスクでは、ゲットーは有刺鉄線を張った高さ一・八メートルの柵で囲われ、二つの監視塔がこれを見下ろしていた。当初、約七万五〇〇〇人のユダヤ人が住民登録していたが、このゲットーは約二・五平方キロメートルにも満たない広さで、一階建てや二階建ての木造の建物が立ち並ぶ三四の通りにまたがり、シヴィスワチ川と古いユダヤ人墓地がその境界を成していた。ほかにも三万人のドイツ系ユダヤ人とオーストリア系ユダヤ人が、ゲットーの特別地区に別途収容されていた。だが、大量射殺とガス・トラックによる処刑の波に何度も襲われ、ゲットーの人口の三分の二が失われた。一九四二年秋、まだ約九〇〇〇〇人のユダヤ人が残っており、その大半は労働者だったが、働いていない女性、子ども、高齢者と体の弱い者もまだ多少いた。そのうちの八〇〇〇〇人近くも、ミンスクのゲットーが労働収容所に変わる一九四三年には殺される運命にあった。

自らの権力を誇示し、同時に危ないことが好きなショーガールの気を引くには、町のこの禁断の場所に「出入り」するのがいいだろうと指揮官は考えた。エルトマンはこれに興味をそそられ、彼女は実家の母親にいかにデートが楽しみかを書き綴っている。クラクフのゲットーでも、同じような交際風景が一連の写真にとらえられている。絵のように美しい馬車でゲットーを巡る、笑顔の若い秘書と親衛隊員の姿が。

ポーランドでヒトラー・ユーゲントの訓練を担当していた若い教師は、一九四二年七月にプウォンスク［プレーネン］のゲットーで目撃したことについて、実家への手紙にこう記している。[17] 派遣された二〇〇人の若い女性は、ポーランドを「不潔、怠惰、未開、しらみ、ダニ」の地だと教えられてきたが、実際にそこで目にすることを受け入れる覚悟はできていなかった。こんなことを想像してみて、と彼女は両親に書き送っている。

通りを行くと、家の窓と扉に板が打ち付けられているの。中からは絶えず人が動く音とつぶやき声が聞こえるわ。大きな塀が家々を取り囲んでいるけれど、その塀は地面までは届いていないから、下を覗けば行き交う足が見えるの。裸足の人、スリッパを履いている人、サンダルを履いている人や靴を履いている人もいるわ。不潔な臭いが漂ってる。爪先立ちで塀の上から覗き込むと、丸刈りの頭が見えたわ。そこがゲットーで、閉じ込められている人々はユダヤ人に違いないとハッと気づいたの。

仕事中のユダヤ人の仕立屋が「悲しそうに笑う」のを見て、彼女は不安になり、混乱してしまった。一緒に行った女性たちと町を離れ、彼女はほっとした。心をかき乱すあのゲットーの光景はもう過ぎたことだ。こうして彼女は「姿が見えなくなった」ユダヤ人を頭の中から追い出すことができた。

ゲットーをこっそりと見に行く理由は好奇心だけではない。それは、ドイツ人の優越性と東部の「新秩序」を確かめる覗き見行為でもあった。ドイツ人から見れば、東方のユダヤ人の世界はエキゾチックで不快な先住民の世界だ。ゲットーという閉ざされた空間の中では、脅威をもたらす「他者」は打ち負かされ、根絶やしにされつつある。ドイツ人の考えでは、ユダヤ人は絶滅に瀕している人種であり、死を避けられない彼らの運命に残酷にも魅了され、自尊心が呼び覚まされるのだ。ある女性ジャーナリストはウッチのゲットーについて、「油の染みの付いたカフタンを着た」ユダヤ人の「非現実的な街」と報告し、ある学生は「通りも広場も、うろついているユダヤ人であふれかえっている。多くは犯罪者風。この害虫をどうしたらいい?」と家に書き送っている。[18] ゲットーから離れることは、文明社会への帰還になぞらえられ、心の平静と支配者としての自分を取り戻すこととされた。ポーランドのヴァルテガウ大管区指導者の娘は、ウッチ・ゲットーでの冒険について婚約者にこう書いている。

本当に異様な雰囲気。街全体が、有刺鉄線が張られた柵で封鎖されてる。…(中略)…ぶらついている人間のくずばかりが目につくの。その服には、前と後ろに黄色いダビデの星が付いているの（パパが考えたのよ。パパったら、ウッチの星空のことしか話さないんだから）。…（中略）…あなたならわかると思うけど、本当に、こういう人たちには何の同情も感じられないわ。私たちとはずいぶん感じ方が違うのでしょうね。だから、こういう屈辱やら何やらは感じないのよ。[19]

東部に派遣されたり自ら望んで赴いたりした若い女性たちに——自分の野心を満たし、ナチ政権の期待に応え、何か新しい体験をし、ナチの大義を広めたいと考えたわけだが[20]——、ホロコーストの現実を目撃したことで、大抵の場合、変化が生じた。さらに決意を強める者もいれば、混乱し、（ゲットーのユダヤ人は「こういう屈辱を感じない」と断言していることからも明らかなように）道徳観念を見失う者もいた。また、気に障る、ひどく不快なことから逃れるために、性的快楽や酒などの麻薬的なものにはけ口を求めるようになる者もあった。夜ごとのパーティーにはウォッカが出回り、ある秘書の回想によれば、「事務所のいかした男たち」も次々とやって来た。[21] モラルの崩壊に気づくことはなく、少なくとも罰せられることはなかったようだ。限りない欲望と暴力の光景はどこででも見られた。周囲で起きていることから距離を置こうとしても、戦争による荒廃が及ばない所などまず見つけられず、安堵はほとんど得られなかった。

これらの女性の日常生活は、ユダヤ人や大量殺人と予期せぬ形で繰り返し交差した。ポーランドのポズナン近郊に配属された若い教師、インゲレーネ・イヴェンスは、ある日、一つしか教室がない校舎から運動場を見下ろし、衝撃を受けた。近くの収容所から逃げてきた二人のやつれたユダヤ人労働者がおびえて立っている。学校に救いを求めてきたのだ。おそらく、子どもなら同情してくれると考えたのだろう。だが、子どもたちは二人に罵声を浴びせ、一人の少年は石を投げつけた。イヴェンスは止めに入り、石を投げた子どもを叱ったが、その間にユダヤ人の男たちは逃げてしまった。あるドイツ赤十字社の看護師は、リヴィウでほかの看護師たちと町を散歩していて、古いユダヤ人墓地に行くことになった日のことを思い出している。その看護師は突然、軽く土で覆われただけの真新しい集団埋葬地の上を歩いていることに気づいた。足が地中に沈んでいく。「あのときのことは忘れられません。ひどい気分でした」[22]。秘書の一団がリガ近郊の森でピクニックをしたときには、真新しい集団埋葬地から悪臭が漂ってきたため場所を移すことにした。ウクライナのブーチャチの町では、ある農業監督官の妻が水の味がおかしいことに気づき、ユダヤ人の死体が地下水を汚染したのだと悟った[23]。

大量殺人は、それを目撃する者と、それが行われる場所の物理的環境を変えてしまう[24]。ウクライナの緩やかに波打つ丘と森の湿地はでこぼこの穴だらけになり、死の塚が築かれ、ところどころ焼け跡が見られた。丘陵の斜面には数メートルの深さの墓穴が掘られ（土手が銃弾を吸収した）、川岸も射殺現場となった（血は川に流れ込んだ）。バビ・ヤールなどの峡谷では死体があふれかえり、塩化カルシウムが大量にまかれたが、その後、谷は爆破され埋められた。町と町の間に広がる砂地や荒れ地では、殺された者たちの所持品と死体を見ることがあった。大量殺人の現場は、人里離れた地にあったわけではない。それは、しばしば、町と町を結ぶ近道や小道にまで入り込んでいた。農民、労働者、学校に通う子どもたちが、その現場を歩いたり荷馬車に乗ったりして行き来していた。そこは好奇心を掻き立てられる場であり、略奪の場であった。ジェノサイドの現場はピクニックを楽しむ草地、狩猟に興じる森、避暑と日光浴のために向かう水辺といった、まさにドイツ人男女が気晴らしに訪れる場所でもあったのだ。

ホロコーストの現場となった農村地域には、ナチ大帝国に向けたこの壮大な企てに利用できる資源はほとんどなかった。町にある数少ない建物を、いくつもの目的のために使わなければならなかった。映画館は、ある日には娯楽の場となり、別の日には殺害前の犠牲者を集める場所となった。ウクライナのロマーニフにいたあるドイツ人教師の回想によれば、大量射殺を逃れた多くのユダヤ人が森に隠れており、地元の森林監督官だった彼女の夫はその存在に気づいていた。二人はこうしたユダヤ人を助けなかったし、少なくとも捜査官に対して戦後、助けたとは語っていない。供述の中で彼女は、森でよく通りがかった集団埋葬地について説明している。一つのエリアに「私たちの家と同じ大きさで、幅が一〇メートルくらいの」二つの大きな穴があった、と。殺される前に、ユダヤ人は地元の学校に集められた。彼女が働いていた学校だ。虐殺に続いて、ナチ福祉団［NSV］の女性たちが恒例の慈善活動を行った。殺されて教師の家に近い森に大急ぎで埋められたユダヤ人の服と寝具類を集めて整理し、修繕し、分配したのである[25]。

都市の風景も、日々、目に見えて変わっていった。ハルキウ、キエフ、ミンスク、ジトームィルでは、バルコニーや柱から吊るされた死体をよく見かけるようになった。それを避けるために、また不安定な高い所から死体が自分の上に落ちてくるのではないかと恐ろしくて、看護師のエリカ・オーアはジトームィルの大通りから離れた戸口寄りの歩道を歩いた。ブーチャチでは、あるドイツ人少年が学校から帰宅して、脇道の近くの血だまりの中でユダヤ人の女が死んでいると母親に報告した。次の日、学校へ行く途中、女の死体はまだ道に横たわっていた。昼食をとりに家に戻ったときにも死体を見た。母親は動揺し、地元の憲兵隊に出向き苦情を訴えた。母親は、ユダヤ人の女を殺したことを非難したのだろうか、それとも、誰も片付けることをせず、そのせいで息子が嫌な思いをすることに

ミンスクの路上で絞首刑にされた男たちの死体を見るドイツ人一般市民と役人たち（1942年または1943年）

なった路上の血まみれの「汚物」に不満を示したのだろうか。戦後の回想からはその点はよくわからない[26]。

女性たちは突然、自分が予期せぬ恐怖に直面していることに気づくことがあった。そのさまざまな事例からは、理解の瞬間とその後の適応が明らかにされる。子どもの頃、余計なことは言わず黙っているようにとしつけられた若き秘書、イルゼ・ストルーヴェは、一九四二年夏、一五人の若い女性とともにウクライナのリウネにある軍の事務所に事務員として配属された。事務所ではクレブカという名のユダヤ人の少女が働いていた。ある日ストルーヴェは、クレブカを「ユダヤ人が強制的に住まわされている、柵で囲まれた悲惨なゲットー」に訪ねることにした。「恐ろしくて、壊れそうな、汚い家々。……（中略）……リウネの辺りでは、『汚らしいユダヤ人の巣窟』という言葉がよく聞かれました」と彼女は語った[27]。

ゲットーの光景から、ストルーヴェにはユダヤ人の絶望的な状況がはっきりとわかった。このことに動揺したものの、彼女は仕事を続け、特別寮に一緒に住んでいた女性同僚たちとの付き合いを変わらず楽しんだ。しかし東部では、距離を置くといっても限界があった。ストルーヴェが住むドイツ人女性職員の寮は、道を挟んで映画館と向かいあっていた。親衛隊員らはこの映画館を、ユダヤ人をゲットーから町はずれの大量射殺現場に移動させるときの集合場所として使っていたのだ。イルゼ・ストルーヴェの部屋は映画館に面していた。

ある晩、話し声やブリキのカップを鳴らす音、そして兵士らの声で目が覚めました。…(中略)…立ち上がって窓辺に行き、通りを覗いてみると…(中略)…映画館のドアが開かれ、大勢の人が道に出てきて、衛兵に連れられて行きました。明け方の三時から四時のことです。男、女、子ども、年寄り、そして若者。皆はっきり見えました。その服から、ゲットーから来たのだとわかりました。一九四一年九月以降、ユダヤ人は皆、星を身に着けなければなりませんでしたから。初めはそこで何が起きているのかわかりませんでした。何をしているのかしら。なぜ、ポットや平鍋をあんなに激しく、次々と舗道に投げつけているのでしょう。そのとき、突然ひらめいたのです。注意を引こうとしているのだと。ここで自分たちがどうなっているか見てくれ！　こんなことを許すな！　助けて！、と。

窓の内側に立っていた私は叫びたくなりました。何かするのよ！　それじゃあまだだめ！　武器を取って！　あなたたちの方が数は多いじゃないの！　何人かは助かるわ！　そこにいたのは、見たところ三〇〇人ほどでしたが、あとになって、それよりはるかに多かったこと、そして彼らを連行したのは、わずか数人の兵士にすぎなかったことを知りました。しかし、捕らわれ人たち〔ユダヤ人〕は足を引きずり、うなだれてつぶやきながら、暗い通りを歩いていました。闘うことなく、黙って運命を受け入れていたのです。私は隊列がすべて見えなくなるまで、目を凝らしていました。その後、またベッドに横になりました。あの人たちは殺される。私にはわかっていました。…（中略）…翌朝事務所で、あのユダヤ人たちがリウネから二、三キロ離れた所で射殺されたと知らされました。クレブカに会うことは二度とありませんでした。[28]

ウクライナで同僚らとピクニックに興じるイルゼ・ストルーヴェ（1942年または1943年）

事務所の女性職員たちが虐殺について話していた。ストルーヴェは、さまざまな反応があったと思い返している。ある者は異議を唱え、ユダヤ人労働者がいなくなったと不満を漏らした。ある者は、ドイツ人は相手が死ぬまで攻め続けるつもりなのだと小声でつぶやいた。また別の者が「なんてひどい」とささやく。ほとんどの者は、はっきりと反対を口にすることを恐れ、ドイツが勝つだろうと深く考えもせずに口にするだけだった。ユダヤ人を射殺した若い保安警察官たちを批判する者は一人もいなかった。

ストルーヴェは、ほかの多くの者がそうであったように何が起きているのかを「見たい」と思った。窓辺に駆け寄り、もっとよく見ようと首を伸ばしたのだ。だが、ドイツ人指導者らは犯罪の目撃者を増やさないよう努めた。最終解決は公然の秘密だ。ヒムラーの言葉を借りれば、「決して語られない、また、今後も決して語られることのない栄光の一頁」であった。ストルーヴェのような目撃者は記録したり、口にしたりすることはおろか、見てもいけないことになっていた。ユダヤ人をタルヌフのゲットーから強制移送する通達では、現地指揮官はユダヤ人が連行される通り沿いのすべての住民に、「作戦《アクツィオーン》」中は雨戸を閉めるよう命じた。しかしこのような出来事が、大勢の傍観者の好奇心と「シャーデンフロイデ〔他人の不幸を喜ぶこと〕」を刺激したことは確かだ。その場にいた者たちは、この出来事を感覚的に体験した。それは、彼らの語りの中で、家が壊される耳障りな音、犠牲者の叫び声、一斉射撃としてよみがえる。傍観者としてのストルーヴェは複雑な気分だった。危険は感じるものの、危害が及ばない距離から眺めているのだから。助かるためにユダヤ人が行動を何も起こさないことには驚いたが、その反面、彼ら自身が闘わないのなら、彼女がかかわるべき責任などあるはずがないと無邪気に納得した。ユダヤ人が通り過ぎたあとで、彼女はベッドに戻り、眠ろうとした。しかし、目を閉じることはできたが、あの光景と音が頭から離れなかった。[29]

ストルーヴェが垣間見た「作戦」とは、ナチ占領下ウクライナの各地を何度か波のように襲った大虐殺の一つで、ハインリヒ・ヒムラーの命令の下に実行されたものである。ヒムラーは占領地の文民行政当局官僚に、「ユダヤ人問題の最終解決」を完全に実施すること、すなわち「完遂」することを強く求めた[30]。ヴォルィーニ地域のリウネとその周辺の町では、一九四二年後半に一六万人のユダヤ人がゲットー一掃と大量射殺により虐殺され、この地で急ぎ埋められた場所は約二〇〇カ所に上った。

一九四二年秋、ストルーヴェはリウネからさらに東のポルタヴァへと異動になった。今や、リウネで目撃したことに関する不安から、戦争とそこでの自分の役割への幻滅が膨らんでいた。スターリングラード周辺の第六軍のドイツ人死傷者の報告が、机の上に積み重なっていった。事務所の男性同僚たちに別れを告げなければならない。交代要員としてスターリングラードに送られる彼らが、もう安全な事務仕事をすることはないのだ。新しい女性職員が配属されてきた。極秘の死傷者リストをタイプし、その数字をベルリンに無線で伝えながら、ストルーヴェはスターリングラードからの撤退が近いと悟った。事務所の状況と雰囲気は悪化していった。彼女は戦争に疑問を持ち始めた。「ここで私は何をしているのか。私は何者なのか。男たちが始めたこの戦争で、私は何をしているのか。男たちが戦争をしかける。男たちが殺す。その上、男は戦争の下働きとして女を必要としている[31]」。

ベオグラードにいた一九四一年の頃から、ストルーヴェは公開処刑のおぞましい写真を見ることに慣れてしまっていた。ドイツ軍の従軍記者たちは、犠牲者の処刑前、処刑中、そして死後のスナップ写真を撮影し、宣伝目的で軍本部に送ってきた。ストルーヴェの仕事は上司らに代わって郵便を開封することだったので、日々送られてくる手紙に目を通し、内容を読んで資料を分類した。ある日仕事に行くと、写真が入ったフォルダが一つ机に置かれていた。開けてみると「パルチザン」たちの死体が目に飛び込んできた。座った状態で、「両手を挙げたまま崩れ落ち」ている。ストルーヴェは密かに思った。どうしたらこんな残虐行為を写真に収められるというのか。ベオグラードでは、常に写真のことで腹を立てていた。画像がレジスタンスに利用されれば、ドイツの安全が脅かされると考えたからだ。ウクライナでは、彼女は大量殺人政策に疑問を抱き始めた。

ストルーヴェは写真を脇によけ、次のファイルへと移った。そして、感情を抑え、湧き上がる疑問を封じ込め、機械のように淡々と仕事をこなしていった。のちに彼女はこう表現している。「自分の一部が自分の外にいたのです[32]」。ミンスクで働いていた別の女性も、同じような反応について語っており、一九四三年一月に母親に宛ててこう書いている。「『死への恐怖』は捨てて、今という瞬間と仕事に生きています。明日のことや昨日のことは考えないようにして。こんな生活に、いつになったら慣れるのでしょうか。ただ、仕事、仕事、仕事がしたい。それだけ。考えることも、感じることもせずに！[33]」

しかし、イルゼ・ストルーヴェは感情を完全に抑えることはできず、見たものを記憶から消し去ることもかなわなかった。回想録の中でストルーヴェは、泣いてばかりいて、人と距離を置き、誰とも親しくなれなかったと当時を語っている。一九四三年にイタリアに異動になって初めて、彼女はウクライナで体験した絶望から解き放たれた。

同様な幻滅を、元法学生のアネッテ・シュッキングも体験することになった。ブレストの列車内での兵士たちとの衝撃的な遭遇は、ウクライナの目的地に着いて彼女が目にし耳にするであろうことに比べれば、たいしたことではなかった。約一万八〇〇〇人（その約半数がユダヤ人）が住む古い砦の町、ノヴォフラド＝ヴォルィンシキーでの初日、シュッキングはユダヤ人は全員殺されたと伝えられた[34]。ドイツ人将校が、皆で食事をとっている最中にこともなげに口にしたのだ。シュッキングと一緒に軍人保養所で働いていた現地のウクライナ人たちが、この町と近隣の町のユダヤ人約一万人が射殺され

ノヴォフラド＝ヴォルィンシキーの軍人保養所（アネッテ・シュッキング個人所有）

たと教えてくれた。彼女には理解しがたいように思えた。

この目で確かめようと決心しユダヤ人居住区に行くと、荒らされた家が目に入った。ヘブライ語の本が身の回り品とともに何冊も床に散らばっていた。ドイツ人の同僚たちは、ろうそくなど役に立ちそうな物を自分の居住区で使ったり戦利品として故郷に持ち帰ったりするためにかき集めた。ノヴォフラド＝ヴォルィンシキーでのオリエンテーションには、スルーチ川の堤防に築かれた砦めぐりも含まれていた。一カ月前の一九四一年九月に、ユダヤ人たちが射殺された場所だ。ツアーガイドを務めた技術職員の一人が、四五〇人のユダヤ人男女と子どもが埋葬されたという川の土手を指し示した。

シュッキングが慰労活動を行っていた軍人保養所では、日々常にドイツ兵とのかかわりがあった。ときには数千人がドイツ料理と会話を楽しむためにここを訪れた。ナチの宣伝担当者たちは、この保養施設を「故郷の島」と呼んだ。こうしたドイツ人専用の食堂で、兵士らは自分たちが目撃し、実行した虐殺についてあからさまに語った。「兵士たちとの会話は、大抵すぐに個人的な内容になりました」と、シュッキングはのちに語っている。「皆、長いこと周りに女性がいなかった男性ばかりでした。もちろんウクライナ人女性はいましたが、話しかけることはできなかったものですから。男性は皆、ひどく話したがっていました[35]」。

ある日、シュッキングがトラックに乗っていると、運転していた兵士が口を滑らせた。コジャーティンというキエフ南東の村にある軍人保養所から、そう遠くない所での出来事だという。彼は仲間の兵士たちと数百人のユダヤ人を監禁し、食べ物も水も与えなかった。衰弱させることが準備段階なのだ。二日後、ユダヤ人たちはその地域で活動していた銃殺部隊に射殺された。弁護士になるための研修を受けていたシュッキングは正確かつ詳細な情報を集め、手紙に記して両親に送っている。ドイツ兵は自分たちが耳にし、目にし、行ったことを彼女に話さずにはいられなかった。そして、彼女はそれを書き留めずにはいられなかったのである。

一九四三年にワルシャワにいたドイツ赤十字社のある看護師は、不眠を訴える負傷した兵士の話を聞いてやった。彼の部隊は銃殺の任務を命じられた。大きな穴が一つあり、その縁に連れて来られた一般市民の後頭部に弾を撃ち込むのだ。老女が穴の縁で兵士に駆け寄ってきた。恐怖におののき、絶望して。手にしているのは自分の写真だ。老女はそれを彼に渡し、夫に届けてくれと言った。兵士は給与手帳に挟んだままの写真を看護師に見せた。

この手の話はあちこちに転がっている。ジェノサイドでその手を血で染めた兵士や親衛隊員らは、しばしば同志の女性たちにその行為について語った。ある日、二人の処刑者がミンスクのショーガール、ブリギッテ・エルトマンの家にやって来た。「二人の目は憎しみで燃えていました。致命傷を負った動物や虐待された子どものように[36]」。一人が肩に頭をもたせかけてきたので、慰めてやった。彼女は絶望に打ちひしがれる男たちの関心を集めることに喜びを見出し、彼らにものを言うよりは慰めてあげることにした。

　シュッキングが実家に宛てた手紙からは、出会った暴力的な男性たちをより批判的に見ていた女性の姿がうかがえる。一九四一年一二月二八日、車で移動中、彼女は一人の下士官に出会った。下士官は、ウクライナのヴィーンヌィツャ近郊で間もなく展開されるユダヤ人掃討作戦の銃殺隊に志願したと言った。昇進目当てだ。アネッテは参加しないよう助言した。「悪夢を見ることになりますから[37]」。一月の半ばに下士官に再会すると、フミリヌィークでの大量射殺に参加したことを認めた。一九四二年一月九日に親衛隊が、当地に展開する軍隊と現地住民の補助警察の助けを借りて六〇〇〇人のユダヤ人を殺害したのだ。あるユダヤ人生存者によれば、ドイツ人兵士らは、「大暴れし、窓を叩き割り、銃を発砲しました。…（中略）…死体があちこちに散乱し、雪が血で赤く染まりました。野蛮人たちは走り回り、野生の獣のように叫んでいました。『ユダ公をやっちまえ！　ぶちのめせ《ユーデ・カプート》！[38]』」。

　大量殺人の経済効果を高めるため、親衛隊、警察指導者、地域の軍司令官、そしてナチ党官僚らはユダヤ人の財産を没収し、再分配する仕組みを作った。何トンもの衣類が倉庫に送られ、洗濯され、修繕されて、新たな占領地域に入植する民族ドイツ人の難民に配られた。一九四一年末、シュッキングはナチ福祉団の倉庫で山積みにされた服を見た[39]。職場で調理補助をしているウクライナ人たちのために何か見繕ってやろうとそこに行ったのだ。同行したドイツ人女性同僚らの中には、ありとあらゆる戦利品を目にして興奮し、倉庫の鍵を開けてくれたドイツ人の役人に「ハイル・ヒトラー」と敬礼しながら熱く礼を言う者もいた。シュッキングは、山と積まれた中の子ども服に衝撃を受け、何も取らなかった。同じように気兼ねしている女性同僚も数人いた。シュッキングは、ナチ福祉団から服を受け取らないようにと母親に手紙を書き、家で友人たちに語った。それは殺されたユダヤ人の物なのだから、と。

シュッキングは毎週、配給を受け取るためにノヴォフラド＝ヴォルィンシキーから中心都市リウネへ一〇〇キロメートルの距離を車で向かった。まさにここで、彼女は「ゲットー」を体験することになった。一九四二年七月、ユダヤ人女性と子どもが連行されていくのを見たのだ。[40]おそらく、イルゼ・ストルーヴェが目撃したものと同じ作戦の一部だと思われる。二人の女性はリウネで実際に会ったことはないかもしれない。だが、二人の運命がここで交差し、生まれ育った環境はかなり異なるものの、これらの出来事に同じように反応した。イルゼ・ストルーヴェのようにアネッテ・シュッキングも、無力感、恐怖、そして失望を訴えている。しかし、共感には限界があった。二人は同じように自問した。結局、一人で何ができるというのか。そして二人は同僚たちと忙しく過ごし、ピクニックやコンサートなどの娯楽を求めた。彼女たちは、何千人もの兵士の中にいた数少ないドイツ人女性だった。だが皆、仲間内の暴力的な者や親衛隊員、鞭と拳銃を振りかざす占領地の悪名高い役人たちを慎重に避けた。ウクライナで二、三週間過ごしたのち、一九四一年一一月初め、リウネでの大量殺人を示す証拠を目にし、生き残った少数のユダヤ人労働者さえもその後彼女がリウネにいる間に殺害されるという状況の悪化の中で、シュッキングは実家の母親にこう書き送った。「お父様がおっしゃっていることは本当です。良心の歯止めが何もない人からは異様な臭いがします。今ではそういう人たちを見分けることができるようになりました。そういう人は、本当に血のような臭いがする人が多いのです。ああ、お母様、この世は、なんてとてつもない屠畜場と化してしまったことでしょう！」[41]。

東部占領地域の軍や行政機関、民間企業の事務所などで働いていた数万人の独身女性の中で、シュッキングとストルーヴェは最大のカテゴリー、つまり傍観者に属していた。二人は、暴力に直接参加する選択肢を与えられたわけでも、また、一部の極端な意見にあるように加担する「機会」を与えられたわけでもない。自分の公務を遂行していた愛国的なドイツ人女性だったのである。好奇心が強く、冒険を求めていた彼女たちは、東部占領地域に入りリウネにおけるゲットー一掃などの残虐行為を目撃すると、不安感やショックをはっきりと口にするようになった。

スロニムにいたある秘書は、明け方四時に銃撃の音で目を覚ました[42]。スロニムの数千人のユダヤ人が、絶え間ない銃声の中、ゲットーから追い出されて一カ所に集められ、並ばされるのを、彼女は何時間も窓から見ていた。ゲットーは火に包まれていた。翌日、自分の居住区から出ることを許可されたーー親衛隊と警察隊は、作戦中、地区の封鎖を布告していたーー彼女は、ゲットーのはずれの路上に、黒焦げになったユダヤ人の死体が二列に長々と並べられているのを見た。シュッキングとストルーヴェのように彼女も、大量殺人を目撃せずにいることはおおよそできなかった。彼女はそれを容認することはしなかったが、阻止することもできなかったのである。

第四章　共犯者

アネッテ・シュッキング、イルゼ・ストルーヴェ、インゲレーネ・イヴェンス、そしてエリカ・オーアは、戦時中に例外的な女性であったというわけではなく、むしろ「戦後」において例外的だったと言える。実際に東部に赴いた数十万人のうち、この四人の女性のように、ユダヤ人犠牲者や自分が目撃した残虐行為について、出版したり、公の場で詳しく話したりした者はほとんどいない。[1] ナチ時代には多くの女性が喜んで制服を身に着け、ナチ運動の中で新たに見出した大人としての生き方と市民としてのアイデンティティを受け入れていた。だが、その後一九四五年になると、徽章を外して隠し、制服を引き出しや屋根裏の衣装箱にしまい込んだ。ユダヤ人犠牲者の私物など東部から略奪してきた物の出所も、わからないように隠してしまった。

　戦後、ドイツ人女性が概して沈黙を守っていたのは恥の感情や悲しみ、恐れなどがあったためだろう。東部の殺戮の地《キリングフィールド》にいた多くの女性にとって、自分が犯罪現場の近くにいた事実を隠した方が確かに有利であった。話したいと思っても、聞きたいと思う者などまずいない。戦争中に目撃し、体験し、あるいは自ら犯した暴力の話をするよう女性に促す社会的伝統はなかった。[2] 逆に、ドイツ人女性は、銃後での苦労や犠牲については話すことができた。[3] 路面電車の運転や市場の警備、農場経営などの男の仕事をしたこと。故郷の町を襲った壊滅的な空爆、家を失い、逃げたこと。戦後の飢餓。忠実に家を守る者、待ち続ける女性、罪なき受難者という、昔から変わらない戦時下の女性の役割を肯定する話なら、聴衆は熱心に聞いてくれたのだ。

これほど多くの女性が当時の機運と運動に飲み込まれていったのは、その若さゆえであったと言われる。これはあとから取ってつけた言い訳だろうか。回想録やインタビューで、さらには法廷で被告人として、ドイツ人女性はその恥ずべき行為を釈明してきた。「ああ、当時はとても若かったのです」。うら若き女性は、騙されやすく、影響されやすいというわけだ。だが戦時中、国の行為のおぞましい現実に引き寄せられたとき、それぞれが自分で選択をしなければならなかった。自分の持ち場を離れるという選択肢はなかったかもしれない。ジェノサイドの目撃者になることも避けられなかっただろう。しかしその一方で、戦中、そして戦後にどう行動するかは選択できたのである。

多くのドイツ人女性が、さまざまな段階でホロコーストに遭遇した。好奇心からゲットーを覗いた者や集団埋葬地を見つけた者、また、アネッテ・シュッキングのようにユダヤ人の服と私物の選り分けに誘われた者もいれば、インゲレーネ・イヴェンスのように校庭で助けを求めるユダヤ人逃亡者に遭遇した者、そして、イルゼ・ストルーヴェのようにユダヤ人が町はずれに連行されるのを窓から目撃し、大量射殺の銃声を聞いた者もいる。何かを目撃した者の多くは、自分の身を守るためにその後は目を閉じることにした。しかし、大量殺人マシンの中心にいた、目を閉じることができなかった女性たちはどうしたのだろうか。

ホロコースト研究で、加害者のタイプの一つとされているのが男性の官僚的殺人者だ。アドルフ・アイヒマンのように、ベルリンからユダヤ人移送を指示していた机上の殺人者である。文書で命令を下したり、伝えたりして、ジェノサイドを実行する。かくして、そのペンやタイプライターが兵器と化す。この種の現代的な殺人者は行政官と同じく、作成した書類もまったくきれいで血の染みなどついていないと考える。机上の殺人者は公務を遂行しているだけだ。何万人もの死を命じながら、自分は常に品行方正で、文明人であり、無罪とさえ思い込んでいる。同じ事務所に配属されていた女性はどうだろう。軽やかな指でタイプライターのキーを打ち、清らかな手で殺人命令を配布していた女性アシスタントは。

ヒトラー帝国の興亡に伴い、女性はさらに多くの仕事を引き受けざるを得なくなった。家庭や農場の経営だけではない。政府組織や民間企業の運営も行わなければならなかったのだ。実際、ウィーンとベルリンのゲシュタポ本部では女性の割合が非常に高く、戦争末期には四〇パーセントにまで達していた。女性は男性を補佐し、さらに、男性を戦線に送り出すために職務から解放し、その穴を埋めるよう求められた。[4] 戦争という緊急事態により、戦間期に見られた労働傾向がさらに強まり、一九三〇年代の教育政策は転換された。一時期、女性の高学歴化が進み、役所で働く女性が増加し、単なる補佐役から上級職員まで女性の新たなヒエラルキーが出現した。[5] しかし、そのような社会的上昇には代償――大量殺人への関与――が伴っていた。

女性秘書、事務員、タイピスト、電話交換手たちは、国家の支配体制における官僚システムの中に搦め捕られていった。［東部の］役所や支所では、帝国出身のドイツ人女性が少なくとも一人は雇われていた。一人の女性アシスタントが平均して五人の男性行政官の下で働いていたとすると、ナチ占領下ポーランドの行政当局における女性職員の数は約五〇〇〇人となり、これはウクライナ、ベラルーシ、そしてバルト諸国の女性職員を合わせた数の少なくとも二倍である。[6] ホロコーストを組織し実行した中心機関――地区指導者の事務所や保安警察のユダヤ人問題課など――にいた行政上の共犯者の大半は、「ただ自分の仕事をしていただけ」だと主張した。しかし、その通常の手続きを通じて前例のない犯罪が生み出されたのである。自分の仕事が与えた影響を知らないと主張できる者は、誰一人いないはずだ。

これらの事務所内でどのように業務がなされたかは、ほとんど研究されていない。これについては、内情を知る立場にいた秘書が真実を証言しても、またこれらの女性とかかわりを持ったユダヤ人生存者らが彼女たちが犯罪現場にいたと証言しても、彼らの言葉に関心が払われてこなかったことが理由の一つとして挙げられる。占領地のドイツ人女性事務職員の中で、［帝国弁務官領の］地区弁務官の傍らで控える姿が最も頻繁に目撃されていたのはその秘書である。弁務官の数は（特に、彼らが統括する地域の広大さを考えれば）多くはなかった。しかし、彼らは極めて目立つ存在だった。そして、色とりどりのナチのワッペンと徽章を付けて派手な辛子色の制服で気取って歩く姿から、キジのようだと揶揄されていた。女性アシスタントはそれよりも小さな鳥の名を授けられ、「キアオジ」と呼ばれた。雀ほどの大きさでくちばしが厚く、低木や溝に巣を作る鳥だ。[7] ポーランド人とリトアニア人が住むリダのような小さな町では、ドイツ人の役人たちはかなり長い時間をともに過ごした。彼らとその家族は同じ住宅に住み、同じ学校に通い、同じ食堂を使い、同じ職場で働き、地元の湖や小川で一緒に泳いだり、ピクニックに行ったりした。

リダにいたエリートの一人が、ライプツィヒの工場での仕事よりも東部での事務仕事を選んだ若い女性、リーゼロッテ・マイアーだ。[8] ポーランドのポンメルンにあるクレッセンゼー城での一カ月に及ぶオリエンテーションでは、拳銃を撃つ訓練もした。マイアーはオリエンテーションで高官の一人に目を奪われた。ヘルマン・ハンヴェークという、整った顔立ちの突撃隊員である。彼女のほぼ倍の年齢のハンヴェークは、苦労の末、党行政の中で地位を築き上げていた。そして、「古参闘士」の多くがそうであったように、名誉職という褒美を与えられていた。[9] 二人はミンスクでともに過ごし、恋に落ちた。ハンヴェークはリダの地区弁務官のポストを与えられると、リーゼロッテに強く同行を求めた。一九四一年初秋、二人がリダに着いたときには移動殺戮部隊がすでに町を一掃し、ユダヤ人知識人と現地の病院の患者を皆殺しにしていた。しかし、数千人のユダヤ人がまだ残っていた。ここを「ユダヤ人がいない地域《ユーデンフライ》」にすることがハンヴェークの任務だった。[10]

二〇歳のマイアーは、いつもハンヴェークのそばにいて公私を混同するようになった。ハンヴェークの行く先にはどこにでもついて行き、ハンヴェークの執務室の扉の前に自分の机を置いて、上司を訪ねてくるあらゆる面会人を管理した。マイアーはユダヤ人評議会員たちのことも知っており、戦後約二〇年を経てもその名前を挙げることができた。また、自ら進んでというわけではなかったと思われるが、ハンヴェークの家族とも親しかった。ハンヴェークは妻と三人の子どもがリダに引っ越してきたとき、家まで送り届けるようマイアーに命じた。子どもたちはマイアーを「二番目のママ」と呼び、妻は彼女を「ブルータス」と名付けた。[11]

ハンヴェークの子どもたちはリダでドイツ人学校へ通い、地元の公園や森で遊んだ。そして、ゲットーの作業場へ視察に行く両親にいつもついて行った。そこでは何千人ものユダヤ人が、現地のドイツ人のあらゆる命令と気まぐれに従うことで必死に生き延びようとしていた。ユダヤ人職人の一団は弁務官を喜ばせようと、彼の息子の誕生日に精巧な電車のおもちゃを作った。また、家族で一人一つずつはめられるように指輪を一揃い贈った。現在、その指輪は大切な家宝として受け継がれている。大きな琥珀が嵌め込まれた銀の指輪に施されているのはハンヴェーク家の紋章の小さな斧と鎚矛で、緻密な部分にまでよく目が届く金銀細工の職人によって精巧に彫られている。[12]

旧帝国における戦時中の窮乏——食料と住宅の不足——が悪化すると、東部の豊かさが抗し難い魅力となって人々を引きつけた。秘書たちは実家から手紙や特別な身の回り品を受け取ったが、郵便で送られる小包は、ドイツから東部へではなく東部からドイツに向けたものの方がはるかに多かったのは間違いない。占領地域の職員たちは略奪した品々——卵、小麦粉、砂糖、衣服、家具——を、木箱に詰めて大量にドイツやオーストリアの家族に鉄道便で送った。それは史上最大の組織的強盗であり、経済的搾取であった。ドイツ人女性はそのおもな担い手であり、受益者だったのだ。

このような悪習を政府が見逃していたわけではない。ユダヤ人の私物は公式には帝国の財産であり、個人のものではなかった。一部の略奪者は、女性でさえ帝国相手に盗みを働いた罪で罰せられ、処刑されることすらあった。しかし、大規模な窃盗がまさに第三帝国の経済の一部であったことから、この特殊な活動においては、総統への服従はあってなきものであった。大量殺人という汚れ仕事をしなければならない者には、その見返りが与えられるべきだとされたのである。略奪品を手にする方法を得たドイツ人の物欲は、飽くことを知らないかのように見えた。たとえば、ワルシャワのある警察官の妻は、あまりに多くの略奪品を抱え込んだため隠す場所がなくなってしまった。そこで戦利品を外に出し、家の周りにただ積み重ねていった。リヴィウのある警察官僚の妻は、起業精神に富み略奪品を売ることに決め、よりによって夫が働いている警察本部が面している通りに厚かましくも店を開いた。高官の妻たちは、盗んだ毛皮を見せびらかすかのように出歩き、高級住宅を要求し、くすねてきた陶製タイルを豪華な浴室に敷き、特注のバルコニーを作るようユダヤ人職人たちに命じた。実際、このような行き過ぎた行為は目に余り、戦時中、多くの批判的な報告や調査が行われることになった。[13]

ユダヤ人から奪った物を大量殺人現場の近くで山分けして消費することは、祝勝の名目で行われた。一七〇万人から二〇〇万人のポーランドのユダヤ人が（他の国籍のユダヤ人とともに）ベウジェツ、ソビブル、トレブリンカなどのガス室へ送られて殺害されたナチによるラインハルト作戦により、ナチ占領下ヨーロッパで最大の略奪品の保管所が生まれた。[14] ルブリン近郊に山積みにされたこれらの戦利品の上で胡坐をかいていたのが、この殺人作戦の責任者、親衛隊少将オディロ・グロボチュニクで、その周りには彼の「女性たち」がいた。元側近によれば、グロボチュニクの秘書たちは、トレブリンカに移送されるユダヤ人、ユダヤ人死亡者、そして押収された財産のリストを「陽気に」準備していた。[15]

グロボチュニクの恋人と秘書たちは、ホロコーストの直接の実行者ではない。少なくとも、彼女たちが暴力的な行為を犯したことを裏付ける証言や文書は一切明るみに出ていない。しかし、彼女たちは共犯者であった。略奪し、移送し、ユダヤ人の大量殺害を促す命令を書き取り、タイプしたのだから。彼女たちはその職務を、ユダヤ人全滅という目標に貢献するものとわかっていて遂行した。そして、作戦の「成功」に関するグロボチュニクの報告をヒムラーに送っていたのだ。グロボチュニクのような高官たちのための安息の場を公私ともに提供する一方で、女性たちはアブノーマルなことをノーマルに変えていたのである。[16]

ある日ハンヴェークの息子がゲットーの作業場――彼はそこで遊ぶのが好きだった――に行くと、ユダヤ人が一人もいないことに気づいた。[17] リダのユダヤ人は、町や近隣の村で定期的に射殺されていたので、ユダヤ人はほとんど全員殺されてしまったと大人たちが話すのを耳にしても驚くことはなかった。最初にして最大の虐殺は、一九四二年五月八日に町から二キロ離れた所で起きた。約五六七〇人のユダヤ人が町はずれに連行され、服を脱がされ、墓穴の前にひざまずいたところを射殺されたのである。ユダヤ人の労働班が死体の上に生石灰と土をかぶせた。その後ハンヴェークと副官は、たった今愛する者を埋葬したばかりの囚人たちに、生かしてもらえることを感謝し、頭を下げて礼を言えと強いた。町では年寄りと子どもの死体が路上に散乱していた。これらの犠牲者は、あまりにひ弱であったり幼かったりして、虐殺現場まで自力で歩いて行くことができなかったのだ。[18]

事務所にいた秘書は皆、この騒ぎを目撃し、銃声を耳にしていた。しかし、リーゼロッテ・マイアーはただ見ていただけではなかった。虐殺の立案に加わり、一九四二年から一九四三年の間に起きた射殺に一度ならず立ち会っている。実際、リダの地区弁務官事務所によってなされた犯罪に関する戦後の供述では、マイアーこそが最も事情に通じていた人物であり、「事務所にいた大勢のスタッフの誰よりもよく知っていた」と強調されている。[19]

公認会計士の資格を持っていたマイアーは、ハンヴェークとともに毎週三、四回ユダヤ人の作業場を訪れ、ドイツ人による物品の注文とユダヤ人労働者からの納品を帳簿につけた。[20] また、注文についてユダヤ人評議会の評議員や長老、そしてアルトマンという名の技術者と話し合い、自分用の注文もした。元ユダヤ人労働者はこう回想する。

弁務官領の役人やドイツ人将校とその親類たちが作業場を悪用したため注文が殺到したのですが、期限内には仕上げました。ある特別な部署では、軍靴工場から余った革をもらい、ベルトや財布、女性用ハンドバック、色鮮やかな縞模様の箱や宝飾品などの革製品を作り、特に弁務官事務所の女性職員の人気を集めていました。[21]

ユダヤ人労働者はマイアーとハンヴェークのあらゆる望みをかなえた。二人で楽しめるプールを造り、大邸宅を改装し、性行為の後、ベッドに裸で横たわる二人に豪華な食事を出した。[22] あとから考えれば、殺戮という暴力の混乱の中、親密な関係が育まれたことは理解しがたいかもしれない。しかし、ホロコーストの暴力の恐怖は、マイアーとハンヴェークの情事にとって単なる背景ではなかった。それは情熱に火をつける重要なドラマだったのである。二人は新たに見出した権力と「陽の当たる場所」に酔いしれていた。ドイツ語では「東部の陶酔《オストラウシュ》」として知られる感覚である。[23] それは、セックスと暴力によって表現される陶酔感だった。[24]

ハンヴェークの秘書兼愛人は腹心となった。彼はマイアーに事務所の機密文書が入っている金庫の扱いを特別に許可した。[25] 弁務官の言葉をただ書き取ることが速記者のおもな仕事だが、彼女はそれだけをしていたわけではない。命令書を仕上げることや、憲兵隊長など現地のドイツ人将校らとともに事務作業に当たることもしばしば命じられた。戦後の尋問でリーゼロッテ・マイアーは、仕事に遅れた一六名のユダヤ人の射殺を許可する命令書を、自分がタイプしたかどうか思い出せなかった。のちにほかの者が、彼女の手によるものだと告発した命令書である。大量射殺前の極秘計画会議でマイアーは議事録を取り、保安警察（親衛隊保安部〔SD〕）の銃殺隊、現地の憲兵隊、市長、そして「ユダヤ人問題」を担当していた副弁務官と段取りを調整した。彼女はどの程度まで書き留めるか気を付けていた。そして、「ユダヤ人作戦に関する書面でのやりとりはほとんどありませんでした。それは完全に秘密にされていたのです」と、のちに供述している。彼女の上司は現地の警察長官と事務所の職員に、いつどこに穴を掘るかということだけを伝えた。

マイアーは机の引き出しに、誰もがうらやむ事務所の公印をしまっていた。つまり、彼女は弁務官の代理として署名できたということだ。公印と労働者の身分証明書（いわゆるゴールドカード）などの特別な書類は、ユダヤ人の命を左右する官僚的な道具だった。ユダヤ人にとって、逃亡と自殺を除けば、穴での射殺から逃れられる唯一の道は労働の割当を確保することだった。弁務官とその部下は、誰がユダヤ人で誰がユダヤ人ではないかを認定する権限を持っていた。[26] そして、誰が殺され誰が生かされるかも決めることができた。ユダヤ人労働者の選別に加わり、身分証明書を発行していた秘書にはそれぞれお気に入りのユダヤ人がいた。マイアーの場合、彼女の家に来ていたユダヤ人美容師がその一人だった。この美容師は役に立つユダヤ人だったが、ほかのほとんどの者は彼女に言わせれば「あの『ゴミ』」だった。スロニム（現在のベラルーシにある都市）では、地区弁務官の特別補佐を務めるエルナ・ライヒマンという秘書が、一列に並んで大量射殺現場へと連行されていく二〇〇〇人のユダヤ人の前に立っていた。彼女と同僚がタイプした公式なリストに従い、ユダヤ人労働者が行列から外されていった。また、その場で選別される労働者もいた。ライヒマンは「自分が着るセーターを編

殺害される前にリダの町を連行されるユダヤ人たち。おそらくはドイツ人の見張り――女性職員や一般市民もいた――が労働者を選別し、ユダヤ人の私物を着服していた。（1942年3月）

み終わっていない」女性を見つけると、その女性を列から外した[27]。

しかし、これらの熟練ユダヤ人労働者でさえ、ナチの考えでは最終的に不要とされた。人間としてのあらゆる価値や尊厳を奪われ、ユダヤ人は奴隷となり、ドイツ人監督官の慰み者とされたのである。ユダヤ人の殺害は、リダではウサギ狩りのような娯楽の一つとなった。あるユダヤ人生存者はこう回想している。

> ある日曜日、リダのユダヤ人全員に近くの森に行くよう声がかかりました。茂みに隠れているウサギを一匹残らず追い出し、狩猟者たちの方へ追い立てるのです。数百人のユダヤ人男性がこの仕事のために集められ、長い列をなして雪深い森へと続く道を行進していきました。寒さとこれから直面する恐怖に震えながら。

すると突然、地区弁務官ハンヴェークとその部下、高官、美しい毛皮のコートを着た女性たちが乗った馬車が何台も現れたのです。皆酔っぱらい、馬車の座席に寝転がって、抱き合ったり叫んだりしていました。どっと笑う声が遠くまでこだまし、馬車はユダヤ人の行列をぬって進み、叫び声が高まりました。羽目を外したドイツ人たちはユダヤ人をバカにし、笑いものにし、近くにいた者を鞭で打ちました。酔っぱらった役人の一人が狩猟用ライフルをユダヤ人たちに向け、発砲し始めると、その部下たちがけたたましい声を上げて喜んでいました。銃弾が当たり、連行されていた者が数人、血だまりに倒れ込みました。[28]

戦後、マイアーは毎日曜日こうした狩猟に同僚たちと出かけていたことを認めた。ユダヤ人は初心者向けの標的となり、経験が浅く、大抵は酔っぱらっていた射撃手にも即座に満足のいく結果をもたらした。疲労困憊し、栄養失調に陥っていたユダヤ人労働者たちは雪の中をのろのろと動いた。白一色の冬景色に彼らの黒い影が浮き上がった。運よく数人がドイツ人の銃弾を避け、森に逃げ込み、木々に紛れた。「木々に救われました」と、リダの生存者はのちに語っている。「茂みの中なら絶対に安心でした。そこな

リダの森で散弾銃を手にリンゴの木の下にたたずむ女性

ら姿は見えませんから」[29]。マイアーには、二〇年後、リダのユダヤ人たちが再び現れて彼女を名指しで告発するとは想像もできなかったであろう[30]。

ホロコーストを研究している歴史学者らは、「行動部隊《アインザッツグルッペン》」として知られる移動部隊によって繰り広げられた、ソ連における大量殺戮の第一波にたびたび注目してきた。一九四一年末までに、このエリート殺人部隊はソ連のユダヤ人五〇万人近くを射殺した。その残虐な仕事ぶりに関する記録は非常に広範に存在し、戦後、アメリカ軍政府の検察官らは、行動部隊で中心となっていた隊員たちに対し特別にニュルンベルクで軍事裁判を実施した[31]。しかし、このホロコーストの証拠文書をタイプした者については、ほとんど何も語られていない。行動部隊Aには少なくとも一三名のタイピストが配属されていた[32]。その一人は、上司であるヴァルター・シュターレッカーが読み上げる数を注意深く書き取った。一九四一年晩夏から秋にかけ、エストニア、ラトヴィア、リトアニア、ベラルーシでユダヤ人、共産主義者、精神疾患者総計一三万五五六七名が射殺された、と。彼女はリガに置かれた行動部隊Aの前哨基地からベルリンに送付される一四三頁もの報告書をタイプし、コピーし、公印を押す作業を行った。一九四二年一月にハイドリヒに宛てられたシュターレッカーによる最終報告書には、特別な地図が添えられている。それは、オストラント帝国弁務官領における最終解決が終結に近いことを示していた。地図には地域ごとに棺桶の絵が描かれており、その横にはそこで殺害されたユダヤ人の総数がそれぞれ記されている。

シュターレッカーの報告書を受け取った者は、わざわざ全文を読む必要はなかった。数字だけでも十分に目を引き、添えられた棺桶の絵が殺人の規模を明確に伝えていたからだ。親衛隊の出張所にいた女性たちは、このような報告書を何千枚も作成した。ベルリン本部の女性たちがそれを受け取り、その後、全国の各機関へ配布した。[33]

ヒムラーは、女性が大量殺戮計画の実行に不可欠な労働力であることを理解していた。[34] 収容所看守として、また、子どもを産む花嫁として親衛隊とかかわる以外にも、女性は行政官の特別補佐隊としてエリートから成るテロ組織への参加を許されたのである。一九四二年初頭、ヒムラーは親衛隊に女性による報告・事務部門、親衛隊女性部隊（SS-Frauenkorps）の設立を命じた。彼は部下たちに、女性はその生物学的な貢献だけでなく、組織力の点でも一目置かれるべき存在だと納得させなければならなかった。一九四三年一〇月、ポズナンでの親衛隊将校に向けた有名な演説の中で、ヒムラーは同僚に対し、娘や姉妹、花嫁そして恋人を新たなエリート養成計画に送り出してくれたことを称えた。男性の騎士道精神や名誉に訴え、このような形で女性を戦争に必要な労働力に統合することに従うよう強く訴えたのである。

1941年に各管区で行動部隊Aによって殺害されたユダヤ人の総数（棺桶の絵の横に記載）

また、女性の意欲を高めるために、ヒムラーは学校を訪問し、親衛隊での事務仕事は恥ずかしいものではなく、逆に結婚の可能性を高めると再度保証した。

親衛隊の職場における女性の存在とその昇進に、対立や緊張が伴わなかったわけではない。ビルケナウ初の女性主監督に任命された親衛隊のヨハンナ・ランゲフェルトは、一九四二年七月一八日にアウシュヴィッツを訪れたヒムラーを迎えた。ランゲフェルトの男性同僚でアウシュヴィッツ所長のルドルフ・ヘスは、ランゲフェルトがあまりに熱心なので、ビルケナウに大規模な女子収容所の建設でもたくらんでいるのかと尋ねた。ヒムラーは、「女子収容所は女性が管理しなければならない」としてランゲフェルトの主監督としての地位を支持し、親衛隊の男性隊員は女子収容所に入ってはならないと警告した[35]。近代的なナチ国家では、収容所や役所での出世の道が女性に開かれていた。女性は誰かの部下としてではなく、制服を着た政府官僚という地位ある者として、ヒエラルキーの上位からかつてないほどの権力で指揮をしたのである。

女性事務職員や看守が大きな収容所で囚人を暴力的に管理していたとき、また、ユダヤ人、パルチザンと見なされたポーランド人、ウクライナ人、ベラルーシ人などの虐殺を実行せよという命令をタイプしたとき、彼女たちは大量殺人を通常の業務手順にする手助けをしていたと言える。組織に関するノウハウと個人的な技能を、殺人マシンのために役立てていたわけだ。ワルシャワでは秘密警察の秘書たちが、ポーランド人政治犯らに対する報復行為に関する書類を取り扱っていた。これのもたらす具体的な結果とは何だろうか。ある事務員はこう説明している。「当時廊下には、たくさんのファイルがありました。一〇〇ほどの。その中から五〇人だけ射殺されることになると、ファイルを選ぶのは女性の裁量に任されました。ときには課長が、『こいつとあいつは殺せ。あのくそ野郎は消しちまえ』と言いました」。だが、大抵は「誰が射殺されるかを決めるのは受付嬢に任されていたのです。ときには女性の一人が同僚にこう尋ねます。『この人はどうしましょうか。やりますか、それともやめておきますか』」[36]。ワルシャワ警察のこのような内情を知ることで、ナチの恐怖の本質的な特徴——その背後にあった事務作業、規模、熾烈なイデオロギー、日常的ないい加減さ——、そして女性事務員への依存が見えてくる。

タルノーポリ（現ウクライナ、戦時中はナチ占領下ポーランドの町）のゲシュタポ事務所では、一九四二年八月に、この地域の親衛隊員全員が参加する特別会議が何度か開かれたことに二二歳のタイピストは気づいていた。会議の後、上司は彼女に、翌日事務所は無人になるので女性たちが「この砦を守らなければならない」と伝えた。戻ってきた男性職員は皆お祭り気分で、身震いするほど残酷な大量射殺の様子をしばしば事細かに語った。殺人は大きな厚い板を墓穴に渡し、「飛び込み台」のように使って行われた。ユダヤ人は板の上を歩かされ、遠方に立つ狙撃兵に撃たれると穴の中へと落ちていった。この若いタイピストが働く事務所に所属していた親衛隊員らが、タルノーポリ、スカーラト、ブレジャーヌィでの射殺の実行者であった。男の一人が虐殺から戻ると彼女の所にやって来た。そして手を差し出し、握手を求めた。タイピストは彼の手が汚いと拒んだ。「そうさ」と、男は笑い、銃を撃つようなしぐさをした。それから自分の制服と軍靴を指してこう言った。「ほら、ここに血がついている。ここにも、ここにも」[37]。

ミンスクのゲシュタポ事務所への就職を決める前はベルリンの国家保安本部で働いていた秘書、ザビーネ・ディックは、血で汚れた上司の手に自分の手を差し出した。ベラルーシに着いたとき、ディックはすでに一〇年近い経験のあるゲシュタポのベテラン秘書で、内情にも詳しかった。地位を上げ、給料を増やそうとしていたディックは最高の任務を約束された[38]。元法学生で専門捜査官、そして行動部隊Aの熟練殺人者であるゲオルク・ホイザーの個人秘書になったのだ。ホイザーはのちに、一万一一〇三人を殺した罪で西ドイツの法廷から有罪を宣告されている。

ゲオルク・ホイザーとザビーネ・ディックは、事務所を効率的に運営し同志となった。のちのディックの証言によれば、ホイザーはユダヤ人に対する「作戦」を発令するとき、アシスタントである彼女の机へと突進して来た。「ザビーネ、急いでこれを書き上げてくれ!」。ザビーネ・ディックはその種の命令の暗号を理解していた。ホイザーが彼女に「どこかのゲットーの完全破壊」について何か書き取らせたこともあったかもしれないが、ユダヤ人に明確に言及した件名はほとんどなかった。ホイザーは通常、銃殺部隊の隊長に一通ずつ計三通の命令書を作らせた。事務処理をするのはディックで、各部隊長に命令書を届けるのはホイザーであった。こうすれば命令書が広く回覧されることはない。ファイル用のコピーも作成されなかった。このような命令が発せられてしまえば、事務所は落ち着きを取り戻した。ときには浮かれ気分やリラックスした雰囲気に包まれることさえあった。男たちは、パルチザン相手の実戦に駆り出されなかったことに安堵した。無抵抗のユダヤ人を射殺する方が簡単なのだ[39]。

反パルチザン作戦遂行のために出された命令書は違っていた。参加者全員の氏名、武器の割り振り、食料その他の補給品の配分など、より詳しい内容が記載されていたのだ。ザビーネ・ディックがユダヤ人処刑のためにタイプした命令書には、食料補給については何も書かれていない。その代わり、シュナップスが徴発され銃殺隊に支給された。処刑に参加した者は酔っぱらって「作戦」から戻り、たびたび女子寮に向かった。まだタイプしなければならない報告書があると言っては女性を部屋から連れ出し、「一緒にいてくれと求めました」と、別の秘書は遠回しに語っている。[40]

反パルチザン作戦は何週間も続くことがあったが、大量射殺は通常一日で終わった。職場の親衛隊員は全員、一般市民とパルチザンの殺害の実行を求められたが、ユダヤ人に対する「作戦」への参加は拒んでも、また当日事務所に残ることにしても罰せられることはなかった。男女とも、ジェノサイドの実行を義務付けられていたわけではなかった。しかし、義務感が道徳感に勝っていなければ、ホロコーストを遂行することはできなかったであろう。道徳よりも義務を優先させる点では男女に違いはなく、むしろ両者は似ていた。

ザビーネ・ディックと女性同僚らは、一九四一年末に東部占領地域に着いて間もなく、そこに住んでいたユダヤ人や各国からこの地に移送されてきたユダヤ人の大量虐殺を目にした。ミンスクのゲシュタポ事務所には少なくとも一〇名の女性事務員、タイピスト、簿記係や翻訳者が雇用されていたが、この事務所こそ、ホロコーストの拠点であった。ハインリヒ・ヒムラーをはじめとするホロコーストの悪名高き実行者の多くは、この地で過ごした経験を持つ。ヒムラーは現場で決定を下すことを好み、爆薬や一酸化炭素を使う殺人の実験にベラルーシの殺害現場を利用した。[41] ザビーネ・ディックの事務所では約一〇〇人のユダヤ人が働いており、皆地下室で寝泊まりしていた。[42] 建物の中には尋問室と拷問室もあった。中庭で絞首刑にされたユダヤ人もいれば、事務所の前からガス・トラックに乗せられた者もいる。このような雰囲気の中でディックは働いていたのだ。

当時、事務所周辺ではユダヤ人の移送者や囚人について、あたかも人間ではないかのように語られていたが、これは驚くには値しない。消費や取引、利益の追求——ドイツ人女性が支配するこうした文化において、ユダヤ人は商品と見なされていた。ユダヤ人を乗せた列車がミンスクに到着すると、ゲシュタポ事務所の職員たちは移送者から盗み取った食料――それは「ユダヤのソーセージ」と呼ばれていた――をたっぷりと堪能した。「人間というゴミ」以外は、何も無駄にしてはならないとされた。ユダヤ人の物や財産のとりまとめと分配は、事務所の秘書たちが中心となって進めることが多く、略奪した「ユダヤのソーセージ」も秘書たちが取り扱った。ユダヤ人が殺される前後に、秘書たちはそれを料理し盛り付けて、男性同僚らと一緒に味わったのだ[43]。

しかしザビーネ・ディックが求めていたのはユダヤ人の食料だけではなかった[44]。事務所の同僚たちはミンスクから一三キロほど離れたマリィ・トロステネッツの大きな農家について話題にしていた。そこにはユダヤ人の服や身の回りの品がたくさんあるという。マリィ・トロステネッツは労働収容所であり、現地のユダヤ人と、オランダ、オーストリア、チェコ、ドイツ、ポーランドなどから送られてきたユダヤ人がここで射殺されて穴に埋められ、トラクターがその上を均していった。この農場と近隣の森一帯は、その後まもなく、ベラルーシ地方でホロコースト犠牲者の集団埋葬地が最も多い所となった。ここで殺されたユダヤ人は、推定で六万人から一〇万人と言われる。マリィ・トロステネッツで殺された者の多くは富裕層で、ハンブルク、フランクフルト、ウィーンなどから、最も高価な所持品を持ち込んでいた。ディックの兄弟が戦死し喪服が必要になったとき、彼女は当然のようにマリィ・トロステネッツの倉庫のことを思い出し、そこで見繕うことができると考えた。ホイザーの上司に当たる親衛隊中佐のエドゥアルト・シュトラウフは、彼女のような地位にあるドイツ人女性がユダヤ人の物を身に着けるのはふさわしくないと意見した。ディックは思い直し、服をもらうのはやめた。しかし、金《きん》は違った。ディックは、歯に詰める金が必要だと証明する書類を歯医者から手に入れ、それをゲオルク・ホイザーに提出した。ホイザーは事務所の金庫に隠してあった金の中から、ユダヤ人の結婚指輪を三つ出して彼女に与えた。戦後、ディックは自宅が連合軍の略奪に遭い、その混乱の中で指輪がなくなってしまったと主張している。しかし、捜査官は彼女に口を開けるようには求めなかった。

リーゼロッテ・マイアーやザビーネ・ディックのような秘書は、まさにナチの殺人マシンの中心にいた。そして、ほかの多くの者と同様に権力に近い立場を利用することを選び、恥ずべき方法で略奪を行った。一方、東部で働く教師や看護師、ソーシャルワーカー、植民担当者らによる共犯は秘書ほど（また、この後登場する妻たちほど）日常的ではなく、広く見られたわけではない。とはいえ、これもやはり重要であり、女性たちがどのようにジェノサイドへと引きずり込まれていったのか――それは大抵場当たり的な状況から生まれたが――その証拠を検討することには価値がある。

ドイツ人女性が東部のどこにいたかを地図上で見ると、その多くが民族ドイツ人が集中していた地域、すなわち、リトアニア、ウクライナ、ポーランド東部と一八世紀よりドイツ人農民と職人が誘致された帝政ロシアの入植地にいたことがわかる。[45] ヒトラーとヒムラーはこれらの入植地を将来、アーリア人のユートピア、そして帝国の防波堤にするという構想を抱いていた。このために若いドイツ人女性が総統の伝道者として、また「文化の担い手」として、これらの入植地を建設する任務を負ったのである。

このような民族ドイツ人の入植地の一つが、ジトームィルとヴィーンヌィツャの間に割り込むように築かれた。一九四二年の夏、ヒトラーとヒムラーはこの地にそれぞれ極秘本部を設営した。そして、現地の民族ドイツ人の若者をヒトラーの支持者に変容させるために、約一〇〇人の女性が国内からやって来た。ナチ福祉団を公式に代表して、これらの熱意あふれる女性たちは幼稚園を四一園設立し、出産施設と看護ステーションを数カ所開設した。助産師は若い母親に「人種衛生」を指導した。ソーシャルワーカーと教育関係者は、民族ドイツ人にユダヤ人がドイツ人を滅ぼそうとしていること、またこの戦争はドイツ人を包囲し、餓死させようとするユダヤ人との闘いだということを教え込んだ。[46] そして若者たちに、総統に倣い禁酒・禁煙してドイツ民族の血統を守るよう助言した。また、ヒトラーの写真と鉤十字の旗を配り、若者にナチの歌を教えた。これらの民族ドイツ人は多くの場合、極度に貧しかったが、反ユダヤ主義的な責任転嫁と報復の思想を進んで受け入れた。彼らは一九三〇年代にボルシェヴィキのテロを体験しており、ユダヤ人とボルシェヴィズムは結び付けられた。民族ドイツ人の教化に文化の担い手として熱心に取り組んだドイツ人女性は、死をもたらす復讐を教えたのだった。

先に見たように、ドイツ人占領者の社会にはもう一つの女性集団、親衛隊員の妻たちがいた。[47] 特に印象的なのは、秘書、教師、看護師あるいは「文化の担い手」とは異なり、ホロコーストを可能にする労働分担において、これらの妻たちは公式には何の直接的な役割も与えられていなかったということだ。にもかかわらず、殺人者への距離の近さと自身のイデオロギー的狂信が、多くの妻を潜在的な関係者に変えてしまった。中には殺人を幇助した者もいる。

ナチの指導者は戦時中、結婚関係が破たんすることがないように姦通を禁止する法律など、さまざまな策を試みた。官僚の妻には、可能な限り、短期間でも夫を訪ねて東部に行くよう奨励した。その旅には、占領地域に入るための特別通行許可証が必要で、それは通常招待者である夫や親類、あるいは政府機関の上司によって手配された。

ハンブルクの商人との最初の結婚を利用して資産を築き、その後親衛隊員と再婚したヴェラ・ヴォーラウフは、一九四二年の夏にポーランドにやって来た。彼女と新しい夫、ユリウスは、六月末の休暇中に結婚式を挙げようと急いで手配し、ヴェラはその後すぐに東部に行って夫に合流した[48]。

ユリウスは、一九四二年八月二五日〜二六日、ミェンジジェツ・ポドラスキのゲットーを一掃する任務を課せられた第一〇一警察予備大隊の三つの中隊の一つで指揮を執ることになっていた。この二日間で一万一〇〇〇人を超えるユダヤ人が市場に集められ、歩けない者や移送に抵抗した者は殴られ、射殺された。多くの者は夏の暑さに倒れ込んだ。老若男女と子どもの死体約九六〇体が、あちこちに散乱し、路上に山積みにされた。六〇両近くの鉄道車両が待つ駅に連れて行かれた生き残りのユダヤ人は、貨物列車の一つの車両に一四〇人も押し込まれた。多くは押しつぶされ、空間と空気が足りずに窒息死した。この移送における虐殺を生き延びた者はトレブリンカに運ばれ、現地に着くとすぐにガス室に送られた。

虐殺の朝、ユリウス・ヴォーラウフは任務に遅刻した。同僚の兵士らが大尉の自宅に着くと、ヴェラがふらりとやって来てトラックの助手席に飛び乗った。ミェンジジェツに向かう車両の一台だ。おそらく、朝に冷えこんだためにまだ涼しかったのだろう。あるいは、その場にふさわしい格好をしたい、と考えたのかもしれない。ヴェラはサマードレスの上に軍のコートをはおり、縁なし帽をかぶっていた。

虐殺に立ち会った女性はヴェラだけではない。他のドイツ人将校の妻たちやドイツ赤十字社の看護師たちもその場にいた。戦後、第一〇一警察予備大隊に関する捜査が行われたとき、看護師が追及されることはなかったが、警察予備大隊の警察官の妻の中には取り調べを受けた者がいる。ヴェラはこのミェンジジェッツでの出来事について尋問を受け、それを「東部の労働収容所への、平和的でほとんど牧歌的になされた再定住でした」と説明している。しかし、のちに目撃者らは逆のことを証言した。ユダヤ人が移送のために集められた市場で、ヴェラ・ヴォーラウフは異様に目立っていた。傍観するのではなく、犠牲者の間をぬって歩き、権力を誇示し、彼らを侮辱したのだ。東部のナチ入植者のステータスシンボルとなった鞭を振りかざしたとされるヴォーラウフは、戦後の証言によれば当時妊娠していたとも言われている。目立ちたがり屋のヴェラは、町での血塗られた虐殺の只中に身を置いたのである。ナチのユダヤ人狩りですでに激しく殴打され、狂気じみた乱射にさらされていたユダヤ人たちには、ヴェラは加害者、つまり「やつらの一人」に見えた。

この「作戦」の経緯は、ホロコースト研究者のクリストファー・ブラウニング、グドルン・シュヴァルツ、ダニエル・ゴールドハーゲンらによって研究されてきた。それぞれがこの出来事を分析した結果、この恐ろしい虐殺における一つの際立った側面、すなわち、ヴェラ・ヴォーラウフの存在について異なる結論に至った。ブラウニングの分析によれば、男たちは虐殺の場に女性がいることを不快に感じており、恥の感情が呼び起こされた。ゴールドハーゲンは逆に、第一〇一警察予備大隊の男たちはユダヤ人に対する自分たちの行動を誇りに思っていたと強調する。その場に不釣り合いな妊婦ヴェラの存在は、単に彼らに、ジェノサイドという汚れ仕事が「男の仕事」であることを思い出させただけだった、と。しかし、ブラウニングとゴールドハーゲンはともに、ミェンジジェッツでのヴェラ自身の行為主体性を検討するのではなく、彼女の存在と行動をドイツ人男性、すなわち殺人者との関連で分析している。

虐殺の二カ月前、ヴェラはユリウスとの結婚に必要な健康診断を受けた。[49] 医師は一九四二年の五月にヴェラに月経があったこと、また妊娠の兆候はないことを記している。ヴェラは一九四三年二月初めに出産したが、これは八月の虐殺の際、彼女は第一子の妊娠二カ月だったことを意味する。このような早い段階では、見た目には妊娠しているとわからなかったであろう。これは、ユリウス・ヴォーラウフの同僚たちが戦後の回想の中で大きく取り上げ、また部隊の別の警察官の妻が説明していたことに反している。ヴェラの「身体の状態」に関する情報は、虐殺時に彼女自身が明かしたことかもしれない。あるいは、後になって強調された可能性もある。

戦後、警察予備大隊のある少尉の妻が、ミェンジジェツ作戦の後、「将校や下士官が集まったかなり大きな集会で、また私も含み、訪問者として夫のもとに滞在している妻たちが出席した場所で」、警察予備大隊の大隊長が「公開の」会議を開催したと証言している。[50] 大隊長のトラップ少佐は、殺人作戦には女性は立ち入り禁止だと説明した。「妊娠中の女性がそのようなものを目撃したことに怒りを覚える」からである。[51] ヒトラーが支配するドイツでは、女性の名誉の印は妊娠した腹部にあった。生物学が中心にあった帝国の文化では、ドイツ人女性はその生殖能力で評価された。女性の体と健康は女性個人の問題ではなく、公の場で議論されるテーマだったのである。

妊婦ヴェラ・ヴォーラウフの存在は当時も、またその後も、ジェンダーの役割に対する二重の挑戦として理解された。虐殺の中心にまっとうなドイツ人女性がいるということは、男性にとっては十分問題であった。男性は戦線へ妻を同伴することを好んだが、女性が直接殺戮にかかわることには一定の境界線を設けたいと考えていた。ホロコーストの実行者と兵士たちは、子宝に恵まれた母というイメージに凝縮されるドイツを守るために戦っていたのだ。だが、銃後を具現するヴェラが、戦争地帯へ、またホロコーストのジェノサイド的な暴力の場の中へと境界線を越えてしまったのである。[52]ヴォーラウフの同僚たちは、混乱をあらわにした。おそらくそれは、一種の認知的不協和と言えるだろう。ユダヤ人とは抽象であり、幽霊のように実体のないものであり、ドイツ人が生き延びられるよう死ななければならない。それがナチの殺人者の論理であった。[53]しかし、ポーランドの警察隊で常習的に人を殺していた者が、自分の残虐な行為を真似るこの若い花嫁を前にして、己の両手に付いた血を正当化できるはずなどない。本来ならば男は自分の名誉と忠誠を守るために、そして女性がずっと無垢でいられるように、忌まわしい仕事を自分で遂行するはずだったのだ。

おそらく、ユリウスの同僚たちの最大の悩みの種は、ヴェラが女性としての外見にもかかわらず男性のように振る舞ったことであろう。ポーランドでの彼女の存在は、夫と合流した、あるいは占領政府で働いていたほかの大勢のドイツ人女性の存在とともに、男女の行動と性に関する基準に挑み、再定義したのである。女性が国外で学んだのは、故郷では容認されない行動であった。この変革は円滑に進んだわけではなく、緊張と対立に満ちていた。その痕跡は、その後もジェノサイドに関する戦後の証言や回想の中にところどころ認められる。このような不一致は、研究テーマとしてはおもしろいが、ヴェラがホロコーストの直接的な加担者として実際に行ってきたことをわかりにくくする原因になったのである。

好奇心、残虐性を好む傾向、あるいは別の動機から犯罪現場へと向かったドイツ人女性も多い。彼女たちは、共犯者として独自の残忍な行動をとる一方で、殺害へと仲間の男性を煽り立てた。そして

飲み物を楽しむヴェラとユリウス・ヴォーラウフ（1942年夏）

ゲットーや駅で、ユダヤ人を追いやり、ユダヤ人の所持品を押収し消費した。また、ユダヤ人が家から追い出され、大きく掘られた穴や絶滅収容所でまさに死のうとしているそのときに、パーティーを開いていた。フルビェシュフのゲットー一掃の様子を撮影した写真では、見物するドイツ人たちが笑っている。ユダヤ人がソビブルへ向かう列車へと行進させられているとき、監督役の親衛隊員の妻たちはコーヒーとケーキを味わっていた。[54] 第一〇一警察予備大隊のある隊員が持っていた個人のアルバム写真には、夫や彼の同僚らとともに、ビールを飲んでいるヴェラが写っている。この写真は一九四二年の夏にヴェラが夫を訪ねたときに撮影された。八月二五日か二六日のミェンジジェッでの虐殺の後に撮られたのだろうか。

ありふれた日々の活動や、多くは性的な関係を意味した人と人とのかかわりは、ホロコーストのジェノサイド的な暴力と交じり合っていた。ヴェラとユリウスがミェンジジェッ周辺のゲットーや大量処刑と移送の場でハネムーンを過ごした事実や、ユダヤ人の殴打や移送を見守る処刑者らとその妻たちにコーヒーやケーキが振る舞われたという事実は、大量殺人のシステムがいかにして日常生活に組み込まれるかを実際に示すものだ。生活の中に組み込まれ、正常化されることにより、このような犯罪を妨げるものはなくなっていくのだ。

リーゼロッテ・マイアー、ザビーネ・ディック、ヴェラ・ヴォーラウフなどの女性共犯者は、単なる大量殺人の目撃者にとどまらなかった。引き金を引くにはわずかに及ばなかっただけで、何らかの形でこれに貢献した。事務所で効率的なシステムを開発した男女の仕事上の関係、仲間内での性的関係の力学、ナチとその恋人や配偶者のいかがわしい癒着、女性職業人とナチ狂信者の野心と反ユダヤ主義的思想——これらは皆、ヒトラーが発する言葉や宣言、そしてヒムラーの邪悪な政策を、恐ろしい、日常の現実としてのホロコーストへと変えた諸要素であった。

多くの女性共犯者——ユダヤ人から盗んだ者、ジェノサイドを実行した者、そして犯罪現場に立ち会った者——の姿は、私たちの集合的記憶や公的な歴史には見当たらない。しかし、ヒトラーの戦争におけるドイツ人女性の役割を、銃後の動員と犠牲として理解することはもはや不可能である。その代わりに、ヒトラーが支配するドイツは、これとは異なるタイプの戦時女性像を生み出した。最も暴力的で道を踏み外した、女性による積極的行動主義と愛国主義の登場である。

第五章——加害者

最初にナチによる大量殺人を実行した女性は強制収容所の看守ではなく、看護師である。すべての女性職業人の中で、看護師は最も死に近い存在だった。政権中枢で計画された大量殺人が開始されたのは、アウシュヴィッツ＝ビルケナウのガス室でもなければ、ウクライナの大量射殺現場でもなく、国内の病院である。当初の方法は、睡眠薬、皮下注射、餓死で、最初の犠牲者は子どもであった。戦時中、看護師は何千人もの奇形児と障害のある若者に、バルビツール酸系睡眠薬の過剰投与とモルヒネの致死注射を行い、食事と水を断った。

すべては国家の発展と繁栄の名の下に行われた。[1] 一九世紀末、遺伝学という近代科学から優生学という国際的な学問分野が生まれた。優生学という言葉は、この分野におけるアメリカの権威でハーバード大学出身のチャールズ・ダベンポートによる一九一〇年の著書、『優生学——より良い交配による人類改良学（*Eugenics: The Science of Human Improvement by Better Breeding*）』の副題に定義されている。ドイツ人の専門家の間では優生学は人種衛生学としても知られ、より具体的には、アーリア人の人口を増やすことを目指していた。継承される「遺伝的」欠陥と特徴は、人類のさまざまな文明を定義付ける人種的・集団的発現として理解された。一部の集団は他よりも進歩しており、すべてが生存競争を繰り広げている。人種主義はナショナリズムと同様、肯定的に評価された。美と行動というドイツの理想像に映し出される前進とは、人類の病原を取り除くことによってのみ達成される。人間の不平等を是認するこの科学は、行動主義に貫かれたナチの革命家の手によって限界まで推し進められねばならない。社会工学によって完璧なアーリア人社会を達成するには、生物学的操作と断種では不十分であり、人種隔離でも十分ではないからだ。人種劣化の問題に対する唯一の完全な「最終的」解決は、「欠陥のある」ドイツ人をはじめとする汚染源を除去することであった。「安楽死」という誤解を招く名前を付けられたこの極秘計画は、アドルフ・ヒトラーによって個人的に認可され、戦争に紛れて実行された。

ナチによるポーランド侵攻が行われる以前から、国内では「安楽死」計画の下で、女性助産師と、医師と看護師の両方の医療関係者が採用されていた。これらの専門家は最終的に、ドイツ、オーストリア、帝国に併合されたポーランド西部、そしてチェコで二〇万人を超える人々を殺害した。四〇〇カ所近くの医療施設が、人種審査と選別、人体実験、大量の不妊手術、餓死、そして毒薬の投与による殺人作戦の拠点となった。ナチによるポーランド侵攻に先立つ数週間に、帝国内務省は医師と助産師に対し、重度の身体障害または知的障害のある新生児と三歳未満の子どもを特定し、報告するよう命じた。[2] 母親は「病気の」子どもを、いわゆる小児科クリニックに引き渡すよう圧力をかけられた。クリニックは処理・殺人施設と化した。ドイツとオーストリアでは、殺害が大人を標的として拡大されるまでに八〇〇〇〇人もの子どもが殺された。「不治の」病と障害のカテゴリー――「知的障害」「犯罪傾向を示す精神異常」「認知症」など――は、これまで以上に曖昧になっていった。

ポーランド人精神病患者の大量射殺は、一九三九年九月、コツボロヴォ（ドイツ語では、コンラートシュタイン）で始まった。一九三九年一〇月には、オビンスカ（トレスカウ）の精神病院患者に対して前例のない大規模なガス殺が行われた。患者は、粘土で目張りされた原始的なガス室を備えたポズナンの第七要塞に連れて行かれた。一九三九年一二月には、ヒムラー自身がこの実験を視察することになる。親衛隊と警察の移動殺戮部隊がポーランドで、のちにはバルト諸国、ウクライナ、ベラルーシでも、精神病施設や病院の患者を何千人も射殺、もしくはガス・トラックで殺害した。[3] 一方、国内では、グラーフェネックとハダマールの精神病施設で事務職員が死亡通知をタイプし、前述のように、誰のものか区別できなくなってしまった遺灰を犠牲者の家族に送る手続きを進めた。[4] ヒトラーの後押しを受けて、医療専門家と技術者は新たな虐殺技術を開発し、さらに遠く離れた東部占領地域でより大規模な大量殺人に適用した。一九四一年末から一九四二年初頭にかけて、科学者、技師、「火葬場の火夫」と呼ばれた死体焼却場の作業員、運転手、医療従事者らが、固定型のガス室による殺人手法を導入するためにベラルーシやポーランドに異動になった。これはまずソ連の戦争捕虜で試され、のちに、ラインハルト作戦における殺人施設であったベウジェツ、ソビブル、トレブリンカの各収容所でユダヤ人に対して行われた。人間はまず貨物となり、実験用モルモットとなり、そして灰と化したのである。

東部戦線のドイツ人兵士に「慈悲の死」を施すことも、これらの大量殺人の一環だったと言える。この極秘任務に就いていた者の戦後の証言によれば、「安楽死」計画の実行者に選ばれ、総統に対する守秘宣誓を行った者たちは、東部での任務に動員され、ミンスク近郊の野戦病院に配属されて、ドイツ人兵士を「苦しみから解放した」[5]。ナチ体制においてガス殺と断種の専門家として名を上げた親衛隊将校ヴィクトール・ブラックは、医師、看護師、技術者からなるチームを率いて、一九四一年一二月と一九四二年一月に東部でのこの任務に当たった。当時、情報通のドイツ人は、この医療チームが失敗に終わったモスクワ攻撃の際に重傷を負い、精神疾患や身体障害を持つようになったドイツ人兵士を殺したのではないかという疑いを抱いていた。歴史学者も、この点を絶えず指摘してきた。この任務について初めて言及した者の一人が、第二章で紹介した看護師であり、殺人を職務としていたパウリーネ・クナイスラーである。

戦後の裁判でクナイスラーは、負傷者の世話をするためにミンスクに派遣されたと打ち明けたが、同じ証言の中で、ドイツ赤十字社の「通常の」看護師として野戦病院に勤務することは許されなかったと嘆いている。この証言の矛盾は、彼女が法廷においてではなく友人に語ったとされる内容の信ぴょう性を高めるものである。彼女は東部にいる間、脳に損傷を受けた者、失明した者、手足を失った者に致死注射を打った。殺された者は「私たちの兵士」、つまりドイツ人だったと彼女は友人に語っている。クナイスラーはこの情報を明かすとき、グラーフェネック城でのガス殺と同様、患者が苦しむことなく亡くなったことを強く主張して、この行為を正当化したようだ[6]。

ドイツの医療チームが国防軍兵士を殺害した可能性は、当時も、そして今もなお、触れてはならない話題であり、それが実際に起きたことなのかどうか正確にはわからない。しかし、当時の政府が、障害や精神疾患があると診断されたドイツ人成人男性をすでに殺害していたのなら、重度の障害を負った、あるいは戦争神経症にかかったドイツ人男性を東部戦線から国内へとわざわざ移送するなど、現場の指揮官がするわけがない。東部での戦争を隠れ蓑に、これらの負傷兵は名誉の戦死を遂げた者として報告されるので、家族は嘆き悲しみはしても疑問には思わないだろう。このような行為を実行したのは、おそらく看護師の中でも強硬なナチ・イデオロギー信奉者であったナチ党の「褐色の看護団」であったと思われる。エプロンにモルヒネの小瓶と注射針を詰め込んだ彼女たちが、重傷を負い、戦争神経症を患った兵士に「慈悲の死」を施すことができたのは間違いない。一九四二年に、ヒトラーの主治医で帝国における安楽死計画の共同指揮者であったカール・ブラント博士は、昇進して衛生・保健全権となった。この職務にあったブラントの監督の下で、患者の殺害（ブラント作戦）が、軍事目的で必要とされた病院や類似の介護施設にまで拡大された。終戦までに病院や介護施設からガス殺施設へと移送され、安楽死の犠牲となったドイツ人には、高齢患者、神経疾患のある者、空襲による負傷者とトラウマを抱えた兵士たちが含まれていた。

　ウクライナ、ベラルーシ、バルト諸国、ポーランドなどの精神病施設や病院の患者が移動部隊や医療従事者によって殺害されたのち、それらの施設は通常、地域を管轄する当局に引き渡され、ヒトラー・ユーゲントのクラブやドイツ人兵士のための兵舎、親衛隊将校のクラブ、女性職員の寮として使われた。しかし、ポーランドでは、これらの空き施設のごく一部が、新たな犠牲者集団を殺害する施設として使用された。一九四二年、ヒトラーの安楽死計画のスタッフが、国内からドイツとポーランドの国境の町、メゼリッツ・オプラヴァルデにある精神病院への患者の移送を組織した。[7] 一九四二年から一九四四年までの間、ドイツの二六都市から、大抵は夜の闇にまぎれて移送車両が到着した。一九四三年末と一九四四年初頭にハンブルクから送られてきた者には、障害のある者が四〇七名含まれていた。男性二一三名、女性一八九名、子ども五名である。生き延びた者はほとんどいない。メゼリッツでは約九〇〇〇人の患者の受け入れを想定していたが、戦時中、移送車両はひっきりなしに到着し、メゼリッツは「恐るべき悲惨と化した」とのちに女性主任医師が語っている。[8] 二〇〇〇人が建物に詰め込まれ、強制収容所と変わらぬ苦痛――点呼、強制労働、日常的な選別――に日々さらされていた。戦後の検察官によれば、医師と看護師は「ろうあ者、病気の者、暴れる者、あるいは規律が守れない者に加えて、ただ厄介なだけの者も皆、看護師の仕事を増やす」として殺害した。「逃亡したが捕まった者、望ましくない性的関係を結んだ者」も同様であった。[9] この一カ所だけで、殺害された者の数は六〇〇〇人から一万八〇〇〇人と推定されている。

のちにメゼリッツでの患者殺害を告白した女性看護師らは、パウリーネ・クナイスラーとは異なり、安楽死計画について口外しないという宣誓書には署名していなかった。ある看護師は、一人の患者を殺すのに少なくとも二人の看護師が必要だったと説明している。[10] 犠牲者が大量の服薬や注射に抵抗したからだ。メゼリッツ・オプラヴァルデは、意図的に帝国東部の辺境に数カ所設けられた「野放し《ワイルド》」な安楽死現場の一つだった。大量の移送者を受け入れることが可能であり、かつ無差別に殺害し、見えない場所で処分することができたためである。

安楽死作戦を含むホロコーストは、国が後押しした政策であった。殺人は、国とナチ党の各機関に雇われ、これらと契約をかわした者によって組織され、実行された。それは、特別に作られた殺人施設、強制収容所、精神病施設や病院などの国が運営する施設で行われたのである。これらの公的施設では、多くの女性が事務員、捜査官、監督官や看守として働いており、実際に手を下した女性看護師や医師も見出せる。しかし、以下に挙げる女性殺人者の事例では、犯行現場がこうした恐怖と監禁の場であった公的施設から、収容所の周辺へ、東部の農村部に設けられたゲットーへ、親衛隊員の自宅へ、私邸の庭へ、そして誰もが訪れる市場や東欧の小さな町の野原へと移動している。

　ヒトラーとその支持者が大帝国を実現しようとしたヨーロッパの舞台、つまり辺境は、何のとがめもなく犯罪的政策を実行できる場でもあった。本章に登場する数名の女性加害者も、これと同じことを行った。彼女たちは強固なナチ愛国者と恥を知らぬ開拓者、そして冷血な反ユダヤ主義者を一つに混ぜ合わせた性格を持つ、新たな役割を演じるようになったのである。鞭を持ち歩き、拳銃とライフルを振りかざし、乗馬用のズボンをはき、馬を走らせる。その変わり様は極端だった。

　息が詰まるようなミンデンを飛び出した野心あふれる企業秘書ヨハンナ・アルトファーターは、ウクライナとポーランドの国境の町ヴォロディーミル＝ヴォルィンシキーに着いたとき二二歳だった。人口三万人で州都の置かれたこの町は、ドイツ人が好んでボート遊びやピクニックに行くブク川とルーガ川という二つの川のぬかるんだ土手に区切られ、小麦畑と森に囲まれていた。[11]また、ここは軍と産業とが結び付いた重要な拠点で、兵舎、無線局、空港、燃料貯蔵庫、煉瓦工場、織物工場、衣料品工場があった。町のユダヤ人にとって、これらの施設は労働者として生き延びるために欠かせないものだった。

　アルトファーターが一九四一年九月にこの地に赴任する二、三カ月前、親衛隊と警察による行動部隊がすでにヴォロディーミル＝ヴォルィンシキーにおけるユダヤ人に対する最初の政策に着手していた。現地のドイツ軍司令官の助けを借りてユダヤ人評議会を組織し、そのメンバーを公の場で辱め、生き埋めにしたのである。ユダヤ人評議会議長は一家心中をした。九月三〇日の贖罪の日《ヨム・キプール》には、さらに大規模な虐殺が行われた。アルトファーターの上司となるヴィルヘルム・ヴェスターハイデという名の「目つきの鋭い小男」[12]が赴任し、地区弁務官を引き継ぐと、虐殺の第一波を生き延びたユダヤ人たちには、ヴェスターハイデ弁務官の下で生活が上向くことはないとすぐに知れた。彼は駅で燃料樽を積み込んでいたユダヤ人を一人ずつ「標的にして」撃ち始めたのである。

一九四二年四月、ゲットーは鉄条網で封鎖された。当時すでにユダヤ人はバッジを付け、指定された地区に住むことを義務付けられていたが、出入りは可能だった。ユダヤ人やウクライナ人、ポーランド人は、地元の「闇市」での取引を通じてかかわり合っていた。ゲットーが封鎖されると、ユダヤ人警察が組織された。ユダヤ人評議会とともに、ユダヤ人警察はドイツ人のありとあらゆる要求に応えるよう求められた。ヴェスターハイデとその部下は、ユダヤ人に対し、保護を約束すると言って騙しては、見返りとして、お金、宝石、家具、その他の貴重品を差し出すよう強要した。厳しい冬を生き延びるために必要な薪と石炭も押収された。一九四二年六月、ゲットーは二つのコミュニティに分けられた。ある生存者によれば、働くことができない「死にゆく者」と、それよりもはるかに数の少ない、熟練労働者として「生き残る者」とに。前者はほとんどが女性と子ども、そして高齢者だった。[13]ウクライナの補助警察がゲットー周辺で警備に当たった。

一九四二年夏と一九四三年秋、ドイツ人主導の大量射殺作戦が繰り返され、この地域のユダヤ人の人口は約二万人から四、五〇〇人に減少した。これらの虐殺は、ヴェスターハイデがルーツィクで開かれた弁務官会議から戻った一九四二年八月末に始まった。ヴェスターハイデを含むナチ占領下ウクライナの地区弁務官たちは、上層部はルーツィクでの最終解決の「完全なる」実施を期待していると知ったのである。

その命令は、当然のことながら「ハンナ嬢」に直接発せられたものではなかったが、ヨハンナ・アルトファーターは自分の務めを果たそうと決心した。彼女はしばしば上司に同伴し、定期的にゲットーを視察した。馬をゲットー入口の門につないでいる彼女の姿が目撃されている。一九四二年九月一六日、アルトファーターはゲットーに入り、二人のユダヤ人の子どもに近づいた。ゲットーを囲む壁の近くに住む、六歳の子どもとよちよち歩きの幼児だ。彼女はおやつを与えるかのようなしぐさをして、二人を手招きした。よちよち歩きの子どもがやって来る。すると彼女は子どもを両腕で抱え上げ、抱きしめた。あまりの力に子どもは叫んで身をよじった。アルトファーターは子どもの両脚をつかみ、さかさまに吊るして、ゲットーの壁にその頭を叩きつけた。まるで小さな絨毯の埃を叩き出すかのように。そして息絶えた子どもを父親の足元に放り投げた。父親はのちにこう証言した。「女性のあのようなサディズムは見たことがありません。決して忘れることはありません」[14]。ドイツ人将校はほかに誰もいなかったと父親は記憶している。アルトファーターはこの子どもを独断で殺したのだ。

ゲットー一掃の際に、近くの戦争捕虜収容所のドイツ人所長は、乗馬用のズボンをはいたハンナ嬢がユダヤ人の男女と子どもをトラックへと駆り立てているのを見た。鞭を鳴らしながらゲットーを歩き回り、「牛飼いのように」混乱を鎮めようとしていたと、このドイツ人証人は語っている[15]。アルトファーターは仮設病院となっていた建物に入り、小児病棟へ乱入した。一人、また一人と子どもを見つめながら、ベッドからベッドへと歩いていく。そして、立ちどまって一人を抱き上げると、バルコニーに連れて行き階下の舗道に放り投げた。さらに、病棟のバルコニーに年長の子どもたちを押し付け、手すりから落とした。そこは三階だった。すべての子どもが即死だったわけではないが、生き残った者も重傷を負った。

アルトファーターは病院で単独行動をしていたわけではない。友人の一人でドイツ人憲兵隊長のケラーと一緒だった。ケラーはユダヤ人看護師のミハル・ガイストに命じ、舗道に下りて、身動きもせずに横たわっている子どもたちが本当に死んでいるのか確かめさせた。負傷した子どもたちと病院にいたほかの子どもたちがトラックに乗せられた。仕事はもう少しで終わる。アルトファーターとケラーは車で去って行った。おそらく、町はずれにある死者のために掘られた穴へと向かったのだろう。

アルトファーターが得意としたのは、ある生存者に「卑劣な習癖」と言わしめた子ども殺しだった。[16] 目撃者の話では、アルトファーターはしばしば飴で子どもを誘い出し、子どもがやって来て口を開けると、いつも脇に携えていた小さな銀色の拳銃で口へ向けて撃ったという。アルトファーターとヴェスターハイデは恋人同士だと言う者もいたが、ほとんどの者は彼女をヴェスターハイデの「男のような女」の相棒（Mann-weib）だとあざ笑った。アルトファーターはこの町に配属されていた赤十字社の看護師や同じ事務所の秘書など、ほかの女性たちとは折り合いが悪かった。軍人保養所を訪れ、兵士との付き合いはあったのだが、ほかの女性たちは「ナチ党の褐色の制服を着て、いつも偉そうに歩き回り、いかにも男のような振る舞いをしていた彼女のことをあまりよく思っていなかった」[17]。アルトファーターは大柄で、短く刈り込んだ「男っぽい髪型」をしていた。ユダヤ人生存者や、アルトファーターの性格について証言したドイツ人たちは彼女の男性的な特徴を思い出し、それを攻撃的な行動と結び付けた。ナチの暴力の描写では、ヨハンナ・アルトファーターは曖昧で実に不快な、男女の特性が入り交じった姿として描かれている。並外れて男性的な彼女の外見が、その恐ろしく暴力的な行為を説明する理由となった。仕組みは異なるが、ちょうどヴェラ・ヴォーラウフの場合、妊娠という極度に女性的な状態により、その暴力が特に不快なものとなったように。しかし、どちらの例においても、彼女らが振るった暴力をジェンダーだけで説明することはできない。

ユダヤ人はヴォロディーミル＝ヴォルィンシキーのゲットーからピャティドニーの原野に追い立て

られた。そこで彼らは十字架の形をした幅広の溝を見出した。ユダヤ人労働者が自分たちの墓穴を掘らされたのだ。その後の二週間で、一万五〇〇〇人ものユダヤ人がここで射殺された。多くのユダヤ人を「殺《や》った」とのちに自慢するヴェスターハイデは、後日、「最悪の一人」と名指しされるアルトファーターの同僚ケラーとともに現場で馬上姿を目撃されている。大量射殺現場の近くでは、ヴェスターハイデとその部下たちが、二、三人のドイツ人女性とともに宴席を囲んで大酒盛りに興じていた。アルトファーターもこのお祭り騒ぎに参加し、流血の最中に飲み食いをしていた。背後で流れる音楽が銃声と重なる。ときおり、ドイツ人処刑者の一人が席を立ち、射殺現場に歩いて行って二、三人を殺し、また宴会に戻ってきた。現場近くの畑で梨を摘んだり作業をしたりしていたポーランド人農夫らが、叫び声と銃声を耳にし、森に隠れているユダヤ人たちにゲットーには戻らないよう警告した。[18]

生き残った三〇〇〇人のユダヤ人は、鉄条網の背後に並ぶ小さな小屋に詰め込まれた。一つのベッドに数人、あとは床で眠り、暖房もなく、わずか三九〇カロリー、すなわちパン一〇〇グラム未満(約三切れ)の配給しか与えられない毎日であった。病気を防ぐには十分な量ではなく、腸チフスがゲットーに蔓延した。廃墟となったゲットーに足を踏み入れた子どもの一人が、一〇歳のレオン・ギンスブルクだった。家族を探しに来たレオンは、ドイツ人とその協力者たちがほとんどのユダヤ人を殺してしまったと知った。ゲットーのユダヤ人たちは、「ポーランド女で、指揮官の恋人」、名はアンナという、「残された靴と服を最初に選ぶ権利があった」ある女について語った。一掃されたゲットーでは、未舗装の道に白黒写真が散らばっていた。結婚式や休暇を楽しみ、喜々として学校に通い、誕生日を祝う、戦前のユダヤ人たちの笑顔の写真だ。今では皆殺しされて幽霊のようにレオンを見つめている。逃げなければならない。レオンは森へ逃亡する計画を立てた。[19]

レオンがもしそこにとどまっていたら、ゲットーで生き延びることはおそらくできなかったであろう。ヴェスターハイデ、ケラー、ハンナ嬢と、彼らの親衛隊仲間は容赦なかった。一九四三年前半、再び大量射殺が組織され、ゲットーと周辺地域から集められた一二〇〇人のユダヤ人が殺された。一九四三年一二月にヴェスターハイデらが撤退するまで、一〇〇〇人の職人とその家族が、ドイツによる占領の最後の日々までとどめ置かれた。ナチ占領下ウクライナにおける最後のユダヤ人虐殺は、一九四三年一二月一三日から一四日に、まさにここでなされたことがわかっている。

ナチの指導者らは、軍事作戦は失敗するかもしれないとわかってはいたが、ユダヤ人との闘いには何としてでも勝つと決めていた。ロシアからドイツへと西へ向かって撤退するなか、残るユダヤ人はすべて殺害せよとの命を受け、「憲兵隊の自動車部隊とウクライナ人の補助警察がその地域を閉鎖した後」、「行動部隊の」特務部隊《ゾンダーコマンド》がユダヤ人を「森へと追い立てた。そこには、死体を火葬する薪を置くためのレールが、あらかじめ用意されていた[20]」。

一九四三年末、ヴォロディーミル＝ヴォルィンシキーの事務所が閉鎖される前に、ヨハンナ・アルトファーターはすでに国内に戻っていた。地区弁務官個人秘書を務めたのち、中心都市ルーツィクに異動になったのである。個人記録によれば、懲戒処分としての配置転換であった。アルトファーターは戦後、ルーツィクへの転勤はある事件が原因だったと説明している。ある晩の宴会の後、彼女と酒盛り仲間がゲットーに「牛」を追い込んだというのだ。どんなゲームをしていたのかは定かではない。クリスマス休暇で帰郷したのち、彼女はヴォロディーミル＝ヴォルィンシキーには戻らなかった。一九四四年一月から二月にかけて、ソ連がこの地域を奪還した。それでも、まだ東部には未来があると期待していたアルトファーターは、占領地のエリートを養成する公務員向けのプログラムへの参加を申請した。

ヨハンナ・アルトファーターがナチ官僚を気取っていたとき、また暴力を振るったとき、彼女は男性の格好をしていた。ヴェラ・ヴォーラウフは軍のコートと縁なし帽を身に着けてミェンジジェツ・ポドラスキの虐殺と移送の現場へと向かった。男性への変身は完全ではなく、不可逆的でもないが、男にもなれば女にもなるという東部の女性の順応性に富む役割を示すものである。女性たちには東部戦闘地帯を渡り歩き、男性の仕事と見なされていたことをするのに慣れてしまった者もいた。そのために、従来の格好や役割に混乱が生じたのである。加害者となった親衛隊の妻たちほど、この変わり身があからさまな例はなかった。これらの女性は、殺人の能力を示す一方で、大農場の女主人、ドレスの上にエプロンを着けて奴隷労働者に威張り散らす草原の女主人、赤ん坊を抱え銃を振りかざす「一家の主婦」など、さまざまな役割を同時に演じていた。

ポーランド、ウクライナ、ベラルーシやバルト諸国に駐在していたヒムラーの部下の親衛隊員とその妻たちは、東部の自由、冒険心、肥沃な土地がもたらす恵み、「現地の住民」から押収した略奪品と鞭の力を満喫していた。一九四二年末までに、親衛隊は黒海とバルト海の間の六〇〇〇平方キロメートル近い農地を支配していた。親衛隊に徴用された大農場がいくつも点在する地に、グジェンダ（フリャダー）があった。現在のリヴィウ郊外の、かつてポーランド人貴族の領主が住んでいたドゥヴルと呼ばれる大邸宅が建つ地である。

一九四二年六月、故郷のテューリンゲンでオートバイにまたがっていた姿が印象深いエルナ・ペトリは、三歳の息子とグジェンダに到着した。緩やかに起伏する丘陵と牧草地に囲まれた白い柱の邸宅

グジェンダにて、エルナ・ペトリ
息子と畑にいるところ（上）と、邸宅の前で馬車に乗っているところ（下）

からは、周囲の村々が見下ろせた。飾りのついた錬鉄の門を通ると邸宅前まで道は続き、家畜小屋、鶏小屋、使用人の家が立ち並ぶ区画がある。一世紀前、職人たちが黒と白の小さなテラコッタタイルを北側のポーチと玄関ホールの床に丁寧に敷きつめた。階段とベランダの手すりには凝った装飾が施されている。この豪華な家に着いたとき、エルナ・ペトリが感じたに違いない高揚感と自尊心は想像に難くない。家族で営んでいたテューリンゲンの息が詰まるような農場と、これほどまでに違うとは。

到着から二日のうちに、エルナは夫ホルストが使用人たちを殴りつけるのを目撃した。夫は女性の家内使用人たちにも性的暴行を加えていた。地元の農民たちは、彼のことを暴力を楽しむサディストと呼んでいた。ウクライナ人、ポーランド人、そしてユダヤ人を鞭打ちながら笑うからだ。だが、ホルスト自身はそう思っていなかった。むしろ、自分の権威を確立しているつもりでいた。戦争が長引き、戦況が怪しくなってきても、ホルストとエルナはこの地での支配権を維持しようと残虐さを増すだけであった。一九四三年の夏、一掃されるゲットーとガス殺施設に向かう鉄道車両から逃亡したユダヤ人を二人は狩り出した。ホルストは近隣の村々で捜索を始めた。一九四二年六月から一九四四年初めまでグジェンダに住んでいたエルナも、労働者を殴打し始めた。鍛冶屋も顔を平手打ちにされた。暴力は大農場で暮らす家族の日々の牧歌的な生活に織り込まれていた。

ペトリの新しい地所には、日曜日の午後に散歩できる美しい庭などのさまざまな場所があった。ドイツ語ではレンベルクとして知られる近隣の中心都市リヴィウから、大勢の高官がこの地を好んで訪れた。ある日曜日、この地域で最も高位の親衛隊将校の妻が、二人の使用人、お抱え運転手とお付きの者を連れてやって来た。[21] ペトリ夫妻が客を連れて庭を案内していると、その使用人の一人が突然現れ、ルブリン近郊のガス殺施設に向かう列車から逃亡した四人のユダヤ人が、敷地内で捕まったと報告した。運転手とホルストは四人をどうするか話し合った。ホルストは妻と女性客に、これは男の仕事で、ご婦人方が心配するようなことではないと告げた。庭から家に歩いて戻る途中で、女性たちは四発の銃声を耳にした。[22]

数カ月後の一九四三年夏、エルナ・ペトリはリヴィウから自宅に向かっていた。生活必需品を買いに町に行っていたのだ。晴れた日のことであった。御者に手綱を任せ、エルナは馬車の座席にもたれていた。遠くに何かが見えた。馬車が近づくと、それが道端を這う、ぼろの服しか身にまとっていない子どもたちだとわかった。「ザシュクフ駅の貨物列車から逃げ出してきた子どもたちだ」と、気がついた。さらにエルナは当時について、こう説明している。

当時、いくつかの収容所に残っていたユダヤ人は皆、絶滅収容所に移送されていました。移送中にユダヤ人が脱走することがよくありましたが、特にザシュクフの駅で逃げようと貨車をこじ開けた者たちがいました。皆裸で、この辺りに住むウクライナ人やポーランド人とは区別できました。ユダヤ人は簡単に見分けられますから。[23]

子どもたちはおびえて、お腹を空かせていた。ペトリは彼らを呼び寄せて家に連れて帰った。落ち着かせ、台所から食べ物を持ってきて信用させた。外をうろついているユダヤ人は皆、捕え、射ち殺すことになっているのを彼女は知っていた。ホルストはそのとき留守だった。帰りを待ったが、戻ってこないので、彼女は自分で六人の子どもを射殺しようと決心した。拳銃を手に、ほかのユダヤ人たちが撃たれ埋められた森の中の同じ穴に連れて行った。第一次世界大戦の頃から父親が所有していたその銃は、ウクライナという「未開の東部」に行く彼女に餞別として与えられたものだった。

エルナ・ペトリは子どもたちに、彼女に背を向けて溝の前に一列に並ぶよう命じた。最初の子どもの首から一〇センチメートルの所に銃を構え、引き金を引いた。移動して、二番目の子どもにも同じようにした。最初の二人を撃ち終えると、「残りの子どもたちは最初は驚いていましたが、そのうち泣き出しました。大声を出すのではなく、すすり泣くのです」。エルナは、決して「心を乱され」まいとした。そして撃った。「全員が溝に横たわるまで。誰も逃げようとしませんでした。もう何日も移送されてきたので、憔悴しきっているように見えました」。

この犯罪を犯したとき、その場にいたのはエルナ一人だったが、邸宅では一人ではなく、グジェンダには夫のほかに二人の幼子も暮らしていた。一九四二年に連れてきた息子と、一九四三年一月にここで生まれた娘である。ちょうど義理の母親と叔父が、国内での爆撃と配給制から逃れて疎開していたのに加えて、畑で働く農夫たちもいた。この辺りで一番眺めがいい、丘の上に建つ邸宅の二階のバルコニーでエルナは、典型的なドイツ人主婦兼女主人としてホルストの軍や親衛隊、警察の同僚たちにコーヒーとケーキを振る舞ってきた。コーヒーを注ぎながら、エルナは男性陣がユダヤ人の大量射殺について話すのを小耳にはさんだ。そして、最も効果的な殺人方法が、うなじに一発ぶち込むことだと知ったのである。ユダヤ人の子どもたちを敷地内の集団埋葬地に連れて行ったとき、彼女には何をするべきかが正確にわかっていた。

第三帝国では、家庭内暴力という言葉が別の広い意味を持つようになった。自分の家の中で、あるいは近くで女性は凶悪な殺人を行った。最も頻繁に見られたのはバルコニーからの射撃で、しかもそれは家族や恋人の面前で行われた。

一九四二年春、ザールラント出身でカトリック教徒の製鋼工の娘、リーゼル・ヴィルハウスが、娘とともにリヴィウに到着した。二人は親衛隊少尉の夫、グスタフ・ヴィルハウスが所長に任命されたヤノフスカ収容所に向かった。リーゼルとグスタフはあいかわらずナチ体制下での出世をもくろんでおり、労働者階級から脱却し、富と権力を伴う東部での新たな生活に乗り換えようと必死だった。グスタフの出世は二人にとって大きな転機となった。リーゼルは新居を点検した。労働・中継収容所との境界に建つ大邸宅だ。機械工場には収容所から選別されたユダヤ人労働者が数人いたが、リヴィウのユダヤ人の大半はベウジェツのガス殺施設に鉄道で連れて行かれた。ベウジェツでは一九四二年三月からリヴィウのユダヤ人を受け入れ始めたが、それはちょうど、グスタフ・ヴィルハウスがヤノフスカに着任した時期であった。約三〇万人のポーランド系とウクライナ系のユダヤ人がヤノフスカで死亡し、あるいは、そこを通過していった。ヤノフスカはウクライナ最大のユダヤ人労働・中継収容所となった。

グスタフ・ヴィルハウスは着任後間もなく、「血に飢えた収容所長」として知られるようになった。[24] ホロコーストの生存者たちは彼を「生まれながらの殺人者」と呼んだ。グスタフはためらうことなく人を殺したが、熱狂することもあまりなかった。「わら裁断機」のように、次々と犠牲者を殺していったという。[25] 妻も独自の評判を得た。当初リーゼルは私邸の改築が必要だと主張し、二階に家族が午後の軽食を楽しめるバルコニーを造るよう命じた。そして大勢のユダヤ人奴隷に、庭仕事など自宅でしなければならないありとあらゆる用事を言いつけ、バルコニーからその行動を監視した。この見晴らしの良い場所を、囚人たちを「気晴らしに」射殺するために利用したと、あるユダヤ人目撃者は語っている。「ヴィルハウスの妻…〔中略〕…も、拳銃を一丁持っていました。客がヴィルハウス一家を訪れ、豪邸の広いベランダに座ると、〔リーゼルが〕下にいる収容所の囚人たちに向けて発砲し、射撃の腕をひけらかして喜ばせます。一家の幼い娘ハイケが、その光景を見て夢中で拍手していました」[26]。

リーゼル・ヴィルハウスが好んだ武器は、フロベール銃で、見た目は洒落ているが製造費は安いフランスの室内用ライフルだ。当時、このライフルは広く出回っており、よく射撃訓練に使用されていた。それは伝統的な「家庭用」の武器の一つで、堅苦しいビクトリア朝の居間に飾られ、庭で有害な小動物を殺すのに使われた。射程距離は限られていたが〔約三〇メートル〕、威力は強く、致命傷を与えるには十分である。ウクライナでは、室内用ライフルは女性開拓者を自称する者にふさわしい武器だった。

ヴィルハウスの銃乱射で犠牲となった者たちは多くの場合、即死ではなかった。ある日彼女は、自宅の脇を歩いていたユダヤ人労働者に一発の銃弾を放った。バルコニーの上では、夫が彼女の傍らに立っていた。また、一九四二年九月のある朝には、彼女が夫や二、三人の客とともにバルコニーに現れ、約二〇メートル離れた所で家の周辺のゴミを拾っていたユダヤ人囚人の集団に向けて発砲した。殺された囚人の一人はサンビル村出身で三〇歳だった。

一九四三年四月のある日曜日、ヴィルハウスが再びバルコニーに現れた。子どもを傍らに従え、彼女は庭にいたユダヤ人労働者の集団に発砲した[27]。少なくとも四人のユダヤ人がその場に倒れた。その中には、ボブルカ村出身のヤーコブ・ヘルフェルもいた。その年の夏のある日、彼女は遠く離れた収容所の中の労働者の集団を標的にした。彼らは物々交換をしようと一カ所に集まっていたのだ。殺されたのは五人ほどだった。この出来事から間もなく、ヴィルハウスは点呼の最中にユダヤ人たちを射殺した。今度は、より正確に、頭に狙いを定めて。捜査官によれば、ヴィルハウスは腸チフスを患うユダヤ人たちの心臓めがけて撃つこともあったという。至近距離から射殺したのだ。

ヴィルハウス邸とその周辺の雰囲気は、全体的に異様な矛盾を感じさせるものだった。威圧的にも豪華な家具や装飾品を備えたブルジョワ風のドイツ人家庭と、それと対照をなす、ユダヤ人囚人に向けられた銃弾と彼らの苦痛が併存していたのである。バルコニーからの「射的」は、実はヴィルハウス夫妻とその同僚らによる「よりクリーンな」殺害手段の一つであった。サディスティックな見世物の方が彼らの得意とするところで、人前での殴打、絞首刑、性器の切断がなされ、子どもの手足はもぎ取られた。

親衛隊員の妻たちは、アウシュヴィッツ所長の妻を含め、戦後、収容所を取り囲む壁や鉄条網の向こうで何が起きているのか、自分は知らなかったと主張している。そして、自宅はそういった場所とはまったく異なり、夫がストレスの多い仕事から逃れられる正常な場所だったと言っている。しかし、収容所と自宅とは別個の世界ではなかった。両者は重なり合っていたのである。妻たちは仕事場に夫を訪ねることもあった。たとえばリーゼル・ヴィルハウスの姿は、ヤノフスカ収容所でしばしば目撃されている。また、夫たちはユダヤ人殺害の冷血さとその技術を自宅に持ち帰ったのである。親衛隊員の妻たちが何も見なかったとは信じられない。また、エルナ・ペトリやリーゼル・ヴィルハウスのような者が、殺害に関与しようとしなかったとは考えられない。

これまで見てきたように、東部の狂気の中ではサディスティックな暴力、家庭の日常、そして男女の性的関係が絡み合っていた。リーゼル・ヴィルハウスとエルナ・ペトリは、どちらも既婚女性として東部にやって来た。しかし、未婚女性にとっては、過度に親密な、固い絆で結ばれたこのコミュニティが、ドイツ人しかいない現地社会を、同じイデオロギーを信奉し、しばしば道徳的には堕落してしまった結婚相手を見つける「結婚市場」にすることに一役買ったと言える。[28] 職場恋愛は日常茶飯事だったが、その結果結婚するとは限らなかった。未婚の母の元に多くの子どもが生まれた。このような乱れた行動がひんしゅくを買うことはなかった。逆に、アーリア系の人種を増やすことは愛国主義的な義務とされたためだ。東部の新興エリートの子どもたちは、暴力から遮断されていたわけではなかった。父親が息子を殺人に巻き込んだ事例や、リーゼル・ヴィルハウスのような母親が娘を巻き込んだ事例が二、三、記録されている。[29] 第三帝国下の女性による暴力の増加は、結婚生活、子づくり、育児、女性らしさ、そして快楽の境界と定義を曖昧にする性革命と結び付いていた。[30]

かつてウィーンで秘書をしていたゲルトルーデ・ゼーゲルとヨゼフィーネ・クレップという別の二人の女性殺人者の物語は、暴力の共犯関係が職場という公的な場で築かれ、性的な関係の中で表出したことを示すものである。これらの女性は、オーストリアのナチ・ネットワークを網羅するゲシュタポ事務所の秘書として親衛隊員の夫に出会った。ナチ党とその支持者がオーストリアに完全に浸透し、国を併合した「アンシュルス」以降に多くの男女が知り合っている。帝国の東方への拡大に伴い、これらのオーストリア人は、もともとハプスブルク帝国領であったガリツィアおよびユーゴスラビアの出張所のポストに収まった。

リヴィウの南約六五キロの所にある小さなドロホビチの町で、ゲシュタポの秘書ゲルトルーデ・ゼーゲルも庭にいたユダヤ人労働者を複数射殺した。一九四一年二月にゲルトルーデが、ポーランドはラドムの保安警察・親衛隊保安部指揮官であるフェリックス・ランダウに出会ったとき、彼には妻と二人の幼い子どもがいた。だが、二、三カ月のうちに二人は恋仲になり、ゲルトルーデは前戦に出ていた親衛隊員ではないオーストリア人兵士との婚約を破棄した。フェリックス・ランダウも西部ウクライナの占領地域における、ナチによる「対ユダヤ人戦争」に駆り出された。

ウクライナで大量殺人を実行する間、ランダウは日記をつけていた。そこには、孤独な恋人から冷血な殺人者へと変容する、その揺れ動く心の内が明かされている。彼は愛しい「トルーデ」〔ゲルトルーデの愛称〕に宛てた手紙形式で日記を綴っている。一九四一年七月五日、「我が愛しの君」に宛ててランダウは、犠牲者について身の毛もよだつほど詳細に描写している。血まみれになったあるポーランド人が、苦痛を終わらせるためにさっさと撃ってくれとドイツ人に合図したと説明することで、おそらく自分の行動を正当化しようとしたのだろう。ランダウはゲルトルーデに好印象を与えたかった。そこで、人を殺すことは大変な仕事だと強調している。また、彼女が自分から去ってしまうことを恐れていた。一九四一年七月一二日と一三日の日記で、ランダウは再び、絶え間ない大量射殺の要請に言及している。「ほとんど眠れなかった。…〔中略〕…やっと手紙を全部読み終わった。…〔中略〕…トルーデは、私への〔貞節の〕誓いを守れるかどうかわからないと書いている。こんなにも愛しているのに、なぜこんな目に遭わなければならないのか。会って話をしなければならない。そうすれば、私のかわいいトルーデは再び強さを取り戻すだろう。きっと、ここ〔ドロホビチ〕に来てくれるにちがいない」[31]。

ドロホビチには、一九三九年、およそ一万人のポーランド人と同数のウクライナ人、一万五〇〇〇人のユダヤ人がいた。ここは一九世紀末に発展した新興都市である。近隣で油田が発見され、突然豊かになったのだ[32]。ランダウは快適な家で豪勢な暮らしをしており、そこにゲルトルーデが合流することを心底望んでいた。そこで、やはりゲシュタポ事務所で秘書をしていた妻との離婚手続きを始める一方で、ラドムからゲルトルーデを異動させる算段を整えた。妻はランダウと二人の幼子をドロホビチに残して、国内に戻ってしまった。ゲルトルーデはドロホビチのランダウの事務所で新たに秘書の仕事に就き、彼の自宅に移り住んだ。その家には、ユダヤ人から没収した毛皮、絵画、陶磁器など、貴重な品が山のようにため込まれていた。二人は才能豊かなユダヤ人芸術家ブルーノ・シュルツに子ども部屋の壁画を描かせた。美しく、想像力に富んだ絵で、童話の登場人物はドロホビチのユダヤ人コミュニティに実在した人物の顔をしている[33]。その中にはシュルツ自身も描かれていた。だが彼はのちに、ランダウとゲシュタポ事務所でライバル関係にあった者に射殺された。

ヴィルハウス家とペトリ家のように、ゲルトルーデ・ゼーゲルとフェリックス・ランダウの大邸宅にもバルコニーがあった[34]。あるユダヤ人証人の証言によれば、一九四二年六月一四日の日曜の午後、ゲルトルーデとフェリックスがバルコニーでトランプをしていた[35]。ラジオの音量が上げられ、太陽が降り注ぐ。二人は布張りの椅子にもたれていた[36]。ゲルトルーデは水着、フェリックスは白いスーツ姿だ。下の庭では数人のユダヤ人男女が土を広げる作業をしていた[37]。突然フェリックスが立ち上がり、ライフルをつかんだ。フェリックスは鳩を撃ち始め[38]、ゲルトルーデが続いた。このとき、ゲルトルーデかフェリックスのどちらかが、庭で作業をしていたユダヤ人たちにライフルを向け、フリークナーという名の労働者を射殺した。二人はバルコニーを後にして室内へと戻るとき、声高に笑っていた。

町の路上でも、フェリックス・ランダウは公然と銃を乱射することで知られていた。その最大の事件の一つが、一九四二年一一月に、彼とその部下が二〇〇名を超えるユダヤ人を殺害した一件である。

殺されたユダヤ人の中には、ショルツという名のユダヤ人教授や、同じ事務所の別のゲシュタポ士官が個人的に診てもらっていたレーヴ博士という歯科医など、指導的な役割を果たしていた知識人や専門家もいた。[39] ランダウは、一九四二年から一九四三年にかけての占領当初から町で虐殺の指揮を執り、一万五〇〇〇人を超えていたこの地のユダヤ人を戦争末期には二、三〇〇人にまで減らした「ユダヤ将軍」として悪名高かった。

フェリックスとゲルトルーデの快楽主義的な生活も有名で、それは特に、騒々しいパーティーという形で人々の目にとまった。ユダヤ人生存者のヤーコプ・ゴルトステインは、ランダウとゼーゲルがほかのドイツ人占領官僚らとともに、地元の屋内馬場で何度も大宴会を催したと証言している。一九四三年五月五日に開かれた二人の結婚披露宴もその一つと言えよう。ゲルトルーデはテーブルの上で踊り、周りに座っていた親衛隊員たちと手を打ち合わせた。一晩中大騒ぎしたあと、ランダウが会場に戻ってきた。ゼーゲルの金のネックレスが見当たらなかったからである。ランダウは、掃除をしていたゴルトステインともう一人のユダヤ人男性を見つけると、二人を泥棒だと責め立てた。そして、ゴルトステインに翌日報告に来るよう命じ、ネックレスについて迫り、それを自分に返さなければならないと冷静に告げた。ゴルトステインは、自分はネックレスを持っていないし、ネックレスを盗むようなことは決してしていないと訴えた。

尋問の場にはゼーゲルも同席し、事務所のソファにもたれ、ゴルトステインに叫んだ。「そんな馬鹿なことを言うんじゃないよ。ユダヤの豚め。あんたがネックレスを取ったんだろう！」[40]。ランダウの怒りが膨らむ。愛しい「トルーデ」が取り乱し、自分に行動を起こすよう求めている。彼はゴルトステインに殴りかかり、足蹴にして、踏みつけた。そして立ち上がれと命じた。立っている方が床にしゃがみこむよりも、殴りやすいからだと彼は言った。のちにゴルトステインは、ゲルトルーデと戯れていた親衛隊員がネックレスを盗んだと知った（その男は最終的にはネックレスを返した）。ネックレスはもともとユダヤ人女性のものだった。ランダウは虐殺の際にそれを没収し、ゲルトルーデに贈ったのだ。

ユダヤ人生存者たちはゲルトルーデが家政婦――三人の小間使い――に死を命じ、ユダヤ人の子どもを一人、踏みつけて死なせたとも証言した。[41] しかし、一九五〇年代末、西ドイツとオーストリアの検察は、彼女の有罪を示すこれらの証人の供述を、あえて追及することはしなかった。

ゼーゲルのオーストリア人の友人、ヨゼフィーネ・ブロック（旧姓クレップ）は、一九四二年にウクライナにいた夫に合流した。ドロホビチでは、ヨゼフィーネ・ブロックはゲシュタポに正式に属してはいなかったが事務所をよく訪れていた。夫はかわいい「フィーニ」［ヨゼフィーネの愛称］に、地域の庭園の監督やユダヤ人労働者が働く作業所の拡大など、独自のプロジェクトを喜々として与えた。彼女は一九四二年の夏に妊娠したが、すでに授かっていた幼い子どもとこれから生まれてくる赤ん坊の世話だけでなく、もっと多くのことを手掛けたいと考えていた。

二〇〇人の「ジプシー」が町に集められたときには、ウクライナ人の補助隊員らに急いで彼らを殺せと命じる鞭を手にしたブロックの姿が見られた。日が暮れようとしており、「囚人たち」を暗くなる前に射殺しなければならない、と彼女は告げた。別の折には、地元の植木市に現れ、ひ弱すぎてとても働けないと思われる四人のユダヤ人少女を呼び集め、夫の部下の一人に自分の前で射殺しろと命じた。ブロックはしばしば野菜を買いに市場を訪れたが、彼女が来るとユダヤ人労働者たちはいつも恐怖におののいた。一九四三年六月にゲットーが一掃されると、今度はユダヤ人が移送のために集められた場所に再び彼女が現れた。灰色の女性用スーツを身に着け、髪は結ばずに垂らしている。そして、カメラと乗馬鞭を手にしている。ときおり、鞭でユダヤ人囚人を激しく打つ。彼女はおびえる移送者たちを写真に収め、さらに侮辱した。七歳のユダヤ人少女が彼女に近づき、泣きながら命乞いをしてきた。するとブロックは「助けてやるわ！」と叫ぶと同時に少女の髪をつかみ、拳で殴って地面に押し付け、頭を踏みつけた。ブロックが歩いて行ってしまうと、母親は息絶えた我が子を両手で抱き上げ、蘇生を試みたが、少女が息を吹き返すことはなかった。[42]

捨て身のユダヤ人労働者たちは、たびたびブロックの所に助けを求めてやって来た。[43] 若い女性で母親でもある彼女なら、同情してくれるのではないかと考えたのである。しかしブロックは、いつも手の届く所に武器を置き、穏やかで魅力的な母親から残虐なナチへ即座に役割を切り替えた。ドロホビチの路上で遭遇したユダヤ人たちにベビーカーを衝突させる様子も目撃されている。実際に彼女がベビーカーで小さなユダヤ人の子どもを殺したと、二人の証人がのちに供述している。[44] 現地の住民は彼女について不満を訴えたが、ゲシュタポの所長であった夫は、妻なしには何も決められないと言っては好きなようにさせていた。[45]

これら占領地にいた妻たちに関する戦中と戦後の記録は、あちこちの文書館や個人所有の文書に散見される。おもにドイツ人、ウクライナ人、ポーランド人およびユダヤ人目撃者の証言を通じて、私たちはこうした女性の存在と暴力について知ることができた。殺人、戦争、ジェノサイドを男性の行為と考えることに慣れてしまっている私たちは、そうでないことを示す証拠が手に入らなければ、女性がどの程度関与していたのかわからないままである。ドイツ人女性の手により、ホロコーストの犠牲者が侮辱、剝奪、苦痛を体験し、そして殺されることすらあったことは知られているが、多くの人が歴史的にも不正確で偏ったジェノサイド概念に依拠することにより、この事実を矮小化している。

歴史的に見て、ほとんどの大量殺人は開かれた空間で起こるため、特定の国家機関による行為には限定されない。これは、ナチの殺害現場におけるドイツ人の場合も同様だった。彼ら自身が殺人に巻き込まれ、同時に、他の者をこれに引きずり込んだのである。ナチの反ユダヤ主義的政策はおろか、ユダヤ人の殺害にはほとんど関係のない、ごく普通の日常生活を送っていた多くの者が取り込まれ、人を殺すよう促されたわけである。たとえば、ヨハンナ・アルトファーターの上司であった地区弁務官のヴェスターハイデは、路上を歩いている同胞のドイツ人に近づき、「作戦」を手伝うことに興味があるかどうか尋ねた。ある役人は、ドイツ人同僚を娯楽の射撃に誘い、生きているユダヤ人を標的に使えるようになると喜んだ[46]。誘われたのは男性だけではない。殺人にかかわるさまざまな臨時の雑務をするよう、女性と少女も勧誘された。大量射殺の際には、犠牲者の服を集め、修理するために、ウクライナ人の少女たちが決まって駆り出された。墓穴に「死体を詰める係」として少女たちは裸足で死体を踏みつけ、「燃料収集係」として死体を早く燃やすために使われる干し草やヒマワリの茎を集めた[47]。

東欧におけるナチの対ユダヤ戦争では、戦線と銃後との空間的な隔たりは存在しなかった。大邸宅のバルコニー、グジェンダなどの地所、殺害現場の近くの宴卓も犯罪の現場だった[48]。エルナ・ペトリ、リーゼル・ヴィルハウス、ゲルトルーデ・ゼーゲル、ヨハンナ・アルトファーター、ヨゼフィーネ・ブロックなどの女性たちにとって、戦争への貢献は男性同僚や狂信的な上司を慰め、守り、支えることだけにとどまらなかった。加害者となったこれらの女性は、制御不能な革命家であったかと思うと、おとなしく従順な妻へと役割を切り替え、これが信じられないほどに、また実に恐ろしいほどに巧みだった。多くの女性殺人者は、秘書や看護師などの専門職に就いていた。ヒトラーが支配するドイツで、ある特定の時期に職業訓練を受け社会に参加するようになった彼女たちは、帝国の監督官として、また出世第一主義者としてその権力を濫用した。

毒を満たした注射針、銃、攻撃用に訓練された犬、そのほかの殺傷能力のある武器を用いて、これほどまでに暴力的に振る舞い、殺人さえも犯したドイツ人女性がどれほどいたのかを、正確に知る日は来るのだろうか。数字だけで説明することはできないが、事実を垣間見せてはくれる。たとえば、学者や一般の人々は長年、ナチ収容所の数は、合計で二、三〇〇近く、ひょっとしたら二、三〇〇〇にも上ると考えてきた。しかし、アメリカ合衆国ホロコースト記念博物館の研究者らは、近年、ナチ支配下のヨーロッパに四万以上の収容所があった事実を突き止めている。収容所とゲットーの制度は、通常、社会から切り離された世界だと考えられていたが、今では、地域のコミュニティと融合していたと理解することができる。収容所の壁が、隔てるための障壁であったという考えは徐々に失われつつある。一般に犠牲者は、それぞれ数カ所の収容所やゲットーを体験していたので、収容所の数が増えたからといって犠牲者の数が著しく増えるというわけではないが、これらの収容所を作り、運営し、また訪れた加害者、共犯者、目撃者の数がかなり多かったことは確かだ。私たちが考えていた以上に多くの人々が関与し、組織的な迫害と殺人について知っていたのである。さらに、「多くの」という言葉は、すべての者に当てはまる。私たちが知る以上に、多くの男性、多くの女性、そして多くの子どもが関与していたのだ。収容所の数の多さと、それらが地域コミュニティに組み込まれていたことは、ホロコーストの歴史の社会的側面を強調するものである。

いったいどれほどのドイツ人女性が東部で殺人者となったのか、推定することは可能だろうか。男性殺人者の数を推定する際に適用された方法から始めてみるのもよいだろう。しかし、ドイツ人男性殺人者の推定数は概算であり、主としてホロコーストを実行した組織の記録に基づくものである。犯罪組織の男性職員リストと、第一〇一警察予備大隊など、これらの機関の個別部門に所属した特定の個人に関する捜査記録とを組み合わせると、歴史学者らは約二〇万人のドイツ人（およびオーストリア人）男性が、戸外での射殺やゲットーの一掃、またガス殺施設などにおけるナチ・ジェノサイドの直接的な担い手であったと推定している。

女性の場合、これに匹敵する情報源がない。一九四四年と一九四五年の女性看守の不完全なリストはあるが、これらの記録は女性の関与を断片的に示すだけで、ヒムラーが支配していた機関の特定の部門（国家保安本部の経済管理本部）によって管理されていた収容所に関する情報のみを提供するものである。いずれにせよ、これらの記録から、当時約三五〇〇人の女性（大半はラーヴェンスブリュックで訓練を受けた）が看守として働いていたことが明らかになった。今日まで、一般にこの数字がホロコーストにおける女性殺人者の推定数とされてきた。しかし、当然、すべての女性看守が殺人者であったわけではなく、逆に、すべての女性殺人者が看守であったわけでもない。東部における膨大な数の犠牲者は、収容所の壁の外で殺されたのだ。ラーヴェンスブリュックで訓練を受けた女性看守、あるいはおもに一九四四年から一九四五年初頭にかけて帝国内に存在した、約一二の主要な収容所に配属されていた職員のリストは――私がジトームィルで見つけたリストのように――氷山の一角なのである。男性殺人者をダッハウでの看守経験がある者に限定できないのと同じだ。男性加害者を眺めるレンズは過去二、三〇年の間にその対象範囲を拡大し、警察部隊や一般の軍属、文民官僚など、普通のドイツ人とドイツ人以外の人々をも含めるようになった。女性殺人者と彼女たちが殺人を犯した状況に関する私の研究も、女性加害者に対する私たちの視野を同様に拡大するだろう。

私が調査した、東部に派遣された女性職業人と配属された男性について行った家族についての資料は、数十万人の女性に関する記録である。平和な社会では、すべての暴力犯罪の平均約一四パーセント、また殺人の約一パーセントが女性による犯行である。平時には、女性殺人者は単独で行動し、特定の個人（通常は親類と配偶者）に対して犯罪を起こすが、集団全体に対する行動はとらない。戦時のジェノサイド的傾向を示す社会では、暴力的な行為に走る男女の数はともにはるかに多く、一人の行為によって多数の死者が発生する場合もある。たとえば、ゲットーの病院にユダヤ人の子どもを集めたのち、ヨハンナ・アルトファーターは自らその場で数人を殺害した。そしてほかの子どもたちを、大量殺人の現場に向かう車両に無理やり乗せ、たどり着いた先で子どもたちは男性の警察隊員らに射殺された。統計的には、平時における女性による殺人の割合をドイツ人人口のおよそ一割を女性が占めていた東部に適用した場合、女性殺人者は推定で約三〇〇〇人になる。つまり、エルナ・ペトリが三〇〇〇人と考えればよいというわけだ。しかし、ジェノサイド的傾向を示す社会に生きる女性、すなわち国家により権限を与えられ、集団としての「敵」を標的とする女性は、平和な社会に生きる女性よりもはるかに多くの殺人に関与する可能性が高い。そうなると、三〇〇〇という数字が、非現実的なほど小さな数に見えてくる。

本章で取り上げた、秘書、妻、そして親衛隊員の恋人などの殺人者については、正確な数は今後も決して得られないであろう。しかし、本章で示した証拠は、特にホロコーストについては、またより広範なジェノサイドに関しても新たな見識をもたらすものである。当然、女性には暴力化する可能性、さらには殺人を犯す可能性が潜在的にあることは常に知られていたが、女性をジェノサイドの実行者に変えてしまう状況や思想、女性が殺人システムの内外で果たすさまざまな役割と彼女たちが選択する行動様式については、ほとんどわかっていなかった。だが今では、戦時中、ウクライナ、ポーランド、ベラルーシ、リトアニアなどのナチ支配下のヨーロッパでも、本章で明らかにされた暴力的な殺人行動のパターンが認められたと推測できる。東部に赴いたドイツ人女性は、拡大しつつあったナチ帝国の行く末を具現していた。つまり、かつてないほどに暴力的になっていたのだ。少数の狂信的なナチ集団だけでなく、戦前はごく普通の人生を歩んでいた一般の若い女性たちも、東部に行き、殺人をはじめとするホロコースト犯罪に取り込まれていったのである。

幸い、ドイツの軍事的敗北により、加害者の全盛は終わりを告げ、ナチの殺人マシンはその機能を停止した。しかし、これらのドイツ人女性の人生は終わらなかった。彼女たちは瓦解した帝国の故郷へと戻り、今度は犯罪に加担した過去を葬り去ろうとするのである。

第六章　なぜ殺したのか

女性たちによる戦後の釈明とその解釈

　女性は無実であり、犠牲者だとするドイツの伝説は、帝国が崩壊し連合軍に降伏したときに生まれた。一九三九年以来、占領下の東部ではポーランド人をはじめとする多くの人々が、またドイツでは一九三三年以来、ユダヤ人をはじめ政治的・人種的理由で標的とされた者たちがナチ政権の恐怖を体験してきたが、一般のドイツ人女性にとって、つらい時代は帝国の解体とともに訪れた。戦後すぐに彼女たちにふりかかったのは、東部からの避難という物理的な試練と精神的ジレンマ、ソ連軍の暴力、そして祖国ドイツに残された地で、戦争によって家族と引き裂かれながらも占領下を生き延びる闘いであった。

　一九四三年の夏、ドニエプル川方面に進攻する赤軍に直面したあるウクライナの若い教師は、撤退時のことを次のように回想している。[1]学校には大勢の子どもがいたが、皆孤児だった。彼女と同僚たちは、子どもたちがソ連軍に殺されてしまうと考えたが、それにもかかわらず、置いていくことに決めた。子どもたちは泣き、身の危険を感じておびえ、教師にしがみついて行かせまいとした。しかし、彼女は言い張る。「そうせざるを得なかったのです」。別の女性職員とウクライナを離れ、ポーランドとドイツの国境を目指した。ゲシュタポから解職通知を受け取ったとき、ウクライナで見たこと、したことは一切口外しないという誓約に署名しなければならなかった。戦後この教師は、赤軍によるチェルニーヒウの占領が実質的には「大虐殺」であったことを知る。ドイツ人と何らかのかかわりがあったすべての男女と子どもが射殺されたと言われている。

エリカ・オーアが看護師として働いていたジトームィルの病院の職員は全員、一九四三年一二月、土壇場になってようやく撤退した。医療スタッフと負傷兵を乗せたトラックの小隊が、徒歩やトラックで東へ西へと突き進む兵士の騒乱の中をすり抜けて行った。頭上には何機もの飛行機の轟音が鳴り響いていた。道路沿いの野原では、ドイツの戦車がドイツ兵の新しい墓を、埋葬者の名前と部隊番号を記した墓標を破壊しながら踏みつぶして行った。これらの部隊番号から、ドイツ軍の動向に関する情報がソビエト諜報部に漏れてしまう可能性があったからだ。[2]

西ウクライナとポーランドの中継地に数カ月間滞在したのち、オーアは最終的にハンガリーのペーチ近郊にたどり着いた。一九四四年五月のことである。地元の人があまり友好的ではないことに彼女は気づいた。オーアと同僚はその後、彼女たちが到着したわずか二、三日前にユダヤ人が「移送された」ことを知った。しかし、一部のユダヤ人は残っていた。看護師寮の近くに、女性と子どもがいるゲットーがあった。寮に侵入する者があり、物が盗まれた。二つの場所が近接していたことから、侵入者はゲットーの住人だろうとオーアは言った。[3] もちろん、切羽詰っていたユダヤ人の中には盗みを働く者もいた。ナチはユダヤ人から何もかも奪ってしまったのだから。だがオーアは、自分の推測を裏付ける証拠を示すわけでもなく、またユダヤ人がそのような行為をする理由に思い当たる様子もなかった。ナチの反ユダヤ主義的プロパガンダでは、ユダヤ人と犯罪者を結び付けるのが一般的であった。ヒトラーとゲッベルスは最後までそう力説していた。おそらく、それがずっとオーアの印象に残っていたのであろう。

　戦争が終わる頃には、オーアはドイツ人兵士の治療と埋葬に慣れてしまっていた。しかし、病気の一般人に対応する覚悟はそれほどできていなかった。負傷者や病人の中には、東部からドイツへと徒歩で逃げてきた民族ドイツ人の女性、子ども、そして高齢者がいた。彼らはブリュン（現在はチェコ共和国のブルノ）近くの病院に押し寄せたが、そこで麻疹が流行し大打撃を受けた。ドイツ人の子どもが毎晩死んでいった。小さな死体をどうしたらよいのかオーアにはわからなかった。まだ生きている者の中に、病気で苦しんでいる母親や兄弟の隣に、放置しておくことはできない。この仮設病院は、誰もいなくなった学校内に設けられていた。ドイツ人難民の家族が床に横たわるメインホールの隣に、フックがたくさんある部屋をオーアは見つけた。コート置場で、数週間前には生徒が上着を掛け、長靴を脱いでいた部屋だ。オーアはこの部屋を死体置場にした。[4] そしてその部屋を出るとき、しっかりと扉を閉めた。

　麻疹に感染したオーアは、一九四五年四月半ばに同僚たちがここを離れるとき、一緒に逃げることができなかった。彼女のために特別な移送手段が手配されなければならなかった。高熱のオーアはたった一人でメインホールに横たわっていた。空襲警報が聞こえ、自分のことなど忘れられてしまったのではないかという恐怖がわいてきた。置いて行かれるのは嫌だ。

ナチ犯罪に責任があろうとなかろうと、ドイツ人女性は復讐の標的となり、性的攻撃にさらされると思われた。東部戦線のすべての兵士に向けられた四月一五日の最後の声明で、ヒトラーは、その少し前に亡くなったローズヴェルト大統領を「史上最大の戦犯」と呼び、ドイツの最終防衛は「民族《フォルク》」を守ること、中でも、ドイツ人女性と少女を守ることでなければならないと主張した。

ついに、生かしてはおけないユダヤ＝ボルシェヴィキという不倶戴天の敵が、大群を率いて攻撃を始めた。彼の者は、ドイツを破壊し、我が国民を絶滅させようと企んでいる。東部から来た兵士諸君なら、大抵、理解していることだろう。何よりも、ドイツの女性、少女、そして子どもを、いかなる運命がおびやかしているかを。年老いた男性と子どもは殺され、女性と少女は兵舎の娼婦へと貶められる。残りの者は、シベリアへと行進させられるのだ。[5]

ナチの宣伝大臣ヨーゼフ・ゲッベルスは、ドイツ人女性を残忍にレイプする「アジアの群れ」という赤軍兵士のイメージで、ドイツ人大衆の決意（および恐怖）を高めようとした。今やその恐ろしいイメージが現実となったのだ。集団レイプは、混乱と形勢の逆転という屈辱の中、重い足取りで西へと向かった数百万人のドイツ人避難者の報告により裏付けられた。レイプされた女性の数は——全員がドイツ人女性というわけではないことは確かだが——一〇万人から二〇〇万人と推定される。少女と高齢者も逃れることはできなかった。[6]

ナチ政権は一九四五年五月八日に無条件降伏し、この日、ヨーロッパで一つの時代が公式に終わりを告げた。第三帝国で成人した女性、つまり思春期を過ごし、職業訓練を受け、初めて仕事に就き、初めて恋に落ち、初めて子どもを産んだ女性にとって、この敗北は野望をくじかれ、夢が打ち砕かれ、未来が不確かになったことを意味していた。したこと、見たことを完全に消し去ることはできなかった。ヒトラーのいない人生など想像できない支持者と狂信者もいた。[7] 連合軍による報復を恐れ、あるいは自分を深く恥じていたドイツ人女性の中には、自殺以外、選択の余地がないと考える者もいた。東部から戻った女性たちは、過去を彼の地に置いておきたいと願った。ナチ信奉者であり、愛国者であることを自覚していたある女性は日記の中で、自分の周りの世界が砕け散ってしまったと嘆いている。東部から帰還したドイツ人女性は、国内の空襲や赤軍による集団レイプに苦しみ、悲嘆にくれる未亡人や母親たちのような敗戦国の大勢のドイツ人女性犠牲者の中に、自分たちの逃げ場所を見つけることができたのだろうか。

連合軍の指導者らは、一九四三年のモスクワ宣言など数々の演説の中で、罪を犯した者は罰せられると明言していた。[8] ナチ占領地域の解放を受けて、軍事裁判と吊るし上げが始まった。ドイツ人官僚と現地協力者が集められ、略式裁判で絞首刑に処された。一九四三年七月にはロシアのクラスノダールで最初の裁判が大々的に報道されるなか始まり、驚くほど冷静に徹底的な手続きを経て行われたニュルンベルク国際軍事裁判においてクライマックスを迎えた。ニュルンベルクでアメリカ合衆国の首席検事ロバート・H・ジャクソン判事は、戦勝者は「復讐を思いとどまり」「捕虜となった敵を法の裁きに」委ねることに同意したのだと語った。

アメリカ軍、イギリス軍、フランス軍、そしてソ連軍は、ドイツとオーストリアの占領地区に軍事政府を設立し、連合国管理理事会によって定められた共通の条件と法令の下で犯罪者を罰し、ドイツ社会を「非ナチ化」するための新たな法律を導入した。非ナチ化とは、ナチの犯罪者を罰し、ドイツの社会と制度から悪しきナチ・イデオロギーを除去し、再教育することを意味した。つまり、悪い種を根絶やしにするということだ。容疑者に対する連合軍の対応には、国によって著しい違いが見られた。一〇年のうちに、ドイツの西側地区に住む者の大半は釈放された。ナチ党女性指導者として最も高い地位にあったゲルトルート・ショルツ=クリンクは、ソ連の拘留をうまく逃れたものの、その後、身分証明書偽造の罪でフランス軍に逮捕された。被告人としての彼女が同情されることはなかったようだ。フランス軍は、彼女を四年間刑務所に拘留し、ジャーナリストとしての活動や政治活動、教育活動を一〇年間禁止した。禁止措置が解かれてまもなく、この執念深いナチは第三帝国におけるドイツ人女性の自画自賛的釈明を本に著した[9]。

ドイツのカッセルに拘留されていたドイツ人女囚

制服を着ていた女性はすべて連合軍の捜査網に搦め捕られ、収容所に入れられた。ソ連軍に占領されていた地域では、ドイツ人女性の扱いが苛酷で、約二万人が東部で逮捕されロシア内陸部に移送された。一九五〇年代後半の両国間の雪解けに伴う恩赦や特赦でドイツに帰国した者の中に、彼女たちの姿はなかった。捕らわれの身のまま処刑されたり、亡くなったりしたのである[10]。

イルゼ・ストルーヴェは比較的幸運だった。このドイツ国防軍秘書は一九四六年一二月までソ連軍に拘留されていたが、ソ連に移送されることはなかった。ソ連軍の占領政府で秘書として使う方が役立ったからである。あの晩、リウネの寝室の窓から目撃したことについて、彼女は一切語らず、自分が目にした残虐行為の写真について他人に話すこともしなかった。目撃したことを誰かに何か話すくらいなら、「一番高い柱で首を吊った方がまし」と考えていたのだ。[11] 彼女は一九九〇年代まで待ってから、回想録を発表した。

エリカ・オーアも連合軍に逮捕され、一九四五年の夏に拘留された。彼女の場合は、アメリカ軍の収容所に入れられた。彼女はここで、ドイツ人戦争捕虜が拷問を受けるのを見たと言う。捕虜たちは立たされたまま首まで土に埋められていた。オーアは、彼らがなぜそのような罰に値するのかわからなかったと回想している。彼女が見つけた唯一の説明とは、反ユダヤ主義的なものであった。オーアの考えでは、収容所を管理していたアメリカ人の多くはドイツ語を話していたので、国外へ移住させられたユダヤ人と関係があったに違いないというわけだ。今や、彼らはこれらのドイツ人兵士に復讐しているのである。[12]

ドイツ人女性は、ナチ党の女性団体や医師として務めていた一部の医療機関を除けば、主導権を握っていたわけではなかったため、ヘルマン・ゲーリング、ルドルフ・ヘス、アルフレート・ローゼンベルクなどニュルンベルク国際軍事裁判にかけられた最も有名なナチとともに被告人席に着くことはなかった。連合軍はもっと大物を狙っていたのだ。数少ない捜査官はナチ党トップを追い詰めることに専念していた。女性の中には、占領地区の裁判所で裁かれた者もいる。ソ連（のちは東ドイツ）は帝国最大の女性専用収容所――ラーヴェンスブリュック――の女性看守らを告発し、イギリス軍は「ベルゲン・ベルゼンの野獣」を追った。その一人、二二歳のイルマ・グレーゼも軍事裁判で死刑を執行されている。アメリカ軍によるニュルンベルク後続裁判では、二人のドイツ人女性の姿が見られた。一人目は、ヘルタ・オーバーホイザー医師で、残虐な医学実験の罪で二〇年の刑を宣告されたものの、七年後に釈放された[13]（その後、小児科医としてシュレスヴィヒ＝ホルシュタインで診療を再開したが、発見され、医師免許を剝奪された）。もう一人の女性は、インゲ・フィアメッツという名の国家公認の誘拐犯である。親衛隊人種植民本部で出世し、課長となった元秘書フィアメッツは、ポーランド人とユーゴスラビア人の子ども数百人を移送したかどで裁判にかけられた。だが彼女は無実を訴え、何も悪いことはしていないと主張した。自分は慈善福祉活動を行っていたのだというフィアメッツの主張に、判事らは納得し、彼女は一九四八年に無罪判決を受けた[14]。

　ニュルンベルク後続裁判の検事としてよく知られているのが、ロベルト・ケンプナーである。（一九三五年にユダヤ人弁護士としてドイツから移住させられ、その後）アメリカ軍属としてドイツに帰国したケンプナーは、ベルリンでかつての秘書、エミー・ヘヒトルを探した。彼女は戦時中、国家保安本部の刑事警察局長で行動部隊《アインザッツグルッペ》Bの司令官であったアルトゥール・ネーベの下で働いていた。エミー・ヘヒトルはケンプナーを手伝い、ドイツの資料の中から有罪を示す最も有力な証拠となる文書を探し出し、同胞のドイツ人たちを告発し、有罪判決をもたらすことに貢献した。しかし、東部におけるガス・トラックの配備に関する西ドイツの捜査の一環として、一九六一年に正式な尋問を受けた際、ヘヒトルはそのような犯罪についても、また上司の犯罪的な活動についても、自分は何も思い出すことができないと主張した[15]。

　ロベルト・ケンプナーは、妻ルート・ケンプナーとも協力して「ナチス・ドイツの女性」に関する公的な調査を進めた。この調査は、ドイツ人女性の非ナチ化に関する情報を得るために、アメリカ合衆国政府の委託を受けて行われたものである。ケンプナー夫妻はアメリカ軍に対し、ドイツ人女性はあらゆる局面で政府に取り込まれ、狂信的な支持者であったと警告した。たとえば、市場を監視する警察部隊を形成し、配給が正確に行き渡るよう管理していた。そして、約七〇〇万人のドイツ人女性と少女がナチ思想を吹き込まれ、運動に参加したと推定した。帝国の労働戦線に動員されていたのは一六〇〇万人だ。ケンプナー夫妻は「公共に対する危険」の程度によって女性を分類し、約六〇〇万人のドイツ人女性が今でも政治的に活発で思想を拡散させており、危険であると判断した。さらに夫妻はアメリカ合衆国当局に対し、女性ナチ党員が浸透していたドイツ国家の教育機関と行政機関における徹底的な粛清と再編成を試みるよう助言した。それはイデオロギー的転換という途方もない課題であり、二人はそれが忍耐によってのみ可能であると信じ、「彼女たち〔ドイツ人女性〕の人格において変化可能な範囲を思えば、〔うまくいくという〕錯覚は捨てねばならない」と考えていた[16]。

ケンプナー夫妻が早い時点で理解したように、ドイツ人女性は実際、第三帝国の非常に積極的な支持者であった。時の経過とともに、ニュルンベルク裁判の関係者や非ナチ化判定院の職員が理解し、また懸念していた以上に、多くの女性がナチ政権の犯罪に関与していたことが明らかになった。しかし、女性加害者の行動に関する誤解は、その動機に関する困惑とともに根強く残っていた。

個人的な動機を深く精査するには、経歴や犯罪現場を再現するだけでは足りず、それ以上のことが求められる。東部占領地域に住んだため、戦後、尋問官に自らの体験を打ち明けなければならない状況に陥った女性や、のちに当時を回想した女性が語る内容は動機についての手掛かりを提供するが、このような語りが実直だとはとても思えない。すべての女性が意図的に欺こうとしていたわけではないが、これらの回想録や証言の中の自画像は、語る相手が誰だろうと――官僚的な調査官、熱心な検事、支えとなってくれている家族、もしくは好奇心旺盛な歴史学者かもしれない――、聞き手に訴えることを意図していた。もちろん、自分について語るときには、誇張し、誘導し、自我礼賛し、また聞き手に取り入りもする。恥ずべき行為や法に触れること、軽率な行動、決まりの悪い過ち、悔やまれる関係、憎悪などの否定的な感情は、通常うまく言い繕われ、あるいは省かれている。

回想録の大半は看護師の手によるもので、それには女性の戦争体験に関する貴重な情報が記されているが、これらが誤解を招く可能性もある。回想録を読んでも、著者が本当に騙されやすかったのか、それとも若さゆえに迂闊だったのか、また彼女たちの無実は今日の読者のために潤色されたものなのか、私には確信が持てなかった。エリカ・オーアが、一九四四年にポーランドで体験した歯痛や食事について詳細に説明することができるのに、野戦病院の回廊でたった一人の「パルチザン」が射殺された事情を、ぼんやりとしか思い出せないのはなぜなのだろうか。「彼が誰なのか、何を計画していたのかは、はっきりしません」。オーアは興味がなさそうに記しており、さらに、「この戦争では、どちらの側にもはっきりしないことがとても多かったのです」と続けている。[17] 道徳的な相対主義と熟考することへの拒否は、当時と戦後の思考を反映している。

看護師の被告人は、自分の動機と暴力行為についてどのように釈明したのだろうか。連合軍やドイツの法廷では、正当な目的を持っていたことを示す一種の証拠として、組織への所属と介護者になるための訓練が挙げられることが多かった。また、自分の義務を果たさなければならなかったという主張が繰り返された。ポーランドのメゼリッツ・オプラヴァルデ精神病院での犯罪に関して戦後行われた捜査では、ある看護師はドイツの法廷で、彼女の上司であり精神病院の院長であった医師が、彼女とほかの准看護師に致死注射を打つ手伝いをするよう命じたと説明している。この看護師は、最初自分は拒否したが、院長が彼女に拒否しても無駄だと告げたと主張した。「長年公務員の地位にある者として」、「特に戦争時には」その義務を果たさねばならないと言われたのだ。その後院長は、注射をすれば患者の苦しみは終わると安心させ、彼女の情に訴えようとした。君も患者の苦痛を取り除いてやることを望んでいるだろう、と。看護師は証言の中で、自分は期待されていたことをしたにすぎないと言い張った[18]。また、ポーランドで患者を毒殺した罪を問われた看護師は、こう説明している。

盗みは決してしません。そんなことをしてはいけないとわかっていますから。あのひどい時代〔戦前の不況の頃〕、私は販売員をしていたので、簡単に盗むことができました。でも、決してそんなことはしませんでした。理由は簡単です。許されることではないとわかっていましたから。もう子どもの頃に知っていたことですもの。盗んではいけないって。でも、精神病の人を殺す目的での薬物投与を私は自分の義務だと考えました。拒否することは許されなかったのです[19]。

彼女の考えでは、自分は犯罪者ではない。育ちもよく、盗みは犯罪だとわかっている。だが彼女は、自分の義務を果たすことは犯罪ではないと信じていた。たとえその義務が別の人間を殺すことを意味していても。

ドイツ人加害者は男女ともに、暴力の手段[20]（皮下注射、鞭や銃など）、イデオロギー的大義への情熱的な傾倒、義務に対する反道徳的な理解、忠誠と守秘義務を共有していたのに加え、否認と抑圧の心理を同じように示した。[21] 犯罪の事実を突き付けられた者は、決まってこう答えた。「わかりません」「それについては何も知りません」「思い出せません」「命令に従わなければならなかったのです」「休暇中でした」「ユダヤ人に対するある種の行動については、ほかの人から聞きましたが、私自身はユダヤ人を一人も見ていません」「赴任先に着いたときには、ユダヤ人は皆いなくなっていました」。女性被告人らは、男性の証言を意識しており、言葉で自己防衛する技術にたけていた上、独自の戦術も編み出していた。

当然のことながら、検察官や捜査官から重要な犯罪について尋問を受ける者は誰でも、用心深くなり、罰を避けようとする。恐怖と絶望の中、我が身を守り、家族をさらなる恥や重荷から救うために嘘をつく可能性がある。特にその犯罪が、裁判が行われている場所から遠く離れた所で、ずっと以前に起こったことであり、それゆえ証明するのが難しいならなおさらだ。実際、多くの者が偽証した。捜査の対象となった、ヨーロッパ全土で三〇万人を超えるドイツ人とオーストリア人の中で、罪を認めた者がほとんどいなかったとしても、それほど驚くべきことだろうか。[22]

徹底的な否認という基本戦術よりも複雑だったのは、受難者あるいは犠牲者としての弁明であった。看護師のパウリーネ・クナイスラーはこう述べた。「安楽死を殺人だと考えたことはありません。…（中略）…私の人生は献身と自己犠牲でした。…（中略）…人に対して残酷だったことは決してありません。…（中略）…それなのに、このせいで、今、こんなに苦しまなければならないなんて」[23]。自分の犯罪を否認する加害者は、自分が罰を受けるに値する罪人だとは考えていない。そう信じているのは、被害者と検察官なのだ。悪の探究において、社会心理学者のロイ・バウマイスターは、加害者が「自分がしたことについて、何かまずかったと気づくことはあっても、彼らは自分がコントロールできない要因を含め、外部の要因にどれだけ影響されたかということにも気を付けている。そのため、自分は完全に適切で正当な方法で行動したのだと考える」と主張している。[24]

エルナ・ペトリは自分が犯した殺人を否認したり、犠牲者ぶったりすることはなかったが、自分の行為は、当時の状況、特に間違いなく野蛮な男だった夫の影響を受けたことが原因だと強調した。[25] なぜ自分の手でユダヤ人の男性と子どもたちを射殺したのか説明するよう迫られると、彼女はこう述べた。

> 当時、射殺したとき、私はたったの二三歳で、まだ若くて経験もありませんでした。ユダヤ人を射殺していた親衛隊員たちの間で暮らしていたのです。ほかの女性と会うことはほとんどなかったので、だんだんと性格が強くなり、鈍感になっていきました。親衛隊の男たちの後ろに立つなんて嫌でした。女でも男のように振る舞えることを見せたかった。だから、ユダヤ人四人とユダヤ人の子ども六人を撃ちました。男たちに、自分が有能なことを証明してやりたかったからです。それに、当時この地域では、子どもも含めユダヤ人が射殺されているという話を、ありとあらゆるところで耳にしていました。それもあって、殺したのです。[26]

もしエルナが親衛隊員の妻としての自分の役割を強調していたら、彼女が率先して殺人を犯したのは、夫の教唆だったということになりはしないか。事実、東ドイツ秘密警察《シュタージ》がエルナ・ペトリに罪を認めるよう迫ると、彼女は、以前の尋問で犯行を否認したのは、夫が自分をかばってくれると考えていたからだと述べた。だが、夫はそうはしなかった。

これ以上に実証するのが難しい動機の一つが、逆説的ではあるが、最も蔓延していた反ユダヤ主義だった。第三帝国では、反ユダヤ主義は公式な国家イデオロギーであり、それゆえにこれについては議論の余地はなかった。それは帝国を定義付ける要素となり、日常生活に浸透し、公私ともに人間関係を形作り、政府の犯罪的政策を生み出したのである。ナチの社会制度における女性の役割に特有な、女性的な反ユダヤ主義思想やその表現というものが存在したのだろうか。つまり、秘書、官僚の妻、看護師、教師としての彼女らの反ユダヤ主義はあったのか。

ナチ時代、ユダヤ人の生死を左右したのは、上司のご機嫌を取りたい、同僚や配偶者と張り合いたい、仕事を続けたい、快適な大邸宅や「新しい」服が欲しいといったドイツ人女性の欲望や物的必要性、そして仕事上の野心であった。今日的視点からすると、これらの関心事、欲望と野心は、計画的な反ユダヤ主義的憎悪やサディズムが引き起こした結果に比べれば、ささいなことであり、重要ではないと言うことができる。しかし、当時、ごく日常的なことと壮大なことは並存していたのである。

帝国における暴力の急進化を推し進めたものは、エルナ・ペトリの例に見てとることができるが、それは男女両方に当てはまることであった。ユダヤ人の子どもを無情にも殺害したとき、エルナ・ペトリやヨハンナ・アルトファーターらの行動は無垢な子どもの命さえ無価値とする、あまりにも根深いナチの反ユダヤ主義を具現していた。尋問官がペトリに、彼女自身二人の子どもの母親であるのに、なぜ罪のないユダヤ人の子どもを射殺できたのかと尋ねられると、彼女は次のように答えた。

どうして当時、あれほど残忍で非難されるようなことをしてしまう、そういう状態に自分が陥っていたのか、今ではわかりません。ユダヤ人の子どもを射殺するなんて。けれども、以前〔ウクライナに来る前〕から、ファシズムや人種主義的な法律にすっかり慣れてしまっていて、ユダヤ人に対する見方ができあがっていたのです。ユダヤ人を滅ぼさなければならない、と言われていましたし。この考え方のせいで、あんなに残忍な行為を働くようになったのです。[27]

前線により近い場所で、パルチザンの戦闘地区内で、そしてホロコーストの只中で、妻や女性アシスタントを連れたドイツ人官僚はナチの人種主義的、帝国主義的な使命を掲げた。そして、その主たる統制手段として、暴力に頼った。東部は「男の世界」であったかもしれないが、女性もこれに適応し、自らの行動を断固として正当化することができた。

ペトリの証言は貴重である。一般のドイツ人女性が、ユダヤ人やホロコーストについての考えを述べるような記録は、戦中・戦後もほとんど存在しない。それよりも、植民者的な視点で、ポーランド人、ウクライナ人、ユダヤ人などの「現地の住民」がいかに愚かで汚く、また怠惰であるかを語ったものや、「ボルシェヴィキ」「犯罪者」「パルチザン」などがはびこる暗黒の地、あるいは、賢明だが劣等であるがために使い捨てにされる子どものような現地の住民について、遠まわしに語ったものの方が多い。女性たちは語りの中で（法廷での証言と回想録の両方において）、ホロコーストを矮小化するとともに、どれほど自分の反ユダヤ主義に原因があったかについても、最小限に見せようとしている。そして、ホロコーストを「戦時中のユダヤ人のこと」と呼んでみたり、「ユダヤ人が数人、撃たれただけ」と述べたり、「ユダヤ人は私たちに復讐したいのだ」と弁明したりした。ヨゼフィーネ・ブロックは、ユダヤ人は自ら同胞を見捨てたのだとさえ言っている。投獄された海軍元帥〔ニュルンベルク裁判で有罪となったエーリヒ・レーダー」の妻エリカ・レーダーは思い切った発言をすることで有名であったが、病気を患う高齢の夫を出所させるために必死だった彼女は、「私たちドイツ人が耐えなければならなかった扱いは、ユダヤ人の身に起きたどんなことよりもひどい」とまで主張した。[28] レーダーの比較は当時も今も、道義に反するどころか正しくもない。それでもレーダーは、イギリスとアメリカの指導者や西ドイツのメディアから同情された。終身刑に服していた夫は、一九五五年に多くのナチ高官だった戦犯らとともに釈放された。犯罪者に対する恩赦は、西ドイツを西側陣営に統合するための政治的便宜であったと言える。しかし、保守派のドイツ人、ナチやネオナチには、連合軍による恩赦は、その被害者意識と偏見を肯定するものと受け止められた。ドイツ人とユダヤ人の苦しみを比較し、戦争の責任をユダヤ人に転嫁させることは、ナチの犯行と有責性を否認する抗弁にとどまらない。こうした論法によるホロコースト否定は、戦後の法廷に端を発したのではない。それは第三帝国のイデオロギーに由来している。大多数のナチ犯罪者と共犯者、また、自分が見たことを語ることのなかった多くの目撃者でさえも、戦時中も戦後も、ユダヤ人に共感することはできなかったのだ。

一部の女性による極めて暴力的で、サディスティックとも言える行動について、目撃者は当時、そして戦後、どのように説明したのであろうか。女性加害者の行動を戦時中に目撃した者と、戦後、彼女たちを尋問した検察官は、その残虐性にまさに言葉を失った。ジェノサイドによってめちゃくちゃにされた世界がどのようなものだったかを生存者が説明しようとしても、その証言を聞いている者にはほとんど理解できないほどであった。アルトファーターの残虐性を目撃した生存者の言葉を思い出してほしい。「女性のあのようなサディズムは見たことがありません。決して忘れることはありません」。女性殺人者の姿とその行為は生存者の記憶に焼きついている。[29] 制服姿で角刈りのドイツ人兵士と警察官の集団には殺人が認められ、実際にそうすることが期待されていた。しかし、女性はどうか。なぜ女性にこのような行為が可能だったのか。一見して母性に満ち、思いやりのある人物が、今しがた優しく慰めていたかと思えば次の瞬間には相手を傷つけ、殺しさえする、ホロコーストの中の女性の行動に関する事実には、かつても、今も、最も困惑させられる。にもかかわらず、このような行動は、共犯者や加害者であった看護師、母親、そして妻に多く認められる。

暴力は女性本来のものではない、女性には大量殺人はできないという思い込みには明らかに魅力がある。そう考えれば、少なくとも人類の半数は他者を滅ぼすことはなく、子どもたちは守られ、それゆえ未来は守られるという希望が持てるのだ。[30] しかし、女性の暴力行動を矮小化すると、ジェノサイドとその居心地の悪い現実に対して立ち向かう武器があるという幻想を生むことになる。[31]

「専門家」なら、これらの女性がしたことをどのように説明するだろうか。一九世紀の犯罪学者、チェーザレ・ロンブローゾ[32]は行動様式を知るために被験者の頭囲を測定したことで知られているが、女子殺人者は脳が小さく、異常に毛深いと主張し、発達の遅れた霊長類に例えた。[33] ジークムント・フロイトは女性の逸脱行動が男性になりたいという願望に根差しているとし、一種のペニス羨望であるとした。別の怪しげな理論では、女性が「生まれながらの嘘つき」で秘密主義であることを前提とし、記録されている以上に多くの罪を犯していると推測した。そこで示されている「根拠」とは、月経を隠し、オーガズムを装う女性の巧妙さである。[34]

しかし、男女の生物学的差異は、暴力的な行動においては実際のところどれほど認められるのだろうか。動物――おもに霊長類――の行動に関する最近の研究によれば、オスの方が暴力的であることがわかっている。脅威にさらされると、メスは他のメスと結束し身を守る。オスは社会的ヒエラルキーの上位にいるが、メスは調停と和解をもたらす。オスの霊長類の関係に緊張が生じると、メスはその緩和をもたらす重要な役割を果たす[35]。動物行動学の理論を、ホロコーストに当てはめることはできるだろうか。ナチの殺人者を動物と比較するとき、著名なホロコースト史家のイェフーダ・バウアーのコメントが思い出される。バウアーによれば、ナチスに「獣のような」とか「野獣性」という言葉を適用することは、「動物の世界に対する侮辱である。…（中略）…なぜなら、動物はそのようなことはしない。殺人者の行動はあまりにも人間的であり、非人間的ではなかった[36]」。ジェノサイドという発想と行為は人間の現象なのである。ジェノサイドの実行には、人間の認知能力、あらゆる想像力と感情に訴える憎悪のイデオロギー、そしてそれを組織し実施するための十分に練られたシステムが必要である[37]。人間はジェノサイドを行う唯一の動物である。一流の霊長類学者、フランス・ドゥ・ヴァールの研究は、第三帝国の女性の大半が本能的に暴力的だったわけではないという事実を裏付けている。しかし、彼女たちは、メスの霊長類に見られる緊張緩和を媒介する調停者や共感者でもなかった。

ジェノサイドのない社会では、すべての暴力犯罪の平均九割は男性によるものである。女性による暴力行為は通常、家庭内暴力という形で現れ、別の女性に対する行為はほとんどない。一部の理論家は、男性による暴力が多いのは、女性には「不安感、自己主張の欠如、うつ状態などがよく認められる」のに対して、男性には高い自尊心と「『男のうぬぼれ』から来る傲慢さ」などの性格特性が見られることに起因するとしている[38]。暴力的な行動がそのような性格特性と社会的に形作られた期待から説明できるのなら、ナチス・ドイツにおける個人の生の価値の低下によってこれらの特性と期待が変化し、男性同様に女性にも自己主張に加えて傲慢になることが奨励され、人種的優越性という本質的に暴力的なイデオロギーの拡散が促されたと言える。ナチス・ドイツの暴力は逸脱ではなく、女性の行動や性質からの不可解な脱線ではなかったのである。それどころか、政治学者ハンナ・アーレントが強調したように、全体主義的な運動では暴力が手段として用いられるのである。権力を獲得し、これを維持するために、暴力を巧みに操作して利用するのだ。ホロコーストの女性加害者は、ともすれば手に入れることができなかった支配を獲得し、ナチ政権によって無力にされた犠牲者に君臨するために、銃や鞭、致死注射を用いたのである。

女性の犯罪に関する最近の研究（アメリカ合衆国の刑務所に収容されている女囚一〇三名を対象）からは、「冷淡、情動の欠落といった、精神病の構成要素において男女に差はない」が、この反社会的行動の表出方法が異なっていることがわかった。[39]つまり、男性と女性は、暴力行為をもたらす可能性がある共感の欠如や衝動性などの情動的特性については同程度と考えられるが、女性は通常、攻撃性が低くなるように社会により条件付けられているのである。暴力を予測させる特性がいかに表出するかは、それまで受けてきた教育やしつけなど、特定の時と場所での社会文化的体験に影響される。したがって、ヴォロディーミル＝ヴォルィンシキーのゲットーでヨハンナ・アルトファーターが見せたサディズムは、元々の性質と育ち、つまり、生物学的要因と状況的要因の産物だった。

テオドール・アドルノの権威主義的パーソナリティに関する研究をはじめとして、他の研究では、共感は成育過程における道徳的社会化によって生まれると示唆している。[40]他者に対する自分の行為の悪影響を子どもに教えれば、共感を高めることになるというわけだ。一方、論理的思考に基づくしつけではなく、「罰の使用に依存する、厳しい権威主義的または力に訴える育児習慣」によってしつけられた場合、型にはまった考え方、権威への服従、よそ者や逸脱者に対する攻撃性が生まれる可能性がある。このような場合、道徳的社会化は進展せず共感はほとんど育まれない。恐怖が共感の妨げとなるのだ。歴史学者は当然、研究対象を長椅子に座らせたり、実験室に呼んだりすることはできないが、ナチ時代のほとんどのドイツ人が権威主義的な家庭で育ち、そこでは子どものしつけと動機付けのために日常的な体罰――話してわからせるのではないことは確かだ――が行われていたことは、指摘する価値があると私は考える。

また、権威主義的パーソナリティという考え方は別の意味でも適用される。ナチ時代の多くの女性にとって、父親、夫、そして総統は皆、彼女たちの人生にさまざまな段階で影響を与える権威主義的人物であった。エルナ・ペトリの父親は娘の夫、ナチ党員のホルストを認めなかったが、最終的にエルナは自分を守ってくれる父親の代わりに、凶暴な配偶者とともに歩む道を選んだ。多くの女性被告人による戦後の証言では、権威に対する恐れと、自分の義務に従い、あるいはこれを果たさなければならないという強迫観念が示されている。

ニュルンベルク後続裁判の間、男性被告人の中には、ロールシャッハ・テストなど、当時流行していた一連の心理検査を受けた者もいた。[41]九万人を超える男女と子どもを殺害したと告白した、行動部隊Dの隊長で親衛隊中将だったオットー・オーレンドルフの検査を行った心理学者は、オーレンドルフは「サディストか、変質者か、精神錯乱者」に違いないと結論付けた。[42]オーレンドルフが自分の残虐性について、ひるむことなく淡々と語ったからである。自分の姉妹を殺すよう命じられたら殺すかと裁判官に質問されると、オーレンドルフは殺すと答えた。しかし、彼は愚かなロボットではなかった。高い教育を受け十分に事情を知りつつ、ヒトラーとヒムラーを信奉し続けたのである。ニュルンベルク裁判にかかわった別の心理学者は、ナチ党の指導者らにさまざまな検査を実施し、彼らは「病気でも異常でもなく、実際には、地球上のどの国でも出会うような人間だ」という結論に達した。[43]

このような心理学的実験は、主として国家の指導者と親衛隊員に対して行われた。[44] 女性が検査を受けていたとしても、結果は公表されていない。[45] また、実際に自らの手を血で染めた者たちは指導層ではなく、大半は親衛隊員でもなかった。したがって、歴史的に見て、この心理学的評価は男性と女性、ドイツ人と非ドイツ人など、さまざまな人々から成る加害者に当てはまるものではない。私は、ノルトライン＝ヴェストファーレン州のナチ大量犯罪中央捜査局［ノルトライン＝ヴェストファーレン州を対象に一九六一年に設立された。一九五八年にルートヴィヒスブルクに設置された「ナチ犯罪追及センター」とは別の機関］の局長を務め、一九六五年から一九八五年まで数千人の容疑者（ヨハンナ・アルトファーター・ツェレを含む）を尋問した上席検事のヘルマン・ヴァイシンクにインタビューをした。彼は、精神病質と特徴付けられる者には遭遇しなかったと述べている。「個人が狂っていたのではない。正気でなかったのはナチ体制の方だった」と彼は私に語った。ヴァイシンクは、アルトファーターを含め、捜査対象となった加害者の多くが罪を犯したと確信していたが、同時に、彼らはもはや社会に対する脅威ではないと結論付けた。彼らは新しい民主的なドイツにおける、「正常」な、法を守る市民になったのだ。[46]

加害者の動機に関する研究では、憎悪《ヘイト》行為を煽る者は自分を取り巻く世界から、落ち着かない、やっかいな曖昧さと複雑さを取り除こうとしているのだと説明する。加害者の考え方は一種の「二分法」――すなわち、全か無か、白か黒かという思考――である。加害者は自分自身について、見識があり、大いなる真理を知り、敵よりも優れ、非難されることも罪を問われることもなく、二分化された世界を必死で打破しようとしている者と考えていることが多い。両大戦間を生きた世代のドイツ人は、戦争と平和、野放しの資本主義と国が統制する共産主義、個人主義と集団主義、過去と未来という明白な両極を体験した。ドイツ人はこれらの対立を乗り越えようとし、具体的かつ本質主義的と思われるもの、すなわち、生物学的人種差別に基づく、より上位のユートピアを渇望した。私たちから見れば、ホロコーストの破壊機構は、派閥争いが繰り広げられ、さまざまな機関が複雑に絡み合い、そこに殺人的な狂気が入り込んだ官僚主義の混乱した世界である。だが殺人者にとってこれは、「円滑に機能」し、決然として組織的であり、また必要不可欠でもあり、洗練され精密な――おそらくは不快だが人間味のある――ものだった。敵、すなわち、ユダヤ人とその他のいわゆる人種的欠陥者は、外科手術の正確さでもって根本から取り除かれるのだ。ドイツの存在を脅かす者は排除され、苦闘は終わりを告げる。ヒトラーとその信奉者、そして多くのドイツ人愛国者の頭の中では、最終解決とは、世界に広がりつつあるユダヤ人の忍び寄る影響力から解放されるための防衛措置であった。

女性殺人者による犯行は、職業上の優先課題や任務、個人的な責務が不安と絡み合う中で発生した。殺人の必要性を認識しこれを受け入れた者は、一日のうちに、ユダヤ人の子どもたちを射殺し、その後帰宅して自分の息子や娘を優しく世話することに問題は感じなかった。このとき、殺人者の頭の中で矛盾は一切ない[47]。むしろ、驚くほどの明瞭性が認められる。看護師と医師は、苦しみを終わらせるとして致死注射を正当化した。「患者」は不健康で手の施しようがなく、生死の境目にいた。患者のどっちつかずの状態は、「安らかな」死によって解決されなければならなかったのである。当然のことだが、いわゆるユダヤ人の脅威は現実には存在しなかった。しかし、ペトリの地所に避難先を求めた裸のユダヤ人少年たちとヴォロディーミル＝ヴォルィンシキーのゲットーにいた幼児たちは、ただその存在が、ドイツ人が夢見るユートピア的「生存圏」に受け入れがたいという理由で殺された。殺人者の頭の中では、ドイツ人とユダヤ人は共存できなかったのだ。女性殺人者たちは、恋人や配偶者である男性たちがそうであったように、何年も国から教え込まれた結果、こうした確信を得るに至った。ドイツのみならずヨーロッパ全土で広く支持され、国も容認していた反ユダヤ主義的風潮に染まっていったのである。

ジェノサイドにおいて殺人者となるかどうかは、環境が最も重要な決め手となるという点で科学者の間では一般的な合意が得られている。罪を犯す傾向がある者でも、特定の状況や体験がなければ犯罪を実行することはない。エルナ・ペトリのような殺人者は日々の生活の中で、また一時間もたたないうちに、劇的に変容することができた。ある瞬間にはユダヤ人の子どもたちに食事を与え、反射的に母親としての役割を果たしながら、その後すぐに処刑者として、その子どもたちの頭に銃を突きつけることもできたのだ。幼児の頭をゲットーの壁に叩きつけ、「男勝り」で「氷のように冷たい」――「月明かりのない夜には会いたくない相手」――と言われたヨハンナ・アルトファーターは、戦後、児童福祉事務所で働いていた[48]。家畜運搬車に閉じ込められ、その後、町はずれに行進させられて射殺されたユダヤ人たちに向けられた冷淡さは、ユダヤ人を殺害する特異な傾向がドイツ人にあったことを示す証拠にはならない。ドイツ人は男性も女性も、またその協力者も、まず大量殺人の手段や理由に順応する方法を学ばなければならなかった。東部占領地域において、ホロコーストの直接の目撃者や共犯者、加害者となったドイツ人男女は、さまざまな体験を通じてその反ユダヤ主義的行動の範囲を広げ、深めていったのである。暴力が常に可視的である状態が許容されず、「ボルシェヴィキ」の脅威に直接遭遇することのなかった国内に比べて、東部での反ユダヤ主義は多種多様な形態を取り、複雑かつ過激であった。これまで見てきたように、ユダヤ人＝ボルシェヴィズムという主張は、戦争に人々を動員するための強力なイデオロギーだった。しかし、東部に派遣されたほとんどの女性は、過激な反ユダヤ主義者ではなかった。実際、その大多数はこれとは異なる信念や野心を抱いていた。だが、東部での体験が人を変えてしまった。ナチの反ユダヤ主義が変容し、その全貌が現れ出たのが東部地域であり、一部の者はヒトラーのドイツが敗北しても、そこで身に付けた反ユダヤ主義的思考に疑念を抱くことはなかった。

ホロコースト研究における男性加害者の類型を女性に適用することは可能だろうか。本書における女性の目撃者、共犯者、加害者に関する研究からは、女性が確かに男性と同じ行動や動機を示していたことが明らかになった。女性は行動部隊や警察部隊などの移動殺戮部隊には組み込まれなかったが、中には看守になるための軍事訓練に参加した者もいる。その目的はただ一つ、囚人に恐怖を与えることだが、彼女たち自身は帝国の敵を懲らしめるためだと考えていた。本書でおもに取り上げたのは、戦地の事務所や帝国の病院など看守以外の職にある中で、また家庭で、公に私に加害者となった女性たちである。本書では、これらのさまざまな役割と状況において、非道徳的な暴力行動が多様な形態で示されたことを見出した。

科学や医学にかかわる職種でエリートの地位にあった女性も、ジェノサイドが発生したゲットーや精神病院で「研究」をしていた。[49] ミンスクのゲシュタポ事務所長秘書ザビーネ・ディックや、リダの地区弁務官秘書リーゼロッテ・マイアーの日々繰り返される、しかし、死へと通じる仕事には、机上の殺人者の女性版が見出される。ヨゼフィーネ・ブロックとヨハンナ・アルトファーターには、女性サディストの姿が見える。リーゼル・ヴィルハウスとゲルトルーデ・ゼーゲルは女性の狙撃兵と言ってもよい。そして、エルナ・ペトリは女性の死刑執行人だ。「ヒトラーの娘たち」の背景は男性と同様、労働者階級と富裕層、高学歴と低学歴、カトリック教徒とプロテスタント、都市出身者と地方出身者などさまざまである。彼女たちは皆、野心と愛国心を持っていた。また、程度の違いはあったが、皆欲深く、反ユダヤ主義的、人種主義的であり、帝国主義的な傲慢さを備えていた。そして誰もが若かった。

女性殺人者の類型において検討すべき集団を、最後にもう一つ挙げておく。『イルザ　ナチ女収容所　悪魔の生体実験』のセックスマニアのように、女性を風刺的に描いた初期のポルノ映画には、不快な歪曲が見られる。しかし、これらの誇張表現には現実の要素がないわけではない。私たちは残虐行為を引き起こした要因としての男女関係の力学を解明しなければならない。そのエネルギーは純粋に性欲に基づくものであったのか、それとも婚姻関係に起因するのか。[50] 最も基本的な交尾の儀式においてさえも、男女は互いに演じ合う。そして、一組のつがいとして、その行動は常に両者の関係と性的衝動によって公私両面で形成される。[51] ペトリ、ランダウ、ヴィルハウスの夫婦、ハンヴェークとマイアーという恋人たち、その他多くのカップルにとって、ホロコーストの暴力は男女関係の力学の一部だった。当然、このような関係がホロコーストを引き起こしたわけではない。しかしそれは、ユダヤ人とその家族がゲットーや収容所、さらには大量射殺現場で直面していた日常的な恐怖と切り離すことができなかった。日々の困窮、家族の喪失や身体的苦痛に加えて、東部でユダヤ人は、多くの生存者が世界がひっくり返ったと表現した混乱にも対処しなければならなかった。その世界では、高度な文明の担い手を自称するドイツ人支配者が、最悪の悪行と蛮行を繰り広げていた。その戸惑うような現場の中心には、しばしば女性がいたのである。

　ゲットーで、また大量射殺現場の近くで気晴らしや「娯楽」、酒色にふけるドイツ人はこの「ひっくり返った世界」の一部であり、そこにもやはり女性がいた。快楽主義者は一人では行動しない。お楽しみは多くの場合、カップルや集団で追求される。「東部の陶酔《オストラウシュ》」とは、帝国主義的な高揚感であり、これが戦争とジェノサイドの暴力に拍車をかけた。快楽主義とジェノサイドが手を取り合う。そして、男女はその実行者、すなわち共犯者であった。

潜伏していた若いユダヤ人男性を追い出す（ライフルを手にした）ハンヴェークと氏名不詳の女性

　さまざまな性格や職業を持つ者が、ナチの殺人マシンの運営と拡大に手を貸した。それはドイツ人が考案した仕組みであったが、ドイツ人以外も多数運営に加わった。これらの非ドイツ人の関係者もドイツ人同様に日和見主義であり、反ユダヤ主義的であったことが判明している。定義では、ジェノサイドとはまさに、ある集団によって、あるいは社会全体によって、通常はマイノリティである弱者集団に対してなされる集団犯罪を言う。政治制度と政府機関がこれを実行するメカニズムであり、組織的な枠組みであるが、これを動かす力はヒトラーが認めたように、人々の意志に由来する。ジェノサイドを実行する政権は、一つの集団を別の集団と闘わせる暴力的な革命を企てる。どちらの集団も、それを生存を賭けた闘いだと信じている。この形の全面戦争には全員が参加し、従来の男女の役割は社会の軍事化に悪用される。道徳的行動規範は再設定される。これにより支配者側の権限は強まるが、力を行使される側にとって、これは死を招く恐ろしい事態なのである[52]。

これまで見てきたように、少なくとも五〇万人の女性が、東部地域でジェノサイドを伴う戦争を目撃し、その遂行に貢献した。ドイツの優位を防衛し誇示するため、暴力を受け入れ、煽り、自ら暴力を振るうよう教え込まれた若い女性革命家の世代がナチ政権に動員された。しかし当時、政権にまさに心を奪われ、もちろん暴力行為で罪に問われることのなかった女性たちは、この事実を抑圧し、否定してきた。ジェノサイドは女性の問題でもある。「機会」を与えられれば、女性もこれにかかわるようになる。その最も血なまぐさい部分にさえも。洗脳され、道を踏み外した収容所の女性看守二、三〇〇〇人のみに罪を帰することは、ホロコーストの現実を正確に反映していない。

第七章　女性たちのその後

アメリカ合衆国の検察官とその部下は、戦後、約二〇〇万人にも上るドイツ人犯罪者のリストを二、三〇〇人の主要戦犯に絞り込むよう、途方もない重圧をかけられた。連合軍の収容所に入れられた男女は釈放を待っていた。彼らの拘留はドイツの復興の障壁となっていた。ニュルンベルク国際軍事裁判所は親衛隊を犯罪組織と認定したが、ゲシュタポや親衛隊事務所で働いていた事務員、秘書、速記者、清掃員やその他の下級補助職員は起訴対象外とされた。連合軍側の算出では、これらの下っ端は親衛隊職員の三〇～三五パーセントにあたり一万三五〇〇人ほどになる。[1] 駅のプラットホームや収容所の入口でユダヤ人女性や子どもを検査した国内や東部の女性警察官、殺人命令を送信し、労働者を選別し、ユダヤ人の所有物を略奪した元秘書など、この種の職員が自動的に戦犯として捜査されることはなかった。ケンプナー夫妻によって収集された驚くべきデータにもかかわらず、犯罪捜査官と非ナチ化を進める法廷は、国家機構所属のホワイトカラー女性は戦後のドイツ社会にとって脅威ではないという妥当な結論を下した。[2] ドイツの被告側弁護団は、ゲシュタポ事務所の事務員は女性速記者を含め、犯罪的政策に関してほとんど知識はなく、上司と共謀して犯罪を実行する権限もなかったと、もっともらしく主張した。

ナチ加害者の男女に対して正義がなされたとは言えないだろう。ホロコーストに関与したドイツ人女性の大半は、静かに通常の生活を取り戻した。戦後の文学作品などのイメージでは、重責を負ったドイツ人主婦、つまり、西ドイツの急激な「経済の奇跡」の背骨となり、父親不在の家庭でわずかな食べ物と雨露をしのぐ屋根を求めて苦労した「瓦礫の女たち」の姿ばかりが強調された。[3] ドイツ人女性を犠牲者とするこの考え方は、第三帝国の悪行に女性が加わった証拠とは折り合いがつかない。戦後、裁判にかけられ生き残った証人と対峙した者は、恐ろしい異常な性格の持ち主として、あるいは生まれついての無垢な存在で、そのようなひどい行為など不可能な者として描かれた。[4] 意図的か無意識なのかはわからないが、女性被告人は無垢な女性という先入観を自分の利益のために利用した可能性がある。尋問官や捜査官は、女性をその感情的な反応に基づいて評価した。裁判官は質問や審理の最中に女性が泣くと、これに注目した。このような感情の表出は人間性や感受性、そしておそらくは、女性が元来備えているとされる本能的な純真さや思いやりにも通じる共感を示していると思われたのだ。[5] 実際、ほとんどの女性はサディスティックな殺人者ではなかったため、このような先入観が事実無根であるというわけではなかった。

法学の学位を持つ赤十字社の看護師で、ウクライナの「屠畜場」について両親への手紙に記したアネッテ・シュッキングは戦後、その学歴をうまく活かすことができた。[6] 一九四八年、彼女は再結成されたドイツ女性法律家連盟の設立メンバーとなる。ナチ党は旧連盟を一九三三年に解散させていた。

自称フェミニストとして、彼女は家庭内暴力を阻止するために法改正を実現させた。そして、数十年間にわたり、デトモルトの民事裁判所で裁判官を務めた。彼女が担当したある訴訟で、戦時中にノヴォフラド＝ヴォルィンシキーで警察官をしていたと経歴書に記載している男がいた。シュッキングはナチ犯罪追及センターに出向き、ウクライナで出会った加害者たちについての詳細な情報を提供した。彼女は検察官らに、フミリヌィークでのユダヤ人射殺について彼女に語ったフランクという名の士官を追うよう強く訴えた。だがフランクは見つからなかった。戦争犯罪の捜査に協力しようとしたが拒絶された、と彼女は受け止めた。「法廷では、東部にいた頃の同僚たちとおおっぴらに話すことは一切できませんでした。元ナチ党員はどこにでもいましたから」[7]。彼女の試みは何も生まなかった。二〇一〇年、かつて目撃したユダヤ人の子どもが死へと「連行されていく」様子が頭から離れない彼女は、再びこう問いかけていた。「でも、私に何ができたというのでしょう」。

歴史学者は戦後のオーストリアと東西ドイツにおける捜査と裁判を比較し、女性被告人は少数派ではあったが、さまざまなカテゴリーの者がいたことを見出した[8]。ドイツとオーストリアで最も起訴が多かった時期――すなわち、終戦直後の一〇年間――に、二六名の女性が医療施設と強制収容所で犯した罪のために死刑を宣告されている。一般の人々の高い関心を集めた一件の例外（アンネ・フランクとその家族をアウシュヴィッツへの移送リストに記載した親衛隊婦人警察官）を除けば、ドイツ人女性は戦後、ゲシュタポ事務所や東部占領地域の出張所でホロコーストの実行者として果たした役割について、追及されることはなかった[9]。組織外で発生した暴力、たとえば私邸、農場、民間企業で強制労働者を残忍に扱った女性に対する訴訟はほんの一握りであった。大量射殺やゲットー一掃の際に殺人を犯した、あるいは殺人を幇助したとして起訴されたドイツ人女性は一〇人に満たなかった[10]。告発を逃れようとした女性ナチ党員にとっては、ヨーロッパではドイツよりもオーストリアの方が安全であった。最も多くのドイツ人女性ナチ党員が、殺人犯または殺人の共犯者として裁判にかけられたのは東ドイツで、一九四五年から一九九〇年までに二二〇人の女性被告人が裁きを受けた。オーストリアでは一九七〇年代以降、ナチ戦犯（男女とも）の裁判や告発は行われていない。これは、ナチ・ハンターとして有名なジーモン・ヴィーゼンタールがウィーンに拠点を置いていたことを考えれば、悲しい皮肉である。

本書で取り上げた女性たちの戦後の運命から、ジェノサイドの訴追についてわかることは何だろう。本章でこのあと述べるように、本書に登場した共犯者と加害者は、戦後、捜査官の追及を受けたが、有罪を宣告されたのはたった一人である。殺人が公然の秘密とされ、数千の真新しい集団埋葬地が風景の一部となっていたベラルーシなどで勤務していた者たちは大抵、自分は何も見ていないし、知らないと主張した。捜査官と検察官の大半は女性ナチの追及にそれほど積極的ではなく、ドイツ人目撃者は必要以上に情報を提供することを望まなかった。自分の不利になるような情報は特に。また、西ドイツとオーストリアの司法は、完全に非ナチ化されていたわけでもなかった。

大量殺人という汚れ仕事にともに参加したことで強まった絆は、戦後も長く続いた。妻は夫に忠実であり続けた。子どもを抱えた多くの戦争未亡人が食べることにも苦労していることを考えれば、夫が「いる」というだけでありがたいと考える妻は多かった。ヴェラ・アイヒマンは親衛隊中佐の夫、アドルフ・アイヒマンをかくまうために、偽の死亡証明書を届け出た。これは、単なる夫婦愛からの行為にとどまらない。何かを隠し、共有している者同士によって仕組まれた隠ぺい工作だ。イスラエルで処刑される前の晩、アイヒマンは自分が「最終解決」で果たした役割について、罪悪感や恥の感情を示すことはせず、無実を主張する自分を信じ続けた妻を称えた。女性は鏡のように男性の権力と優越感を映し、同時に悪の顔を見えなくした。暴力の持つ不道徳さが見えなくなり、また、おそらくはそれを見たくはないと考えた妻たちは、結婚の誓いを守るというキリスト教徒的な義務に専念し、共犯者であり続けた。夫が罪を犯すのを最初に勇気づけてしまった妻は、最後まで夫の無実を主張し続けた。

バイエルンでは、刑務所の教戒師たちが獄中の被告人の妻たちの相談に乗り、夫を無条件に支えるよう助言した。男性が罪を犯したとしても、神の御慈悲によって赦しを得られる。愛情深い忠実な妻であれば、夫を贖罪へと導くことができるかもしれない——そう教戒師は願っていた。法廷での正義の追求はおまけのようなものだった。検察官も教戒師も、殺人者に公に罪を告白するよう説得することはできなかった。夫が妻にどんなことを内密に告白したのか、知る者はいない。しかし、ほとんどの妻は裏切られたと感じていても、また暴力的な夫を嫌っていても、結婚生活を続けるほかは選択肢を思いつかなかった。バイエルンの司祭たちは、戦争犯罪を理由とする離婚を思いとどまらせた。道徳的に失格なのは罪を犯した夫ではなく、それを理由に別れることを決めた妻の方だというわけだ。ある妻の離婚の承認を拒んだ聖職者の言葉によれば、戦争犯罪人は「夫婦双方に等しく影響を与える、運命の行為を犯したのである。…(中略)…この運命の行為は、夫婦双方が、ともにその責任を負わなければならない」[11]。妻たちは加害者である夫に対する告発に、夫は子どもたちの父親として実直な優しい性格であると主張し、反論した。

戦後新たな配偶者を見つけた男性加害者たちは、捜査官が訪ねてくるまでその犯罪を隠していた。ウクライナとロシアの各地で暴挙の限りを尽くした行動部隊の隊員に電話をしたとき、電話に出た妻は私が夫と話すのを許さなかった。彼女は戦時中看護師だったと説明し、自分自身の苦しみを語ると、すすり泣きを始めた。ビール醸造技師の夫とは戦争直後に出会い、数十年たってから彼が行動部隊にいたと知った。だが、彼女は夫の元を離れられなかった。もう家族としての生活が始まっていたからだ[12]。

忠誠の誓いは家から職場へと広がった。第三帝国は敗北し、犯罪的な政権として信用を失った。しかし、加害者は引き続き、死んだ総統に対してではなく、加害者それぞれがお互いに対して忠誠と守秘の誓いを守り続けた。戦後も忠誠を貫くことは、検察官とナチ・ハンターから身を守るための約束であった[13]。このような絆は第一〇一警察予備大隊のような殺人部隊内だけでなく、秘書と上司の間でも、また女性同僚と知人のネットワーク内でも結ばれた。スロニムのある地区弁務官秘書は、上司の戦争犯罪について証言するよう求められたとき、上司の妻から一通の手紙を受け取った。それは、訴訟から距離を置き、影響を与えないよう元秘書に請うものだった[14]。当然、誰もが皆この種の約束に縛られていたわけではなく、また戦時中の体験に根差した仲間内の圧力に屈したわけでもない。特に東ドイツの警察国家では、厳しい取り調べと脅しにより、詳細な供述と告白が得られた。守秘の絆は圧力をかけたり、目撃者をより広く探したりすることにより、断ち切ることができたのだ[15]。

上司をかばった秘書たちは犯罪から距離を置くと同時に、「密告者」として中傷されることのないよう保身に走った[16]。ドイツ検察官による国家保安本部に対する大規模な捜査が始まった一九六〇年代、ベルリン事務所（第Ⅳ局B４）でアドルフ・アイヒマンの秘書を務めていた一人に連絡が来た。この秘書は元同僚のことや、ベルリンとプラハからの逃亡ルート、極秘文書の組織的な廃棄について固く口を閉ざし続けた。一九六七年、彼女の直属の上司だったフリッツ・ヴェールンは西ドイツの法廷に起訴され、のちに、「二分の一ユダヤ人」（ユダヤ人との婚姻により生まれた子ども）やユダヤ人入院患者、またナチの反ユダヤ主義的な禁止条項に違反したユダヤ人――たとえば自転車を所有したり、映画を観に行ったり、アーリア人の美容院に行ったりして逮捕された者たち――を拘束し、最終的には死に至らしめた殺人の共犯として有罪を宣告された。「机上の殺人者」に対する有罪判決は珍しく、その中でベルリン州裁判所はヴェールンの動機が反ユダヤ主義的憎悪であったこと、ヴェールンはアイヒマンの事務所で最も「過激で悪名高い」役人であったことを立証している。[17]

私はヴェールンの秘書に連絡を取り、第Ⅳ局B4での彼女の仕事と元上司について尋ねた。だが彼女は守秘の誓いを守ると決意しており、自分は政治に無関心で、アイヒマンの事務所での仕事に応募したのはただ新しい靴などが欲しかったからであり、仕事が必要だったからだと言い張った。事務所での実際の仕事について詰問されると、彼女は突然、一つの言葉を繰り返し始めた。「済んだことです！」。まるで書類に判を押すかのように。[18]

八四歳の彼女にとって、この歴史はもう済んだことであり、これ以上かかわりたくはないのだ。おそらく、第三帝国での体験の深い記憶が思わず口をついて出たのだろう。この時代、移送され、殺されたユダヤ人は少なくともその半数が女性であったが、婉曲的に「処置済み」と表現された。片付け終わった、という意味である。この言葉を聞いたとき、強大な権力を持つベルリンの事務所の若い女性事務員が工場や農場で働かなくてもよいことを喜びながら、ユダヤ人や「反社会分子」をはじめとする国家の敵の移送リストや記録を日々タイプし、これらに判を押し、仕事を終えた後での外出の計画や、その日の朝に店のショーウィンドーで見たかわいらしい靴のことを昼間から考えている様子が目に浮かんだ。彼女はただ「自分の仕事をし」、その物質的な報酬を期待していただけなのである。

かつてゲシュタポで秘書を務めていたザビーネ・ディックはより率直だった。彼女は西ドイツの捜査官に対し、表向きはごくありきたりな事務手続きに関する詳細な情報を提供したが、その結果、しばしばジェノサイドにおける官僚的な日常業務について重要な情報を漏らすことになった。しかし、彼女は上司たちの否定的な描写は避け、礼儀正しく、親切で、父親らしい人物として称えるか、あるいは働きすぎの役人だったと同情をこめて語った。ディックのような容疑者にはナチ・ハンターと検察官を恐れる理由があり、捜査を煙に巻く技術を身に付けていったのである。時間が彼らに味方した。謀殺以外のナチ犯罪には時効があり、謀殺でさえも目撃者の記憶が薄れ、彼らが死亡すると、これを証明することは難しくなった。

しかし、上司であるゲオルク・ホイザーと自分自身の評判を守ろうと全力を尽くしたにもかかわらず、ディックの証言は逆の効果を生んだ。一九六〇年四月から一〇月まで、彼女は数回にわたり尋問を受けた。当初、彼女はミンスクの犯罪現場から注意をそらそうとした。元同僚たちの名前とベルリン本部に関する詳細な情報を提供し、ベラルーシについてはよく思い出せないと述べたのである。ミンスクの銃殺部隊に誰がいたのかと問われたとき、はじめは忘れたと答えた。しかしその後、自分は密告者ではないと宣言した。また、報復を恐れているとも訴えた。ドイツの民主主義は再び崩壊し、別の独裁政権が現れ、自分が報復の標的になると考えていたのだ。これはかなりこじつけのように聞こえるが、彼女の生い立ちを考えればまったく突飛な話でもないだろう。彼女は「極端な時代」を生きてきた。ナチズムの興亡に苦しみ、スターリン主義の恐怖を目撃し、冷戦の最中に尋問を受けたのである。しかし、検察官らは納得せず同情もしなかった。彼らは、一万を超える人々を殺害したとして起訴されている上司の追及に、彼女がまったく協力的ではないことに当惑するばかりだった。そして、ディックが被害妄想的で感情的であり、尋問中突然泣き出したと記録している。

別の問題もあった。ディックの夫は武装親衛隊の下士官で、やはりミンスク事務所に勤務していた。ディックと夫は、二人がともに被告人ホイザーのゲシュタポ事務所で働いていたと認めることによって、お互いに罪を着せることはするまいと誓い合っていた。検察官は彼女に偽証は犯罪であり、それを犯せば一五年以下の刑を宣告される可能性があると言い聞かせた。そこでディックは別の方法を試みた。あるとき、彼女は一三歳の娘を尋問が行われる警察署に連れてきた。警察の捜査官たちに、自分の母親らしい面を誇示しようと願ってのことだろう。しかし、これも裏目に出た。娘は「このくだらない厄介ごとに巻き込まれた」ことについて、大声で不満を訴えたのである。[19] ディックは、ミンスクで警察署を築き上げたと自慢していた夫よりも聡明だった。しかし、捜査官たちは彼がいまだにナチであることは気にしていなかったようで、彼が自分たちの質問に答えたことをただ喜んでいた。だが、常軌を逸した妻、ザビーネ・ディックには手を焼いた。結局最後には、主犯である上司の有罪を示す情報を詳細に語ったが、彼女自身は起訴されていない。[20]

ジェンダーに関するさまざまな先入観は、犯罪者の追及に始まり、これに続く尋問と最終的な量刑に至るまで、ありとあらゆる司法のプロセスに忍び込んでいた。[21] 男性被告人はヒエラルキーと政権内での地位、政治的イデオロギーや個人的な動機によって、ヒトラーの「主要な共犯者」、机上の殺人者、度を超したサディストなどと判断されたが、女性被告人には他の観点から判決が下された。女性が夫をはじめとした男性から受ける影響は、警察や軍隊で男性が体験する同僚からの圧力が果たす役割と似ていると考えられた。男性被告人は「あなたの妻や恋人は、あなたのユダヤ人に対する憎悪にどの程度影響を与えましたか、また、暴力的な行為の実行にどの程度圧力を与えましたか」と尋ねられることはなかった。男らしさを示したいなら人を殺せと夫を煽ったマクベス夫人のような人物は、法廷には登場しなかった。被告側弁護団は女性が政治に関心を持たずに育ち、ノンポリの態度を身に付けたという考えを効果的に強調した。女性のイデオロギー的動機、反ユダヤ主義、人種主義は男性の場合と同じように実証が難しい。障害者やユダヤ人の子どもの殺害であろうと、隣人をゲシュタポに密告することであろうと、概して動機は個人的な願望と、嫉妬、孤独、物欲、報復、セックスまたは「愛に目がくらんだ」などの情動に起因するとされた。拳銃を撃ち、鞭を振り回し、ポーランドやウクライナの殺戮の地《キリングフィールド》で馬を乗り回し、ズボンをはき、男のような髪型をして、男性のように振る舞う――こうした女性の姿は大抵の者には想像もつかず、法廷から見過ごされ、証言に上ることもなかった。このような女性は、失敗に終わった政権とファシストの野蛮への転落を思い出させる忌まわしい存在であった。[22] ドイツとドイツ人が正常化の道を追求し、ナチの過去と決別するつもりなら、女性像が新しく定義されるよりはむしろ、従来の道徳的で美しい理想的な女性像が回復されなければならないとされた。

リダの秘書で上司ヘルマン・ハンヴェークや他のドイツ人の役人らとともに、馬車の中からユダヤ人たちを射殺する姿が目撃されたリーゼロッテ・マイアーは、戦後、ハンヴェークと冬に狩猟に出かけたと認めている。雪の中の獲物を撃ったと彼女は証言したが、その標的が動物だったのかユダヤ人だったのかは思い出せなかった。彼女の証言を裏付けることも、否定することも、ハンヴェークにはできなかった。ソ連軍がすでに彼を裁判にかけ、処刑してしまっていたからだ。しかしハンヴェークの部下がまだマインツにおり、妻と一緒に自転車店の上階に住んでいた。彼は逮捕され、珍しく正義が示され、一九七八年に終身刑を宣告された。[23] マイアーを尋問した検察官は粘り強く、西ドイツの大半の検察官よりも攻撃的な尋問を行った。その熱意は、おそらく戦時中の自身の体験に由来するものであろう。レニングラード近郊で兵士として戦った彼は、市民の大量射殺を目撃している。この検察官は北米とイスラエルに飛び、ユダヤ人生存者らの証言を集めた。彼はハンヴェークの部下を自分の手で逮捕し、その妻が毒づく中、朝早く家から男を引きずり出した。[24] 検察官はハンヴェークの妻子を含め一家を尋問した。妻子は殺人現場のスケッチを描いたり、ユダヤ人労働者たちの名前とゲットーでの出来事を思い出したりして、さまざまな出来事を詳細に説明しようと最善を尽くした。リーゼロッテ・マイアーが他のドイツ人狙撃者らとともにその場にいたという生存者証言を、検察官が本人に突きつけたとき、彼女はその出来事について、かすかな記憶しかないようなふりをした。明らかに質問をはぐらかそうとして、混乱した様子で「覚えていません」「詳しいことは思い出せません」「撃たれたのがユダヤ人だったのかどうかさえ、わかりません」などと答えた。[25] また、「その人たちが標的にされたのか、それとも、誰かが雪に向かって撃っていたのか」も彼女にはわからなかった。戦後、マイアーは週に三、四回、午前中にユダヤ人の作業所をハンヴェークと訪れたこと、普段からユダヤ人居住区を通り抜けていたことを認めている。だが、ハンヴェークとの恋愛関係を隠そうとしていることは明らかで、それはホロコーストで自分が果たした役割よりも彼女を悩ませているかのようだった。尋問中、恋人の話をたたみかけられると彼女はすすり泣いた。その涙を見た者が、彼女が嘆いているのはリダでユダヤ人の命が失われたからではなく、ヘルマン・ハンヴェークを失ったからではないかと疑ったのも、もっともなことだろう。

西ドイツによるナチ戦犯訴追の歴史において、東部にいた一人のドイツ人秘書が殺人罪に問われた

イスラエルの捜査官が身元確認に使用したアルバムより、ヨハンナ・アルトファーター・ツェレの写真（左上）

有名な裁判がある。この裁判の被告人がヨハンナ・アルトファーターだ。一九六〇年代、イスラエル、アメリカ、カナダ在住のホロコースト生存者が多数、ハンナと呼ばれていたドイツ人女性について証言した。[26] 東ドイツ、ポーランド、ウクライナからはユダヤ人以外の目撃者も名乗り出た。ヴォロディーミル＝ヴォルィンシキーの町で起きた推定二万人のユダヤ人の大量殺害について、何らかの正義が示されることを求め、生存者たちは四人の加害者の名を挙げたのだ。ただし、当然のことながら、これらの人々の大量殺害に直接手を下した者はこの数十倍に上る。「ハンナ嬢」は四人のうちの一人であった。事件から二〇年もたつというのに、生存者たちは彼女の恐ろしい行為について詳細を語った。

一九四三年のクリスマスの日にウクライナを去ってから、アルトファーターの身に何が起きたのだろうか。ミンデン市の行政にかかわる退屈な仕事に戻った彼女が、戦後、東部での活動について深く追及されることはなかった。彼女の非ナチ化に関する資料には、「この者は雇用可能」と記載されている。[27] 彼女はミンデン市役所で、青少年担当の福祉士に昇進した。戦後、ミンデンの元ドイツ女子青年団員は同窓会を開き、昔の歌を歌った。[28] 多くは、一九二〇年代と一九三〇年代にこの地で成人に達した者たちだった。彼らはナチ政権を犯罪的な政権とは考えず、また自分自身の過去を批判的に振り返ることもなかった。アルトファーターもこの集団に所属していた。彼女は一九五三年に結婚し、ツェレという姓になった（これは皮肉にも、「刑務所の独房」を意味する）。夫は近郊のデトモルトで青少年局の見習いをしていた。夫がデトモルト市行政で昇格する一方で、ツェレ夫人は六歳の少年を引き取り、全寮制学校の教育費を出した。養子に迎えたこの少年は青年時代、彼女の裁判をいつも傍聴していた。

公開裁判の審理中（一九七八年九月一八日から一九七九年一〇月三一日まで）、ヨハンナ・ツェレと元上司の地区弁務官、ヴェスターハイデはともにカメラに向かって笑顔を見せ、無実を主張した。[29] ヴェスターハイデはウクライナでの自分の権力について、当時が彼の職業人生の絶頂期であったかのように自慢し始めた。彼は一貫して、ヴォロディーミル＝ヴォルィンシキーを「我が町」と語り、「我がユダヤ人たち」について、彼らをゲットーに住まわせなければならなかったと述べた。彼の説明によれば、町に軍用倉庫があり、それを「いかがわしい」奴らから守らなければならなかったからだ。被告側弁護人は彼に警告した。「ヴェスターハイデさん、あなたはもうナチの時代を生きているわけではないということを忘れないでください。あなたは自分が言うほど重鎮だったわけではない。実際の仕事を遂行した、もっと権力のある者はほかにいなかったのですか」[30]。裁判官も彼を制し、事実だけを述べ、ナチのイデオロギーを宣伝するようなことはしないよう助言した。

ツェレとヴェスターハイデは、一九四二年九月と一一月のゲットー一掃と大量射殺で九〇〇〇人のユダヤ人を共謀して殺害したかどで、ともに起訴された。両被告は、困窮や生命・財産の喪失をもたらした政策の実行に公の立場で関与したと見なされたのだ。西ドイツのビーレフェルトにある州裁判所で裁判が開かれる頃には、謀殺と謀殺幇助以外のすべての犯罪は時効が成立していた。ドイツの法律によれば、謀殺で有罪判決を出すには、検察側は被告人の過度の残虐性、悪意、卑劣な動機（人種的憎悪など）を実証する説得力のある証拠を提示しなければならなかった。被告人の罪を精査するにあたり、裁判官は生存者の証言よりも証拠書類を優先した。しかし、さらに決定的だったのは、戦後第一世代の裁判官が、ナチ犯罪で起訴された被告人を厳しく罰することはもちろん、有罪とすることに全体として抵抗を示したことだと言える。ヴェスターハイデとツェレに不利な証言は広範囲に及び、戦時中の文書も彼らが犯罪現場にいたことを示していた。にもかかわらず、二人は無罪となったのである。

被告人、ヨハンナ・アルトファーター・ツェレは、暴力を忌み嫌う感受性の強い女性というイメージを打ち出した。そして、移送を目撃したことは認めたが、射殺については聞いたことがあるだけだと述べた。裁判官の同情を買おうと、彼女は戦時中、自分はただの小娘で東部に派遣された秘書にすぎなかったと訴えた。このイメージは、彼女が法廷で、鞭を手にユダヤ人たちを死に追い込んだ「ブロンドの殺人者」に関する証言を聞きながら、笑みを浮かべたと記す新聞記事と真っ向から衝突するものである。彼女が子どもたちを飴玉で誘い出し、射殺したという証言や、バルコニーから子どもたちを放り投げたり、壁に叩きつけたりしたという証言の一部も新聞に掲載された。

二人は公判中、勾留されていなかったため、検察官は両被告人に対する何件もの終身刑と即時の逮捕令状を求めた。要求はいずれも却下された。裁判官のパウル・ピーパー博士は、彼らを「証拠不十分」で無罪とした[31]。この判決は一九七九年一一月にビーレフェルトで下され、ナチズム犠牲者の会（VVN）を中心に組織的な抗議行動が起きた。八〇〇人が都市中心部でデモを行い、ビーレフェルト大学のある教授は、ドイツの司法制度がナチ戦犯の告発を避けていること、証人を差別していること、ネオナチズムを容認していることを非難する感動的な演説を行った。同教授は、西ドイツ政府内の元ナチを暴露する東ドイツの出版物、『ブラウン・ブック』に言及し、ビーレフェルトの司法制度が元ナチに支配されていると断言した。

一九八〇年七月、連邦最高裁判所はこの件について再審理を行うことを決定した。ピーパー判事は証拠を適切に評価せず、証人の供述を軽視したとされたのである。また、被告人、特にヨハンナ・アルトファーター・ツェレには、アリバイが追及されることもなかった。判決に至る筋道に疑問を呈し、最高裁判所はツェレがゲットー一掃の場で目撃されていたのなら、また自身がそこにいたと認めたのなら、そして彼女はそこにいたと裁判所も認めたのなら、彼女が犯罪現場にいた事実を認定しなければならないと指摘した。しかし法廷は、なぜ彼女がそこにいたのか、何をしていたのかを十分に問い詰めることはなかったのである。

公判は、ビーレフェルトからナチ大量犯罪中央捜査局が置かれたドルトムントに場所を移して行われた。この捜査局を率いるヘルマン・ヴァイシンクは、ビーレフェルトの法廷では終身刑を勝ち取ることに失敗していたため、さらに多くの証拠を示し、証人を連れてこなければならなかった[32]。そこでヴァイシンクは、イスラエル警察やウィーンのジーモン・ヴィーゼンタール、ニューヨークの世界ユダヤ人会議などに助けを求めた。第二審が始まる一九八二年三月までにヴァイシンクはさらに二〇人の証人を確保したが、彼らの供述の一部には第一審や数十年前の供述と矛盾するところがあった。この時点で、ヴェスターハイデとツェレに対する目撃証言の収集作業は、すでに二〇年近くに及んでいた。

公判は一一月に終了したが、誰もが驚いたことに、検察官自身が裁判官に無罪判決を求めた。「犯罪行為が強く疑われるが、生存する被害者らの信ぴょう性に疑問がある」とヴァイシンクは理由を述べた。のちに公判についての回想の中でヴァイシンクは、ナチ犯罪者に対する訴訟は他の訴訟と何ら変わりはないとコメントしている。[33] 彼は生存者の話は真実だと信じていた。しかし、数の上では多かったものの、「その供述は客観的な証拠ではなかった」のだ。ツェレと同僚たちが反ユダヤ主義的人物であったことは疑う余地がないと、ヴァイシンクは結論付けている。にもかかわらず、彼らを殺人罪で有罪とするのに十分な証拠はなかった。

一九八二年一二月、ツェレとヴェスターハイデは再び無罪判決を受けた。再度、抗議行動が起こり、それに続き、ドイツと海外で批判的な報道が相次いだ。[34] ツェレは二〇〇三年にデトモルトで亡くなった。八五歳の誕生日の一週間ほど前のことである。

ヨハンナ・アルトファーター・ツェレの訴訟では、彼女がウクライナのゲットーでユダヤ人の子どもたちを惨殺したと検察官が信じ、彼女自身もゲットー一掃に自分の意志で参加したと認めたにもかかわらず、戦時中の証拠書類がなかったことが無罪判決につながった。数十人の目撃者による証言は、証拠として不十分だとされたのである。このような論理では有罪になる者などほとんどいない。生殺与奪権を握る男女から成る、あまりにも強力なジェノサイド体制は、体制の全体性——すなわち、ハンナ・アーレントが言う「無人による支配」（これは戦後の法廷において、「無人の責任」となった）

――によって正当化されたのである。[35] ツェレの犠牲者、すなわちツェレが口に銃口を向け、ゲットーの壁に叩きつけた子どもたちは、「普通の」死に方をしたのではない。したがって、論理的に考えれば、ツェレも「普通の」女性ではなかったことになる。しかし、ドイツの法律によれば彼女は普通であり、彼女が犯したとされる罪も普通の犯罪ということになった。

法制史には別の皮肉も存在する。組織に所属している男性は、ヒエラルキーにおける公的な地位を命令に従っていたという弁明に利用し、あるいは、命令に従う圧力の下にあったと主張することができた（ただし、ほとんどは失敗に終わった）。だが女性殺人者は、これを言い訳とすることはできなかった。男女ともにジェノサイドにかかわるような体制では、個人の身勝手な動機を記録したり、証明したりすることは難しい。しかし、「ハンナ嬢」のような女性たちは、まさにこの点を示していた。殺人を犯したとき、彼女たちは自分の権限を越え、個人の自主性で行動し、ドイツの法律でいう謀殺とされる過剰な行動をとったのである。とはいえ、西ドイツの検察官たちはこうした理解で彼女たちを起訴したわけではなく、最終的に裁判官たちもこうした理解で判決文を書いたわけでもない。

検察官は、犯罪現場にいた秘書については、ナチ体制の中で公式な位置付けをすることができた。しかし、親衛隊員の妻、つまり、公的なルートを通さずに東部に向かった女性に関しては、確たる証拠を見つけることはさらに困難であった。親衛隊の妻が検察側の目に留まるようになったのは、夫が犯罪を犯し、生き残った被害者がその妻も関与したという供述をしたためであった。では、ゲルトルーデ・ゼーゲル、リーゼル・ヴィルハウス、ヨゼフィーネ・ブロック、ヴェラ・ヴォーラウフ、エルナ・ペトリなど、本書で取り上げた親衛隊員の妻たちはその後どうなったのであろうか。

オーストリアでは、犯罪捜査官らはまず、ゲルトルーデの夫フェリックス・ランダウを逮捕し、その後、彼の妻に対する取り調べを別途開始した。ゲルトルーデ・ゼーゲル・ランダウは、一九四七年と一九四八年に勾留された。尋問中、彼女は質問をはぐらかし、嘘をつき、そして否認した。たった五年前に起きた出来事について詰問されると、彼女はそれからあまりに多くのことが起きたので、とても思い出せないと答えた。ランダウはナチ親衛隊将校の単なるガールフレンド――当時、彼女はフェリックスの恋人で、まだ妻ではなかった――であり、単なる秘書で、機械の中のとるに足りない歯車にすぎなかったと主張した。

「ええ」と彼女は認めた。一九四二年のある夏の日曜日、自分はフェリックスとバルコニーにいました。でも、それは鳥を撃っていただけで、通りの向こうの隣人、屋根で鳩を飼っていた獣医をからかう罪のないゲームを楽しんでいたのです、と。ゲルトルーデは、今でもこのゲームをおもしろがっているかのように見えた。そして、フェリックスが庭にいたユダヤ人労働者たちに銃を向けたとき、自分は叱りつけたと主張した。なぜなら、捜査官に正面きって答えた彼女の言葉を借りれば、「人間を撃つなんて、正しいことではありませんから」。その後、ゲルトルーデによれば、フェリックスは彼女にこう答えた。「いいじゃないか、ただのライフルだ。何も起こるはずはないさ」。彼女が手にしていたという目撃証言があるライフルについて質問されると、フェリックスが四歳の息子のために買い与えたのだと彼女は抗議した。自分を殺人現場から遠ざけようとして、当初彼女は、フェリックスが庭にいたユダヤ人たちを撃つ前に自分は家の中に入ってしまったと主張していた。だがその後、バルコニーで彼の隣にいたことを認めた。検察官のために現場と銃弾のスケッチもした。彼女はこの出来事はすべてフェリックスのせいだと語った。[36]

ウィーンの連合軍占領当局が戦犯容疑者の勾留、捜査、そして起訴の規模を縮小し始めたため、オーストリアの裁判官は、ゲルトルーデ・ゼーゲル・ランダウをはじめとする被告人を「自分たちで」罰しなければならない重圧を若干感じていた。一九四八年、尋問を受けていたゲルトルーデは、状況が自分に有利になったことに気づいた。一九四六年に離婚したフェリックスは、そのとき逃亡中だった。一九四七年にオーストリアの刑務所を脱走したのだ。[37] ゲルトルーデは、戦後は当局の指示に従っていることを戦時中の無実の証として強調した。自分は犯罪者ではない。よきオーストリア国民だ、と。召喚されたとき、きちんと出頭したのは自分であり、質問に答えたのも自分だと指摘した。有罪の証拠を探しているのなら、自分ではなく逃亡中の元夫を探してくれと彼女は検察官たちに告げた。[38] それはゲルトルーデ側の効果的な戦略だった。彼女は起訴を免れた。

オーストリアでの捜査により、ガリツィア（旧ハプスブルグ帝国領のウクライナ）の親衛隊と警察の事務所にいた加害者と共犯者のウィーンでのつながりが明らかになった。このネットワークには、親衛隊高官の秘書や妻も参加していた。一九四六年一〇月一九日、オーストリア警察はゲルトルーデの隣人、ヨゼフィーネ・ブロックをアポロガッセのアパートで逮捕した。かつてドロホビチにいたこの二人の女性加害者は、ウィーンでも同じ通りに住んでいた。ヨゼフィーネ・ブロックは人道に反する犯罪、戦争犯罪および殺人罪で起訴された。ブロックのアパートを捜索中に、警察は戦時中の写真を発見した。また、ナチの古い新聞、ヨーゼフ・ゲッベルスによる反ユダヤ主義的批評集（『*Das Buch Isidor*』一九二八年）、銃剣と剣も各一本ずつ発見した。

尋問を受けたブロックは犯罪現場にいたことを認めた。夫は彼女に、市場向けに野菜類を栽培していた農園に関する決定やその運営を任せてくれたので、彼女はユダヤ人を雇い、ユダヤ人労働者らとともに自分の作業所を設立したと述べた。ヨゼフィーネは決して誰かを傷つけたり、殴ったり、殺したりしていないと断言した。そして、彼女を訴えたユダヤ人目撃者は復讐しようとしているのだと主張した。[39]

復讐されるという恐怖は、戦時中、子どもを含むユダヤ人を皆殺しにした理由の一つであり、殺人者が尋問を受けたり、起訴されたりしたときによくこの恐怖を口にした。ヒムラーは部下たちに、ユダヤ人の子どもとその子どもの母たちが立ち上がり、ユダヤ人男性の死の仕返しをしてくるだろうと警告していた。ヨゼフィーネ・ブロックにとって、戦争は敗北に終わり、今や彼女はユダヤ人が率いる勝者の裁きの対象となったのである。彼女は、実際の責任者であったゲシュタポ隊員の夫が一九四四年の戦いで戦死したので、ユダヤ人は自分を追っているのだと論じた。

捨て身のブロックは、あらゆる手を尽くして言い逃れようとした。まず、戦争未亡人の立場から亡くなった夫に罪を着せようとした。また、救済者としてのイメージを打ち出そうと、彼女を密告したという生存者の命を救ったのは自分だと言った。さらに、ヴェラ・ヴォーラウフのように自分が妊娠していたということを減刑要素として持ち出した。妊娠後期で、どうして鞭を手にうろついたり、ユダヤ人の少女を殴ったりできるものか。元ドイツ人同僚らも、ユダヤ人被害者らも、証人は誰一人として彼女が妊娠していたとは言っていない。ただ、彼女がベビーカーに赤ん坊を乗せて大通りを歩いて行き、ユダヤ人労働者たちにベビーカーごとぶつかったことは皆覚えていた。

道徳と母性をねじ曲げ、「ユダヤ人の友」を自称さえしたブロックは、しまいに、彼女を告発したユダヤ人、つまり彼女の元仕立屋こそ真の殺人者だと言い始めた。[40] この仕立屋は、ゲットーで自分が助かるために一歳の子どもを捨てたのだとブロックは言った。驚いたことに、この犠牲者への恥を知らぬ責任転嫁は一九四九年のウィーンの法廷で真剣に受け止められ、ブロックは無罪判決を受けた。[41]男性裁判官は生存者の証人に対する理解をほとんど示さず、被告人の反ユダヤ主義に対する批判的距離を欠き、さらに同胞のオーストリア国民に対して同情的であったために、ユダヤ人の証言、特に女性の残忍な行動に関する供述に常に疑いを抱いていたのである。[42]

それから一〇年以上を経た一九六〇年代、ヴェラ・ヴォーラウフが召喚され、夫の戦時中の活動について尋問を受けた。尋問が始まる前、被告人ユリウス・ヴォーラウフの妻として彼女には証言する法的な義務はなく、理由の提示なしで質問への回答を拒否する権利があると知らされた。法律については理解したが、とにかく証言をしたいと彼女は主張した。

一九六四年一一月一九日の朝、彼女は捜査官と面会した。ポーランドにいた頃のことを聞かれ、ヴォーラウフは一九四二年七月末にラジンに着いたと説明した。そこには、秩序警察の別の隊員、ボイゼン少尉の妻と一緒に車で連れて行かれたのだ。一九四二年八月のゲットー虐殺の時期には言及せず、ヴェラは九月にハンブルクに戻ったと言っている。ポーランド滞在中はもっぱらラジンにいたという主張に対し、尋問官は彼女が虐殺の現場、ミェンジジェツにいたと思い出させることができた。ヴェラは、知り合いのドイツ人一家がミェンジジェツのはずれで農場を経営していたことを認めた。ときおり、彼女と夫はこのドーベラウアー一家を訪れ、泊めてもらうこともあった。ヴェラは、自分とユリウスがミェンジジェツに別の理由で行ったことは打ち明ける気はなかった。

質　問　御主人とポーランドに滞在中、「出動《アインザッツ》」の現場に車で連れて行かれたことを覚えていますか？

ヴェラ・ヴォーラウフ　この質問には一言では答えられません。とにかく、この質問には、単純に「はい」や「いいえ」では答えられません。

質　問　ヴォーラウフ夫人、それでは、もっと具体的に私がどの件のことを言っているのか申し上げましょう。そして、その後で、できる限り正確に私に答えてください。さまざまな証人が、つまり、あなたの御主人の元部下たちが、一九四二年秋のある日、あなたが御主人に付き添って、ユダヤ人を立ち退かせるためにM〔ミェンジジェッ〕に行ったと証言しています。証人の供述によれば、あなたと御主人はラジンの宿泊先で、迎えに来たトラックに乗ったそうです。あなたは軍のコートを着ていたと言われています。M〔ミェンジジェッ〕では、あなたが「作戦」を見守り、その晩「作戦」が終わると、ラジンに車で戻ったと伝えられています。

ヴェラ　まず、私が軍のコートを着ていたという証言は、ありえないと思います。とにかく、そのことについては何も覚えていません。この件で真実に関係のない結論が、いくらでも引き出されるだろうということは想像できますから、確定的な発言は控えさせていただきます。それに、たとえば何人かの目撃者の証言から私が正直ではないと証明されてしまう可能性があるのなら、そういう印象を与えたくありませんし。とにかく、軍のコートを着ていたかどうかは思い出せません。何かの理由で、たまたま着ていたかもしれないということは考えるに値します。当時私は妊娠中で、服がきちんと体に合っていませんでした。たとえば、夫が何らかの理由で自分のコートを着せてくれた可能性はあります。

　問題となっている処刑の前日、私たちは〔ミェンジジェッの犯行現場の近くの〕ドーベラウアー家に行きました。ドーベラウアー一家を訪ねたかっただけで、次の日に「作戦」があることは私には知らされていませんでしたし、夫も知らされていなかったと思います。そう考えるきちんとした理由は言えませんが、いずれにせよ、夫の行動からは、次の日に起こる出来事について彼が知っていたとは思えません。問題の「作戦」の後、ドーベラウアー家でその晩を過ごしたのか、それともラジンに戻ったのか、思い出せません。ラジンに帰った可能性の方が高いでしょう。

ドーベラウアー家で一晩過ごした翌朝、夫は早くに出かけました。彼が何をしにいくのか、私は知りませんでした。お昼頃、ドーベラウアー夫人と私は町へ買い物に出かけました。これについては、ドーベラウアー夫人に頼まれたので、個人的に付き合ったということを記録しておいてください。私たちは町に大勢の人がいるのを見て、すっかり驚いてしまいました。たくさんの人が突っ立っていたのです。たぶん、ポーランド人でしょう。近くに行ってみると、茶色の制服を着た人たちや、親衛隊保安部の隊員たちが家から人を追い出して、通りに列を作って並ばせていました。ドーベラウアー夫人と私には、何が起こっているのかわかりませんでした。そこにいたのがユダヤ人だということさえ。ただ、その場で話されていることから、すぐにユダヤ人だと知れました。ユダヤ人が実際どうなるのかはまったくわかりませんでしたが、この出来事にはとても動揺しました。これが、どこかほかのアパートや宿泊施設に移されるユダヤ人の立ち退きだと思い、そう確信したのです。それからどうなったのかは知りません。いずれにせよ、夫が突然そこに現れたのです。そして銃声を聞き、年老いた女の人が倒れるのを見ました。茶色い制服の男が撃ったのです。すると夫が言いました。「あいつらは気が狂ったのか。すぐに武器を取り上げよう」。それからドーベラウアー夫人とそこを離れました。夫が私たちと一緒だったかどうかは覚えていません。

捜査官　ヴォーラウフ夫人、もう一度言わなければなりませんね。証人は、その朝あなたが〔隊員たちと〕一緒に車で「作戦」の現場にやって来て、晩に戻ったこと、それから、〔秩序警察の〕隊員が、あなたが「作戦」を視察していることに激怒したと報告しています。

ヴェラ　私の供述は変わりません。証人の反対の供述は正しくありません。このようなことはすべて、まったく知りませんでした。夫が逮捕されて、夫に対するこのような重大な疑惑を捜査官が報告してきたとき初めて知りました。夫がラジンから、この「作戦」に私を連れて行ったというのは、まったく筋の通らないことです。私はこのようなことについて、何も知らなかったし、それに私は妊娠中でした。[43]

ヴォーラウフの証言から、彼女の妊娠が、虐殺には関与していなかった証拠として戦後役立ったことがわかる。何年もたった後でも、ヴォーラウフと捜査官はより明確な言葉ではなく、「作戦」という婉曲的な表現と「立ち退き」（Aussiedlung）という言葉を好んで使っていることに注目してほしい。ヴォーラウフは大量殺人を「問題となっている処刑」と言って矮小化しようとし、そこでの夫の役割を小さく見せようとしている。歴史学者クリストファー・ブラウニングによるユリウス・ヴォーラウフに関する包括的な研究によれば、彼が熟練した殺人者で、部隊の指揮官としての自分の役割を誇示することを好んだこと、彼の部隊の警察官の一人が彼を「小ロンメル」とからかっていたことが知られている。一万一〇〇〇人のユダヤ人を対象としたミェンジジェツからの移送は、第一〇一警察予備大隊のこの部隊が実行した最大の作戦だった。ヴォーラウフは数百人のユダヤ人がその場で死ぬことになるだろうと考えていたが、実際には、九六〇人のユダヤ人の死体が生き残った者の手でのちに埋められている。この特別「作戦」はその規模だけでなく、町中や市場で、公衆の面前で殺害されたという点で、ほかに例を見ない。ユリウスとヴェラは、自分たちがどのようなことに足を踏み入れようとしているのか承知していた。

戦後、虐殺について尋問を受けた大半のドイツ人被告や証人の供述と同様に、ヴェラ・ヴォーラウフの責任逃れには矛盾と手掛かりが含まれている。彼女は、自分がゲットー一掃と年老いたユダヤ人女性が撃たれるのを見たと認めた。そして、狙撃者は茶色い制服を着ていた男だということも認めている。茶色の制服はナチ指導部や現地の対独協力者が着ていたもので、こう言うことで一般の警察官の緑の制服を着ていた夫の嫌疑を晴らそうとしているのである。夫とともに「作戦」に参加したのかと直接問われると、彼女は単純に「はい」や「いいえ」では答えられないと述べた。そして、答える代わりにコートの話に終始した。それが有罪を示す詳しい証言となる可能性には、おそらく気づいていなかったのだろう。コートによって彼女と警察官の制服がつながり、彼女が処刑者に近い存在であったことが連想される。最終的に、彼女はコートを着ていたと認め、妊娠中だったので体を覆わなければならないと考えたのか、夫が着せてくれたのだと説明している。服が体に合わなくなっていたというのは、八月の暑い日に軍の重いコートを着る理由になるだろうか。おそらくヴェラとユリウスは何らかのロールプレイをしており、例のコートは彼の部隊に「隊員の一人」として妻を参加させる、彼なりの方法だったのだろう。

いずれにせよ、ヴェラ・ヴォーラウフ自身は捜査の対象とはならなかった。彼女が殺人を犯した、あるいは、殺人を幇助したという明確な証拠は何もなかったからである。ユリウス・ヴォーラウフは戦後、ハンブルク警察に復帰したが、一九六四年に逮捕され、ポーランドで八〇〇〇人を超えるユダヤ人の殺害を幇助した罪で八年の刑を宣告された。[44]しかしヴェラは、自分は戦時中、または夫が逮捕されるまで、「このようなことについては、何も知りませんでした」と主張した。

エリーザベト・〝リーゼル〟・ヴィルハウスの犯行は、戦後、見過ごされることはなかった。彼女は、リヴィウ（レンベルク）地域における四〇万人を超えるユダヤ人大量殺害の罪で告発された一六人のうちの一人である。彼女と「ハンナ嬢」は西ドイツで殺人罪により告発された、極めて数少ないナチ女性犯罪者だ。

一九四三年七月、リーゼルの夫グスタフが武装親衛隊とともに戦地に送られた。リーゼルはできる限り長い間、レンベルクにとどまった。工業がさかんなザール地方の故郷は、激しい爆撃を受けていた。しかし、赤軍がガリツィアに進撃し、一九四四年七月にレンベルクを奪回したので、リーゼルは帰郷した。グスタフは一九四五年三月末にフランクフルト・アン・デア・オーダー近郊の作戦で戦死した。[45]幼子を抱えた戦争未亡人となり、夫の年金もないヴィルハウスは、しばらく実家に身を寄せた。そして一九四八年には再婚したが、今度の相手は弁護士であった。彼女と新しい夫は自動販売機の会社を立ち上げた。戦争犯罪捜査官が一九六四年に彼女を見つけ出したとき、リーゼルと新しい夫には会社関係の軽罪や違反があることも判明した。

戦時中および戦後の経歴にもかかわらず、捜査官はエリーザベト・リーデル・ヴィルハウスを起訴することができなかった。ナチの殺人マシンの中での彼女の立場は公的な地位として正式に認められるものではなく、目撃者の証言を裏付ける戦時中の文書もなかったからである。彼女は犯罪現場にいて公衆の面前で大量殺人を実行したが、法的に責任があるとは見なされなかったのだ。

ヴィルハウスについて、驚くほど多くの人々が証言したと検察官らは述べている。証人は全員がユダヤ人生存者――ドイツ人裁判官によると記憶や証言が信ぴょう性を欠くと見なされていた――というわけではなかった。実は、彼女に不利な証言の一部は、彼女の夫の元親衛隊同僚らによるものであった。証言者は皆、これらの話を聞き出した検察官たちも含めて、所長の妻の行動に衝撃を受けた。それは「『女性の性向』に関するあらゆる既存観念に反する」ものだった。[46] しかし、いまだにはっきりとしない理由により彼女は釈放された。

西ドイツの「レンベルク裁判」の最後に、裁判長はドイツの過去を乗り越えるのは法廷の仕事ではなく、国全体でなすべき仕事であり、「ここ法廷では、この国の良心を釈放し、すべての染みを拭い去ることはできない」と言い切った。[47] この国家の成員であり血塗られた手を持つ被告人たちは、同胞から良心に曇りなしとのお墨付きを得て、家に帰ることを許されたというわけだ。

東ドイツで裁判を受けた加害者の運命は根本的に異なっていた。[48] エルナ・ペトリは、ユダヤ人を射殺した罪で有罪と宣告された数少ない――おそらくは唯一の――ドイツ人女性である。彼女は、一九四五年から一九八九年までの間に、東ドイツでナチに関連する戦争犯罪や人道に反する犯罪で裁判にかけられた一万二八九〇人のうちの一人だ。これらの約九〇パーセントは、一九五五年までに（大半は一九五一年以前に）起訴されたものである。ペトリの裁判は、数は減りつつあったが一九六〇年代にまだ行われていた、ごく一部の裁判の例である。

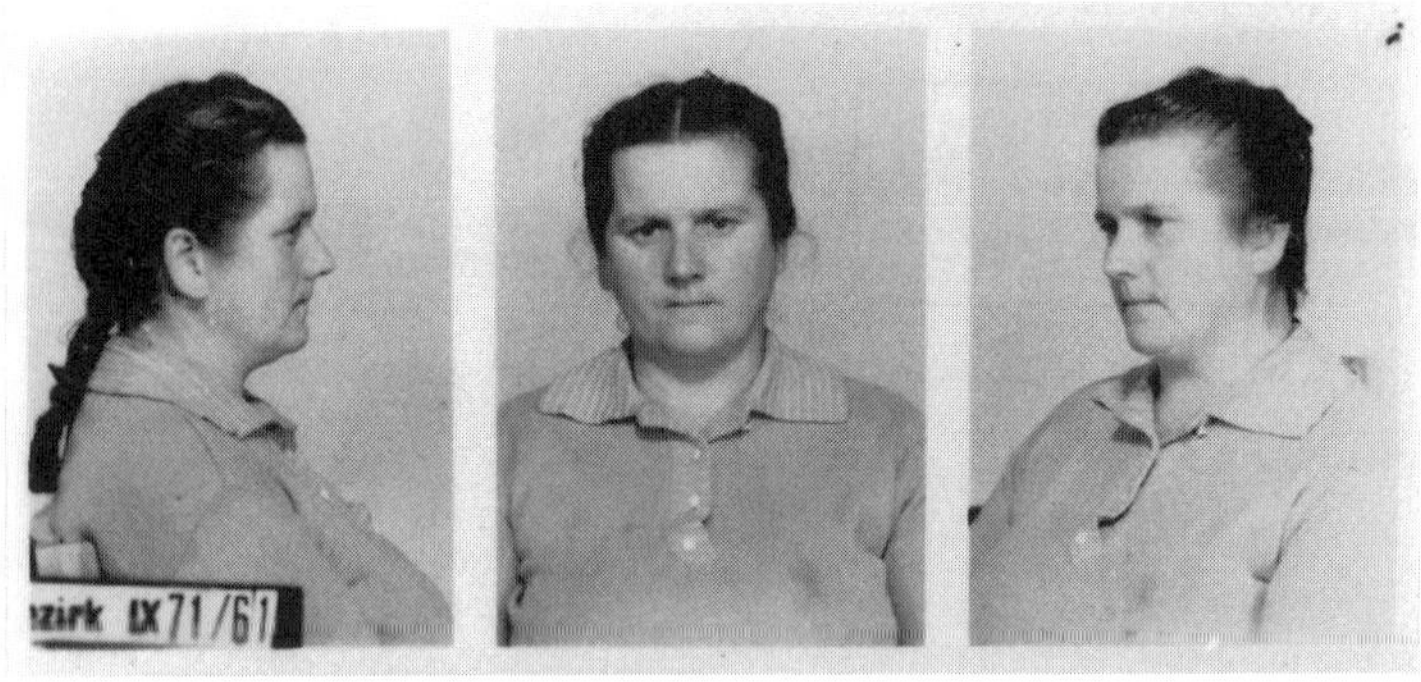

逮捕時のエルナ・ペトリの写真

エルナ・ペトリが逮捕された一九六一年八月以前から、東ドイツ警察は彼女を内偵していた。[49]その前年の夏、彼女の夫ホルストは反国家活動の疑いで逮捕されている。東ドイツ秘密警察《シュタージ》がペトリ夫妻の手紙、特に西ドイツにいる息子との間で交わされた手紙を読み、地元の農業生産共同組合の一員だったホルストが、最近の集団農場化活動を妨害しているのではないかと疑ったためだ。[50]ホルストは息子に宛てた手紙の中で、政府に対する批判的なコメントをしていた。また、ホルストは東ドイツの工作員について西ドイツに密告したとも考えられていた。しかし、警察がペトリ家を捜索したとき、反国家活動に関する証拠はそれほどなく、西ドイツからの政治問題に関するパンフレットなど「扇動的な文献」がいくつか見つかっただけだった。それよりも重要な発見が、親衛隊少尉だったホルスト・ペトリが親衛隊の農場を妻とともに管理していたことを示すグジェンダ時代の来客名簿と写真であった。来客名簿には、親衛隊および警察と国防軍の上級将校らの名前が記載されていた。この地域で最も悪名高かったナチの大量殺人者であり、ガリツィア地区親衛隊・警察指導者であったフリードリヒ・カッツマンの妻のサインもあった。

ホルストがかつてナチだったという発見が、偶然だったのかどうかは明らかではない。いずれにせよ、おもにポーランド人とウクライナ人の元農場労働者一七人の目撃証言に基づき、エアフルトの州検察官は、ホルストとエルナ・ペトリが強制労働者とグジェンダで親衛隊が管理する森や畑、多数の納屋や馬小屋に逃げ込んだユダヤ人たちを拷問し、虐待し、殺害したと断定した。

ホルストとエルナ・ペトリが強要されて自白した内容は詳細にわたっており、互いの証言は全体的に一致していた。[51]ドイツ人検察官たちは、当初ホルストが逮捕される原因となった戦後の活動はさほど重要ではなく、彼とその妻の「最も重大な戦争犯罪と人道に反する罪」の事実ほどには非難されるべきことではないのは確かだと断定した。[52]二人はともに、一九六二年八月三一日に三時間にわたり尋問を受けた。それぞれが相手の犯罪について、裏付けか否定を求められた。夫婦はまた、一九六二年九月一〇日から一五日まで、ともに裁判にかけられた。裁判の音声記録によれば、エルナは自分の犯罪行為について非常に率直に詳細を語っており、検察官が「ありがとうございます。もう十分伺いました」と告げながら割って入っているほどだ。[53]一方、ホルストはそれほど率直ではなかった。しかし、最後に法廷はホルストの犯行の方がエルナよりも悪質であると判断した。

最終判決の中で、裁判官は、二人の凶悪な行為は「一八～二〇年前に起きたことだが、これらの犯罪が時の経過に関係なく明らかにされることは、民主的な人民の正義の確立のために極めて重要なことである」と述べている。さらに裁判官は、帝国主義国家がいまだに平和と人道に対する犯罪を画策しているため、すべての平和を愛する人々がそのような犯罪の再発の防止に努めねばならないと断言し、正義のためにそのような犯罪は罰せられなければならない、と強く訴えた。また、ヒトラーの独裁はドイツのみならず占領地も支配したのであり、この案件にこそファシズムのテロ支配が凝縮されていると裁判官は主張した。実際には、「このテロ体制は、悪辣な者たちの上に築かれていたのであり、そこにこれらの被告人が属していたのである」。冷戦をめぐる東ドイツの典型的なレトリックを用い、裁判官は、ホルスト・ペトリが当時も今もファシストであるだけでなく、社会主義者による「労働者と農民の国家」の建設に対する敵であることは明らかだと断言した。[54]

ペトリの裁判は、東ドイツにおける戦犯の扱いにジェンダーがどのように影響していたかを示し、同時に、ホロコーストの女性加害者の心理を垣間見ることができる珍しい例である。エルナは自分の犯行から夫を隔てようとしたが、裁判官はホルスト・ペトリが妻の行動に一部責任を負うという見解を示した。裁判官は「両被告人の間には相違点があり」、エルナの場合、夫の影響を強く受けたために殺人者になったと考えなければならないと述べて量刑理由とした。さらに、「グジェンダで親衛隊の獣たちと絶えず交流していたことが、罪を犯すに至った重要な要因である」とし、何よりも裁判官は、彼女の犯行は、命令なしでも自らの意志で日常的に殺害し、虐待していたホルスト・ペトリによる犯行ほど広範囲にわたるものではないと主張した。そして、それゆえにホルストは死刑に値すると説明している。

エルナが「ときおり人間らしい感情を見せる」ことに気づいた一部の当局者は同情を示したが、大抵の者は厳しい判断を下した。彼女は六歳から一二歳までのユダヤ人の子ども六人を殺したと自白した。尋問と裁判を通じて、検察官や尋問官、そして最終的には裁判官が大いに非難に値し、ほとんど想像できないとしたのは、彼女に子どもたちを殺すことが可能だったという点だ。ある尋問官は彼女の自白に対してこう尋ねた。「そこには自分自身の幼い子どもが二人いたというのに、どうしてこのようなことができたのですか」。

エルナ・ペトリは逮捕されたとき、すべての犯行を否認したが、彼らの管理する森で射殺されたユダヤ人たちについて耳にしたことがあるという点だけは認めた。しかし、約一カ月に及ぶ勾留と尋問の結果、重圧に屈し始める。一九六一年九月一五日の尋問は午前八時に始まり、昼食に一時間、夕食に一時間の休憩を挟んで、翌日の午前〇時に終わっている。フランケという名の主任尋問官がこう口を切った。「グジェンダに滞在中、どんな罪を犯しましたか」[55]。ペトリは答えた。自分がこの土地にいたのは、実際には一九四二年の六月から一九四四年の初めまでで、現在彼女の有罪を証言している目撃者の鍛冶屋をはじめ何人かの労働者を殴ったことがある、と。矢継ぎ早に質問され、とうとう彼女は、リヴィウからルブリンに向かう列車から逃げ出し農場で捕まったユダヤ人の男たちが射殺されたことを覚えていると認めた。

尋問中、フランケはポーランド人証人らの供述に触れた。エルナが自分の銃で、片手で複数のユダヤ人を撃ったという内容だ。フランケはエルナから詳細を聞き出した。この日の取り調べが終わる前に彼は尋ねた。「なぜ今まで、ユダヤ人たちを自分で撃ったことを否定してきたのですか」。エルナは、罰を恐れていたから、そして夫が彼女の代わりに殺人の罪をかぶってくれると考えていたからだと答えた[56]。

裁判では、戦時中にエルナがユダヤ人の子どもたちを射殺したことは、夫婦は黙っていようと口裏を合わせたと裁判官に語っている。ホルストはエルナに、子どもたちを射殺したのは正しいことだったと言って安心させたが、それについて皆に知られることは望んでいなかった。エルナは公式にはユダヤ人を殺害する権限がないので、親衛隊から尋問を受ける可能性があったからである。それに、妻が地元で噂になることは望んでいなかったのだ、とホルストは続けた。男のサディストなら許容される。「現地の住民を抑え込む」には効果的とさえ言える。しかし、女のサディストは問題となり、復讐の標的とされ、恥とされる可能性さえある。[57]エルナ自身、自分の行為がどう受け取られるのか不安なようだった。彼女は子どもたちを殺す前に食事を与えたことについて詳しく説明したが、どうやら、裁判官が彼女の思いやりと率直な告白に心を動かされるものと期待したらしい。しかし、自分自身の嘘と「記憶の欠落」のせいで、話のつじつまも合わなくなってしまった。裁判官は彼女に警告し、彼女は偽証していると判断した。エルナは神経質そうに笑った。判決は衝撃をもたらした。夫には斬首刑、彼女には終身刑が言い渡されたのである。

しかし、エルナ・ペトリはこれを運命と諦めることはしなかった。独房から先の供述を撤回したのである。エルナと彼女の子どもたちから出された釈放願はすべて却下された。彼女は検察官の事務所に宛てて、長く詳細な内省と釈明の手紙を書いた。仕事仲間や家族は、元ナチは恩赦を受けられるので、きっと彼女も釈放されるだろうと言って安心させた。彼女は戦時中の行為について何の悔恨も示さず、その代わりに、壮大な物語と弁解を長々と綴り始めた。弁護士たちに送った数えきれないほどの手紙の中では、法廷通訳者が彼女の関与を示す証言を誤訳したのだと不満を訴えている。一九六三年九月一八日の嘆願書でエルナは、自分は誰一人殺しておらず、銃を扱ったことなどないと主張している。夫の将来を守りたいと願い、「愛と恐怖」から、子どもたちを殺したと誤って認めてしまったのだ、と。

その後、彼女は別の方法を試みた。ルブリン地区に移送され、ガス殺されたユダヤ人たちについて耳にしたことがあり、当時それにショックを受けたと言いだしたのだ。ホルストに「あの人たち〔ユダヤ人〕だって人間なのよ」と言い、移送に抗議したが、獣のような夫に口を封じられ、黙らなければば大変なことになるぞと警告されたという。エルナは今や、法の執行者の目に反ナチとして映ろうと必死だった。彼女は一九三八年の「水晶の夜」について、ユダヤ人に対する不当な扱いに自分は批判的な発言をしたと語った。その場ですぐに逮捕されなかったのは妊娠していたからである、と。

政治的リスクが高い嘆願もした。エルナは東ドイツの尋問官らによる不当な扱いを訴えたのである。誘導尋問に引っかけられた、と彼女は言った。誘導尋問はシュタージがよく使う手口だった。夫が署名した自白調書を見せられたが、のちにそれは偽物だと気づいたという。一九六三年のエルナの記憶によれば、調書にはこう書かれていた。「私は妻がユダヤ人の子どもとユダヤ人を複数撃ったことを認めます」[58]。エルナはこれを見たとき、「夫が証言しているような罪を絶対に犯していない」ので「怒りでいっぱいになりました」。しかしその後、考え直し、夫は自分を傷つけたいと考えていたわけではないと気づいたという。「彼は危険な状態にあって、私の助けを必要としていたのです」。エルナは責めを負うことを決心し、夫のために嘘をつくことにしたと言うようになった。しかし、六人のユダヤ人の子どもをどのように撃ったのか、その現場ややり方、また子どもたちがどのように反応したのかを生々しく描写し、すべて夫のためだけに事細かにでっちあげることなど本当にできるものだろうか。

一九八九年一一月、旧東ドイツで、正式には「反ファシスト防壁」として知られていたベルリンの壁が崩壊した。当時六九歳になっていたエルナ・ペトリは、ザクセンの悪名高いホーエネック刑務所の独房にいた。数十年もの間、エルナは自分の話をさまざまなヴァリエーションで、時には矛盾を伴いつつ繰り返し語ってきた。ドイツ民主共和国の崩壊を受けて、彼女の一件を再調査することになる西ドイツの弁護団は、彼女を有罪にした東ドイツの裁判官たちよりも同情してくれるだろうか。彼女の勾留の始まりは一九六一年八月で、ベルリンの壁が建設された時期と偶然にも一致している。そして壁が壊された今、エルナには釈放の可能性があった。

自分の裁判を見直すよう求めた一九八九年一二月の手紙で、エルナは西ドイツの弁護団にシュタージの違法な尋問について書き送り、グジェンダにいた頃に起きた出来事についてさらに別のバージョンを示した。いいや、ユダヤ人は殺していない。しかし、日用品を買いにリヴィウには定期的に通っていた。買い物ついでにヤノフスカ収容所にユダヤ人労働者を選別しに行き、グジェンダに連れて帰ってきた。ユダヤ人女性家政婦がいたことは覚えているが、彼らがどうなったのかは知らない（一九六一年の供述では、これらのユダヤ人女性について、問題ばかり起こしたと説明している）[59]。自分は無実だと主張し、エルナはこう語った。「私は夫に尽くしていました。両親が結婚を反対した男に」。ホルストは正当な罰を受けた、と彼女は言う。実際にユダヤ人たちを殺害したのだから、彼が処刑されたのは当然である、と。

その後数カ月、そして数年のうちに、大半は旧西ドイツ出身であったドイツ人裁判官がエルナの件や他の裁判の見直しに着手し、法的に問題がなかったかを判断した[60]。東ドイツの政治犯は一部釈放され、刑期を短縮された者もいる。亡くなった受刑者たちの家族は補償と名誉回復を求めた。エルナの子どもたちは、ナチの戦争犯罪のために終身刑に服している数少ない女囚の一人となった母親の釈放を求めて、ロビー活動を展開した。西ドイツのヘルムート・コール首相、アメリカ合衆国のジョージ・ブッシュ大統領、そしてソ連のミハイル・ゴルバチョフ書記長に宛てて嘆願書を送りつけた。ドイツ議会議員にも請願書を送り、母親はシュタージの尋問と拷問の犠牲者で無実だと主張したのである。彼女の自白は強要によるものだ。中世には要塞だったホーエネック刑務所の恐ろしい独房で二五年間も家族と離れて暮らし、一九六二年に東ドイツで斬首刑となった夫の死を嘆いたのだから、もう十分苦しんだとは言えないのか。子どもたちの嘆願書には、ナチ占領下ポーランドにおける戦時中の母親の過去については何も記されていなかった。嘆願にもかかわらず、裁判官らは東ドイツ法廷による終身刑判決を支持した。

エルナ・ペトリは名誉を回復されることも、恩赦を受けることもなかったが、最終的には釈放された。一九九二年、健康上の理由から彼女は帰宅を許されたのだ。ある報告によると、親衛隊の地下援助組織「静かなる援助（Stille Hilfe）」が、刑務所が位置するシュトルベルクの地区裁判所にペトリの釈放を求め、認められたということだ。[61]この組織はペトリの釈放後、彼女が住むアパートの家賃を払ったとも言われている。また、彼女をバイエルンに招待したのも「静かなる援助」で、そこで彼女はハインリヒ・ヒムラーの娘で組織の有力なメンバーであったグドルーン・ブルヴィッツと、アルプスの山や湖を楽しんだ。エルナは二〇〇〇年七月に亡くなったが、その二、三カ月前、彼女は八〇歳の誕生日を祝っている。葬式には二〇〇人――村人全員と家族が知らない大勢の人――が参列した。花と弔辞が匿名でたくさん届いた。

もし、ペトリがナチ戦犯の有罪判決率が比較的低い西ドイツに住んでいたなら、おそらく裁判にかけられることはなかったであろう。たとえ裁判になったとしても、終身刑を言い渡されることはなかったと思われる。[62]ひっそりと社会に戻り、気づかれることなく、普通の「主婦」として過ごしていただろう。ポーランドにいた頃に犯した罪の詳細な自白が記録されることもなかっただろう。彼女の悪行や犠牲者の痕跡はまったく残らなかったと思われる。エルナ自身の法廷への嘆願では、戦時中の残忍性は夫が原因だとされている。エルナの結婚が、彼女をごく普通の農村の少女からグジェンダ農場の女主人へと変えたのは事実だが、エルナが殺人者となった理由はホルストだけにあるのではない。

女性によるジェノサイド的行動の理由を説明することは、ジェノサイドにおける男性の動機を突き止めようという試みと同様に難しい。当時も今も存在するジェンダーに対する先入観を考えれば、それはさらに複雑であると言えよう。ナチのプロパガンダのイメージは、いまだに共感を呼び、また事実を歪め続けている。[63]ゲッベルスの宣伝映画では、ドイツ人女性が個人的な野心からではなく、非合理的な感情からナチ体制に熱狂する姿が描かれている。このような過激な狂信主義は、大多数のドイツ人女性の政治信条と「正しき」姿勢を描写してはいない。ゲッベルスが「男性は生活の組織者であり、女性は男性を助けその命令を実行する者」と語ったのは有名な話だ。[64]ナチス・ドイツは参加型の独裁国であり、そこでは女性が全面的に貢献していた。この貢献に対する評価基準は、政治的権力や社会的地位という、いわゆる「男性の世界」で認められている基準だけで判断されるべきではない。犯罪的な政権の担い手であった女性の役割と行動を理解するには、むしろ、彼女たちがどんな人物であったのか、何をしたのか、そして自分の行為に責任を問われたのかを明らかにすることから始めるべきである。

大量殺人者が自分の体験について偽りを語ったとしても、そのナラティブ自体が何かを伝えてくれる。[65]エルナ・ペトリの夫は処刑前夜、妻と家族に宛てた最後の手紙に、自分は東ドイツの制度の犠牲者であり、正直で働き者の農民社会主義者である自分は東ドイツの制度に裏切られたのだと記している。一方、エルナ・ペトリは自分がナチ・プロパガンダの犠牲者であり、夫をはじめとする周囲の男性からの重圧で行動していたのだと主張した。「安楽死」を施した看護師も同様に、医師の権威に従い、職務を果たした結果苦しむことになった、まっとうな医療専門家として自らを提示した。このような釈明は、ナチ犯罪者の妻から裁判官へと提出された無数の嘆願書に見られる主張と似ている。妻たちは嘆願書で、勝者の裁き、もしくはユダヤ人の復讐にさらされるひとり親としての自分自身の苦しみを強調した。反ユダヤ主義が根強く残っていたことも過小評価されてはならない。歴史学者カトリン・ヒムラーの研究によれば、干渉的な検察官と勝者の裁きに腹を立てた一部の女性加害者とその家族は、「新たな敵は旧知の敵、すなわち世界のユダヤ人だ」と考えていた。[66] ドイツは第一次世界大戦の犠牲者であったとする語りは、ナチ運動やホロコーストへと至る反ユダヤ主義を引き起こしたが、戦後においても、加害者たちは男女違わず犠牲者として弁明してきたのである。

本書で取り上げた女性の経歴は、おもに戦後の司法による捜査と裁判記録に基づいている。しかし、戦後、起訴された女性はほとんどいない。裁判を受け、有罪と宣告された女性はさらに少ない。多くの場合、生存者の目撃証言が唯一得られた証拠であったが、それらは十分に有力であるとは見なされなかった。また、女性被告人の多く――特に、品があり、おとなしく見える者――は、このような残虐な行為を犯すことができるとは思われなかった。女性の身体的な外見と大抵は男性であった捜査官と裁判官が持つジェンダーに関する固定観念は、女性加害者の行動が時には男性加害者の行動に劣らず犯罪的であったとしても、通常彼女たちに有利に働いた。数千人の女性が犯罪組織と断定された親衛隊などの機関で働いていたという事実も、深刻に受け止められることがなかった。東部にいたドイツ人女性がこの地に滞在中に自ら収奪した事実、あるいはゲルトルーデ・ゼーゲルの金のネックレスのように、夫からの贈り物であった膨大な量の略奪品も、女性に対する捜査では問題とされなかった。迫害され殺されたユダヤ人、ポーランド人、ウクライナ人の所持品の多くが、最終的には女性の領域であるドイツ人家庭に収まったにもかかわらず。[67]

さらに、戦後裁判にかけられた女性は比較的少なかったが、これらの女性はマスコミにセンセーショナルに取り上げられ、野獣、サディスト、そして男性を誘惑する女として描かれた。[68] このような報道の多くが、ナチ女性のわいせつなイメージを長く記憶にとどめることになり、その暴力的な行動は性的逸脱として歪曲された。歴史学者クローディア・クーンズが認めたように、私たちは「エロティックに描かれた女性に悪を見出すことにより、ナチズムをセンセーショナルに描く」文化の中で生きている。[69] ドイツ人女性のさまざまな役割と職業、そしてその加害の広範性は、当時は把握されていなかった。女性は無垢だとする一般論が主流だったのである。

検察は具体的な目標を掲げていた。犯罪があったことを立証し、容疑者を特定して逮捕すること、証言と証拠を収集し、起訴して有罪判決を確実に得ること、社会に脅威をもたらす違反者を刑務所に入れることである。女性加害者の戦後の歴史は常に司法にかかわるものであったが、同時に政治的でもあった。捜査が行われた文脈――終戦直後のオーストリアであったか、一九六〇年代の東ドイツであったか、あるいは一九七〇年代の西ドイツであったか――が大きく影響した。誰を捜査するか、どのような証言と証拠を収集することができ、またどれを信ぴょう性があると判断するのか、どのような犯罪を起訴できるのか、そして裁判官が下す判決は軽いのか、それともかなり厳しいものとなるのかが、これによって決まったと言える。ドイツ人女性は国際政治と国内政治が複雑に絡み合う司法の網に引っかかったということだ。結局彼女たちはどうなったのか。ほとんどの殺人者が罪に問われることなく逃げ切ったというのがその答えである。

エピローグ

数千枚に及ぶ戦時中の文書、裁判記録、証言を読み終え、私は当時の犯罪現場を訪ねることにした。文書館に保管されているエルナ・ペトリの裁判記録には、ウクライナ西部のグジェンダ農場のスケッチと写真が入っている。ペトリの犯行について証言したウクライナ人とポーランド人の農民の名前と住所も記されている。役に立つかもしれないと考えて、この資料をコピーしておいた。ウクライナに行くのはこれが初めてではない。数年前、ペトリが戦時中に住んでいた家があるウクライナの地方を旅し、リヴィウでもしばらく過ごしたが、ホロコーストの歴史に思いを馳せながらその風景を見たことはなかった。当時はまだ、この町と周辺の村は過ぎし時代の建築物の塊のように目に映っていた。ソ連の社会主義的リアリズム様式の殺風景な大建築、崩れ落ちたユダヤ人のシナゴーグと墓地、オーストリア＝ハンガリー帝国の世紀末風の装飾の片鱗、ポーランド王国時代に建てられた頑丈な基礎部分。しかし、ホロコーストについて調査するために戻ってみると、活気に満ちたウクライナの国を称える黄色と青色の新しい看板が立てられていた。かつて道端には、日焼けした顔に深い皺が目立つ、スカーフをかぶったウクライナ人の「おばあさん《バブシュカ》」が、プラスチックのバケツに売り物のリンゴを入れて座っていたが、今ではこうした農婦が携帯電話で話している姿も見られる。

グジェンダで何を見つけることになるのか、自分でも確信がなかった。その場所が今も実際に存在するのかもわからなかった。そこに着いたら何をするのかも決めていない。私は二人の同僚を説き伏せて同行してもらった。一人は流暢なウクライナ語を、もう一人はポーランド語を話す。私たちは地元の地図で目的地を確認した。リヴィウから北へ、タクシーで少しの距離だ。車が進む道は、数十万人のポーランド系やウクライナ系のユダヤ人をベウジェッツとソビブルのガス室へと運んだ鉄道の線路と並行して走っている。私たちは、貨物列車から逃げてきたユダヤ人少年たちをエルナ・ペトリが見つけたあの運命の日に、彼女がたどった道へと曲がった。邸宅に続く長い私道に入る。かつては風格があり堂々としていた家は老朽化し、雑草が生い茂っていた。ポーチは軽量コンクリートブロックの上に危なげに立つ二本の柱で支えられているが、中央部がたわんでいる。事情を知っている私には、この場所は呪われているかのように感じられたが、そこでどうにか暮らしている年老いた貧しいウクライナ人たちにとっては、ここは故郷だ。ペトリがケーキとコーヒーを振る舞ったテラスの金メッキを施された鉄の部分は錆びつき、もろくなった骨が関節で粉々に砕けるように剝がれ落ちていた。清潔な洗濯物がここで干されていたのだ。グジェンダに住む女性たちは、都会の服を着た見知らぬ者がカメラを手にタクシーから降り立つのを見ると、すぐに姿を現した。

スターリンは、ヒトラーがウクライナで始めた住民の入れ替えを完遂した。その結果がこれらの女性たちである。少数派のポーランド人はこの地域から追い出され、ポーランドから来たウクライナ人がここに再定住したのだ。ソ連の慢性的な住宅不足により、この家のような歴史ある邸宅が複数の家族が住む公共住宅へと生まれ変わった。私たちが話をした農民たちは、戦時中にこの家で起きた出来事について何も知らなかった。皮肉にも、ソ連における戦後の住民交換により、ヒトラーの取り巻きが望んでいたこと、つまり土地の記憶の放逐が達成されたのだ。[1]

　裁判記録に記されているペトリが少年六人を殺した現場へと、二、三〇〇メートル歩く。そこは野原を二分する溝に沿って細長く続く森だった。一瞬、周りの絵画のような平和な風景に気を取られた。農民たちは馬に引かせた鋤や自分の手で、畑で刈り入れをしている。すがすがしく、色鮮やかな九月の夕日がなだらかに波打つ丘を照らし、新しく再建されたウクライナ教会の尖塔を輝かせている。あらゆる土地が耕されていた。雑草に覆われた二カ所を除いて。その二カ所とは、とげのある低木だらけで入ることができない草木の生い茂った墓地と、私たちが見に来た森の木々に覆われた溝だ。

　溝に下りて行くことはできたが、その気にはなれなかった。通行人がビニール袋、ぼろ布、酒瓶などのゴミを捨てていたのである。あるいは、雨が降ってゴミがこのくぼみに流れ込んだのかもしれない。ホロコーストで死んだユダヤ人犠牲者たちの骨や身の回りの品が、雑草や空き瓶などのゴミで覆われた地面の二、三メートル下に眠っている集団埋葬地は、ウクライナでここだけではないことは知っている。そこに立ち、黙禱し、祈りを捧げ、この地で起きたことに思いを巡らせ、エルナ・ペトリが拳銃を取り出したときにすすり泣いた、おびえたユダヤ人の子どもたちが、もし生きていたとしたら何を成し遂げただろうかと考えた。あまりに長い間立ち続けていたのだろう。毛糸の帽子をかぶり、フランネルのシャツと擦り切れたジャケットを着て、繕ったズボンをはいた一人のウクライナ人農民が声をかけてきた。そろそろ去る時間だろう。

本書は多くの意味で、いかに私たちが過去の克服に失敗してきたかについて記している。史実の再構成や教訓としての歴史というより、私たち全員が責任を負うはずの、繰り返し発生する問題の一例としての過去に私たちは向き合えないでいる。個人の回想や国家の正史において、私たちが出来事を物語る際にどのような盲点やタブーが入り込んでくるのか。なぜこの歴史は何世代たっても、また、グジェンダのような場所から遠く離れていても、私たちを悩ませ続けるのだろうか。

教師だったインゲレーネ・イヴェンスは自らの過去に向き合おうとした。一九七〇年代初め、彼女はポーランドのポズナン近郊にあった学校に戻った。好奇心から、またずっと気がかりであったために、そして懐かしい思いもあり、一九四三年に慌ただしくここを離れたあとに何が起きたのかを知りたいと考えたのである。彼女はたびたび生徒たちに思いを馳せ、写真を眺めた。子どもたちが校庭のリンゴの木に登っている写真だ。皆、ルーマニアやウクライナ出身の民族ドイツ人で、彼女はその子どもたちを文明化されたアーリア人へと変えるはずだった。当時を訪ねる旅の途中、インゲレーネは一九四五年一月に当地を征服した赤軍が、おそらくは地元のポーランド人の助けを借りて子どもたちや残されていたドイツ人を集め、報復として校庭で残忍に皆殺しにしたことを知った。インゲレーネは子どもたちを悼み、悲劇へと至る過程での自分の役割を思い、苦悩するようになった。彼女は東部時代の回想録を執筆し出版したが、ポーランドのユダヤ人労働収容所を訪れたことなど、一部の話は省くことにした。その他に省かれた話は何だったのだろう。

ヴォロディーミル＝ヴォルィンシキーのヨハンナ・アルトファーターや、ドロホビチのヨゼフィーネ・ブロックのような殺人者となった秘書や妻たちは、私たちが考えたがるほど稀な存在では決してなかった。ナチ占領下の東部全域で、ゲットーや大量射殺現場において誰が暴力を振るったか、その詳細は大抵、単純に欠落している。ドイツ人はこの情報を隠ぺいし、あるいは隠滅した。目撃者と生存者も、加害者の名前を特定することはまずできなかった。ナチ・ハンターのジーモン・ヴィーゼンタールは、数十年にわたり何百もの手掛かりを追った。その努力は、ジーモン・ヴィーゼンタール文書館所蔵の彼の私信に詳細に記されている。一九六〇年代にある情報提供者が、ポーランドにいた夫婦、フランツ・バウアーという名のドイツ警察官とその妻を調査するよう彼に懇願した。[2] この二人と彼らが飼っていたジャーマンシェパードが、かつてルブリン近郊のミェンジジェツ・ポドラスキの住人を恐怖に陥れていたのだ。目撃者は、バウアーの妻がソ連人戦争捕虜の大量射殺に個人的に加わっていたと述べた。妻の行動は現地の住人の間で広く話題になっていた。ヴィーゼンタールはフランツ・バウアーが一九五八年に死亡したことは確認できたが、妻を見つけることはできなかった。おそらく再婚して、名前が変わったのだろう。リヴィウ近くのヤクトルフ収容所長の妻も、飼い犬のジャーマンシェパードで有名だった。彼女は収容所の庭で働いていたユダヤ人の子どもたちを襲うよう、犬に命じたという。犬は子どもたちを引き裂いた。幼い少女の頃にこの収容所にいたという生存者にインタビューをしたところ、所長の妻と飼い犬の犠牲となった子どもたちの手足を拾い集めるという、身の毛もよだつような仕事をしたと語ってくれた。[3]

　たとえ目撃者がいても、戦後は容疑者を追跡できないことが多かった。また、組織内で公的な地位に就いていなかった女性の場合は特に、被害者の証言だけでは起訴するには十分な証拠とは言えなかった。ウクライナなどの地域で戦争を生き延びたのは、現地のユダヤ人の二パーセント未満だったという事実を考えれば、ドイツ人加害者の名前を、男性であれ女性であれ、挙げた証言が「一つでも」あるということ自体、驚きに値する。

繰り返して言うが、本書に登場する女性は誰一人として、殺さなければならなかったわけではない。ユダヤ人を殺すことを拒否しても罰を受けることはなかった。しかし、犠牲者を「助ける」ことを選択すれば、政府は情け容赦なかった。[4] 年齢や仕事に関係なく、彼女たちがナチの特別法廷の恐怖を免れることはできなかった。リヴィウ近郊に住んでいた森林監督官のドイツ人妻は一九四三年秋に、殺人施設への最終移送や収容所の解体から逃げてきたユダヤ人を助けた。この勇気ある行為のために、彼女は死刑を宣告された。裁判官は、この被告人は家庭できちんと反ユダヤ主義的教育を受けており、また占領下のポーランドで、ユダヤ人政策が「周知の事実」となっていたドイツ人コミュニティの一員であった以上は、妨害行為をしない方がよいとわかっていたはずだと判断した。[5] 終戦直前の数カ月間、司法省、軍、親衛隊や警察のドイツ人指導者らは、戦争遂行を妨害する者は誰でもその場で射殺してよいと命じていた。[6] 国内だけでも、一万人ものドイツ人が処刑されている。また、少なくとも一万五〇〇〇人のドイツ人兵士が脱走兵と見なされ射殺された。一九四五年初頭にダンツィヒの民間防衛活動に参加させられたあるドイツ人実業家は、そのような略式裁判の結果とも言える、身も凍るような光景を目にしている。「ダンツィヒの通りは砂漠のようでした。当局は、誰も職場放棄してはならないという指令を繰り返し出しましたが、逃げられる者は皆逃げてしまいました。大通りが開けたところにあるオリーヴァ門では、ドイツ人兵士が脱走兵として絞首刑にされ、六人吊るされていました。その中には、若い看護師も一人いたのです」。[7]

この若い看護師については、経歴はもちろん、名前すらわからない。道義に満ち、勇敢に抵抗したドイツ人女性の物語を掘り起こすのは難しい。ナチに犯罪者と烙印を押され、多くのドイツ人に裏切り者と見なされたこれらの女性の事件は戦後再び調査されることがなかった。

ウクライナにある、かつてのペトリ農場への調査旅行からミュンヘンに戻った私は、この旅で物語が終わるわけではないことを実感した。ドイツでインタビューをした一人、マリア・ザイデンベルガーがつい最近亡くなったという。[8] ザイデンベルガー夫人は、ナチの殺人マシンの共犯者でも加害者でもなかった。ナチ時代、ザイデンベルガー夫人とその家族はダッハウ強制収容所との境界にある家に住んでいた。彼女と母親が台所の窓辺に立っていると、収容所に行進させられる囚人たちが見え、銃声が聞こえた。約四五〇〇人のソ連人戦争捕虜が収容所の壁の外、ザイデンベルガー家の裏庭近くの射撃練習場で射殺されたのだ。マリアは収容所の捕虜たちを助けていた。運び屋として外の世界との橋渡しをし、愛する者への手紙を送ったり、彼らの所持品を一家の養蜂箱に隠したり、食事を与えたりしたのである。終戦から六〇年を経た二〇〇五年、ダッハウ市はマリア・ザイデンベルガーの市民としての勇気を称え、賞を授けた。この公のイベントは彼女の人生のハイライトとなったが、彼女が身をもって体験してきた長年の孤立を埋め合わせることはできなかった。戦時中、このような賞賛すべき行動をとらなかった近隣の者、そして親類縁者さえもが、ザイデンベルガーを疑いの目で見てきたのだ。

　本書で扱った女性の目撃者、共犯者、加害者の話のように、ザイデンベルガーの話もようやく取り上げられるようになったが、これはごく最近のことである。ナチズム、第二次世界大戦、そしてホロコーストについて、私たちが知るべきことをすべて知ることは決してないだろう。一つの話ですべてを語れるわけではなく、私たちが掘り起こした断片をつなぎ合わせても、満足のいく全体像は得られないだろう。しかし、残酷さと勇気の交錯する物語や回想を紡ぎ合わせることで、私たちが歴史として、また人間性として理解しているものを絶えず検証することで、男性だけでなく女性も含め、人間がいったい何を信じ、何をなしえてしまうのか、見極めることができるのである。

謝辞

この研究は、各機関、資金提供者、そして同僚研究者の惜しみない支援なくしては完成させることができなかった。ドイツ研究振興協会（ＤＦＧ）は、極端な時代を生きた人々に関する本を執筆するための助成金を支給してくれた。同協会と私の申請書を承認してくださった審査委員の皆様に感謝申し上げる。研究者としてドイツで過ごした際には、ミュンヘンのルートヴィヒ・マクシミリアン大学現代歴史学部、特にペトラ・トーマ氏にお世話になり、またミヒャエル・ブレナー教授、ミヒャエル・ゲイヤー教授、マルティン・シュルツ＝ヴェッセル教授、マーギット・スリューシ＝ヤンツェ教授、そしてアンドレアス・ヴィルシング教授のご支援を賜った。また、ドイツ人証言者からオーラル・ヒストリーを収集したいという私の申し出に賛同してくれたアメリカ合衆国ホロコースト記念博物館と同僚研究者らのおかげで、ミュンヘンでの滞在を続けることができた。本書を書き終える頃、私はクレアモント・マッケナ・カレッジ歴史学部に移ったが、その移行期間中、新たな同僚研究者らが最終原稿の完成と写真検索のために必要な時間と支援を提供してくれた。

　ホロコーストの研究には、ヨーロッパ、北米やイスラエルの各地における複数の文書館での作業が必要となる。デジタル時代となり、資料へのアクセスは容易になったが、私たち学者は今なおこの分野のアーキビストと同僚研究者たちを頼りにしており、資料の発見とコピーの入手および分析に手を貸してもらっている。

ルートヴィヒスブルクのドイツ連邦公文書館職員、キルステン・ゲッツェ、トビアス・ヘルマン、アブドゥラー・トプタンチに感謝申し上げる。アメリカ合衆国ホロコースト記念博物館では、ヴァディム・アルトスカン、ミシュリン・アミール、スーザン・バックラック、ジュディ・コーエン、ビル・コノリー、マイケル・ゲルブ、ニール・ガスリー、ディーター・クーンツ、ヤン・ランバーツ、スティーブン・ルッケルト、ヤチェク・ノヴァコフスキ、ポール・シャピロ、キャロライン・ワデル、リア・ウォルフソンが支援してくれた。ペトリの事例は、二〇〇五年夏、同博物館のセンター・フォー・アドバンスド・ホロコースト・スタディーズによる、戦争犯罪裁判における加害者への処罰に関する研究ワークショップに参加したときに発見した。二〇一〇年夏には、別の思いがけない収穫を得た。今度はヤド・ヴァシェムで、一般市民による暴力に関する夏期研究ワークショップに参加していたときのことである。ワークショップに参加したレベッカ・カーター＝チャンド、デヴィッド・セザラニ、ヴォルフ・グルーナー、アレクサンダー・プリューシンなどの同僚研究者と、研究所と文書館のハリー・ドレフュス、ベラ・グータ－マン、ダン・ミッチマン、エリオット・オルヴィエート、ナーマ・シーク、デヴィッド・ジルバークラング、ダン・ウジエルなどの学者が資料を共有し、貴重なフィードバックを提供してくれた。さらに、ヤド・ヴァシェムはニューヨークタイムズ紙の特派員、イザベル・カーシュナーとの面会を手配してくれた。彼女は私の研究について記事にしてくれた。オックスフォード大学出版局のナンシー・トフからは、原稿作成の早い段階で協力を賜り、ハーバード大学のリザベス・コーエンにはより幅広い読者に読んでもらえる研究書を執筆するよう促され、ジェリ・トーマを紹介していただいた。パリでは、ヤハド・イン＝ウヌム［行動部隊等によるユダヤ人の大量埋葬地を特定することを目的とする団体］の支援を受けた。パトリック・デュボア神父と彼のチームには、調査結果を共有してくださったことに感謝申し上げる。南カリフォルニア大学ショア財団ビジュアル・ヒストリー・アーカイブでは、クリスピン・ブルックスとイタ・ゴードンが関連資料を確認してくれた。ロサンゼルス・ホロコースト博物館では、ウラディーミル・メラメッドが所蔵資料の検索を手伝ってくれた。ここは、ほとんど知られておらず、学者にとっての宝の山である。ウェストモアランド研究グループのマイク・コンスタディは、米国国立公文書館の資料に関する多数の要求に迅速に対応してくれた。シュパイアー州立文書館のヴァルター・ルンメル博士は、希少な写真の入手に協力してくれた。

アンドレイ・アングリック、オメル・バルトフ、ウェイトマン・ビヨルン、レイ・ブランドン、マーティン・ディーン、ロバート・エーレンレイク、クリスティアン・ゲルラッハ、シュテファン・レーンシュテット、ユルゲン・マテウス、ジャレド・マクブライド、マリー・ムーティエ、ディータァ・ポール、エリック・スタインハートなど多くの同僚研究者がともに研究に参加し、私のために時間を割いて資料を送ってくれた上、どこを探したらよいかも提案してくれた。キンバリー・アラー、ベッツィー・アンソニー、トレイシー・ブラウン、ジョイス・チャーニック、マリオン・デシュムク、デボラ・ドワーク、メアリー・フルブルック、アレクサンドラ・ガルバリーニ、アン・ハジコワ、スザンナ・ヘッシェル、マリオン・カプラン、ジェフリー・ケルバー、デボラ・リップシュタット、ダリア・オフェル、カトリン・ペーラー、ジョン・ロス、コリーヌ・アンガー、ジェームズ・ウォーラーとの議論からは得るものがあった。ティモシー・スナイダーはナチ東部に関する優れた著書で、「血塗られた大地《ブラッドランド》」という言葉を紹介してくれた。キエフとオデッサで開かれたソロス・リセット・セミナー（the Soros ReSet seminar）の参加者、アンナ・バジェーノワ、オレーナ・ベットリー、アレクセイ・ブラトクキン、オクサナ・ドゥドコ、ディアナ・ドゥミトル、アナスティアス・フェルチャー、ジョン・ポール・ヒムカ、ゲオルギイ・カシヤノフ、アレクサンドル・マリンチェンコ、アレクセイ・ミレル、オレクサンドル・ナトカ、イリーナ・シュクロキナ、オクタヴィアン・タク、オクサナ・ヴィンニクからも支援を賜った。また、ノース・カロライナ大学のワークショップでは研究結果を発表する機会をいただいた。クリストファー・ブラウニング、カレン・ハーゲマン、クローディア・クーンズ、マイケル・メン、カール・シュロイネス、ガーハードとジャネット・ワインバーグ夫妻があたたかく迎え、重要な提案をしてくれた。

本書は私の代理人、ライターズ・ハウスのジェリ・トーマの支援がなければ実現しなかったであろう。彼女は私に、企画書の作成について助言をしてくれた上、それが、ホートン・ミフリン・ハーコート社の適切な担当者の手に確実に渡るよう取り計らってくれた。たゆまぬ努力と配慮をもって、私の原稿を出版へと進めてくれた優秀な編集者、そして素晴らしい人物であるディアンヌ・アミーとともに取り組んだことは光栄であり、喜びである。また、この研究に対するデビー・エンゲルの熱意と献身により、本書は世界の読者に届けられることになった。カティア・ライスは熱心に原稿を編集してくれた。歴史学者のリチャード・ブライトマンとアチナ・グロスマンは最終原稿を読み、専門家だけが検出することのできる誤りや問題点を見つけてくれた。彼らの博識には刺激を受けた。また、その不断の指導と尽力に感謝申し上げる。

そして何よりも、図らずもこの研究と運命をともにすることになってしまった私の家族と友人たちの忍耐に感謝している。本書は私の祖母、母、そして姉妹に捧げられているが、父ジェームズ・ロワー、兄弟ジョシュア・ロワー、夫クリストフ・マウフ、息子たちイアン・マクスウェル・マウフとアレクサンダー・モーガン・マウフ、そしてほかの姉妹、ミリー・ゴンザレス、サリー・ジョージ、スーザン・ヘルヒャー、シルヴィア・セーケル、ヴァレリー・ヘンリーにも、常に私を現代に引き留め、愛とよきユーモアで士気を高めてくれたことに感謝している。

この研究では、特定の女性たちを取り上げることができた。それは、彼女たちとその家族が私の問い合わせに応じ、快く自宅に招いてくれたからである。ペトリ家、シュッキング＝ホーマイヤー家、インゲレーネ・イヴェンス・ローデヴァルト、レナーテ・ズム・ザルカー、故マリア・ザイデンベルガーは私に自分たちの話を託してくれた。彼女たちの話をホロコーストの犠牲者に対してふさわしい誠実さといたわりとをもって描き出すことに、私は最善を尽くしたし、彼女たちもそう望んでいたと思う。

監訳者解題

ナチの帝国は、記録し管理する官僚帝国でもあり、その東欧支配は歴史研究の対象となる膨大な史料を残した。これらはドイツやアメリカ、イスラエル、ロシアなど、各国の文書館に保管され、公開されている。歴史研究者は、こうした「第一次史料」と呼ばれる大量の文書を読み、ばらばらのパズルを組み立ててゆくように、当時の全体像を立ち上げてゆくことを仕事としている。私もここ数年、本書にも登場する親衛隊の『人種植民本部』の組織史料を含む、「民族ドイツ人」と呼ばれた東欧のドイツ系住民の植民事業に関する史料を、ベルリンの連邦文書館で閲覧してきた。

文書館で当時の史料を読みながら私の頭の中で形を取り始めたナチ帝国のイメージとは、まさに「男たちの帝国」であった。史料の中で、ドイツ女性に遭遇することはほとんどなかった。ユダヤ人やポーランド人の移動（＝排除）を命令するような文書に署名するのは、親衛隊や行政当局の中で地位のある人間だけである。したがって、こうした地位に女性がほぼ不在であった以上、犯罪の「証拠」を残すのは男性ばかりであった。実際には、ほとんどの場合、文書はフルネームで署名されておらず、姓からだけでは責任者が男性であったのか女性であったのかは判断できない。ただし、ドイツ語の名詞には性があり、地位のある人間であれば、肩書の表示を見れば女性であったかどうかは分かる。しかし文書に女性形の肩書を見ることはほとんどなく、それは事務的な回覧のような重要性の低い文書でも変わりなかった。

一次史料からは占領者としてのドイツ女性をイメージすることは困難であったが、戦争末期には多少事情が異なった。一九四三年、四四年になると、占領地の行政官である男性は、軍隊に招集されて職場を去ってゆく。同時に、かつての同僚が戦死したという回覧が支所に回るようになる。何度か、お悔やみの意味か、戦死した同僚の名前が記され、黒い枠で縁どりされた回覧文書を見つけた。そこには彼らの国家への貢献と犠牲を讃える言葉が続いていたのだが、文書の発行者が明らかに女性であったものがあり、驚いた。その時私は、この時期には男性の欠員を補うために女性が事務作業を担っていたと実感し、ドイツ敗北の予兆を見たのだが、それは私がナチの東欧支配に女性の存在を感じ取った数少ないケースであった。

その後本書に出会い、私は非常に単純な事実を認識していなかったことに気が付いた。自分が文書館で読んできた文書は、他の誰でもなく、東部に派遣された女性秘書や女性事務員がタイプし、複写を作り、ファイルしてきたものであったということだ。確かに、武装した制服の親衛隊員が、机に向かって事務作業をする姿はなかなか想像できないし、実際に雑務も効率的にこなす万能の官僚タイプの殺人者は少なかっただろう。しかし逆に、執務室で軍靴をコツコツと響かせて歩き回りながら、口述筆記をさせる親衛隊員の横で、黙々とタイプを続ける女性事務員の姿をわれわれは想像していたであろうか。女性は占領地にいなかったのではなく、見えていなかっただけであった。実際に構造上も、見えにくかった。もっとも私のケースのように、研究者の側が、女性はほとんど不在であるという想定の上で史料を読んでいることもある。

女性は通常、戦争やジェノサイドにおける犠牲者として描かれてきた。もちろんそれは加害者であるより犠牲者であることのほうが圧倒的に多いためであり、また女性たちの関与は、総体としては男性のそれより犯罪性が薄い。ただし、本書で著者ロワーが伝えようとしたのは、権力と手段さえ手にすれば、「女性さえも」人を殺すことができるという点にあるのではないだろう。ロワーが私たちに突き付けたのはむしろ、ドイツ女性たちが「良き」人生を送りたいという「普通」の願望を抱き、人生においてこうした基準でもって選択をしてきた結果、ホロコーストの加害者という場所に行きついてしまったという事実である。田舎の家父長的な世界から自由になりたい、仕事をして自立したい、素敵な服や靴が欲しい、経済的に展望のある配偶者とめぐり合いたい、このような誰もが抱く願望それ自体には何の悪も見出すことはできない。彼女らは確かに日和見主義的であり、幾分か野心家でもあり、時には欲深くもあっただろうが、もともと犯罪への性向があったわけでも、狂信的なナチ信奉者であったわけでもない。彼女らが職業的な自己実現や妻や恋人としての幸せを追及した時代や背景が犯罪的なものであった結果、そこでの選択の積み重ねは、彼女らを殺人者にした。

こう言うと、ホロコーストに加担したドイツ女性は状況により不運にも殺人者の側に身を置いてしまった人のように聞こえるが、決して彼女らの罪の相対化を試みているわけではない。むしろわれわれは、ナチ・ドイツが狂信的な確信犯により運営された体制であり、したがって「われわれ」と「彼ら」の間には深い溝があるという考えを捨てる必要がある。そもそも、思想のみで人を殺すことは困難だ。ある集団が他よりも「劣っている」もしくは「害がある」という理由のみで、無抵抗の子供や老人まで殺すことができるような、強固な思想を持つ者は極めてまれである。どれほど徹底した思想教育がなされたとしても、またどれだけ為政者が殺人を愛国心の問題に仕立て上げたとしても、いざそうした場に自分が置かれると、目の前の犠牲者の声や表情は、人を殺めるという行為が単純に人の掟に背くことを理解させる。そのジレンマから逃れるために、人は見て見ぬふりをしたり、職場放棄するかもしれず、また意図せず救済者となるのである。

逆に、人を殺せるようなイデオロギーを欠いていても、他の要素が加わることで、殺人への敷居がぐっと低くなることもある。まず、犠牲者の財産や家が欲しいといった物欲。これはホロコーストにおいては、かなり大きな動機となった。近年の研究では、ホロコーストがヨーロッパ的規模で展開した背景には、様々な国家の住民による広範囲な加担があったことが明らかになっているが、これを誘発したのは土着の反ユダヤ主義であると同時に、ユダヤ人財産の強奪に典型的に示される物的な動機であったのである。また出世への野望、仲間からのプレッシャーもあるだろう。集団には本質的に、エスカレートへの傾向が備わっている。この点は、クリストファー・ブラウニングが『普通の人びと――ホロコーストと第一〇一警察予備大隊』（谷喬夫訳、筑摩書房、一九九七年）で明らかにしたことだ。そして配偶者やパートナーへの愛。さらに酒が入って気が大きくなっていたなど、一見くだらない理由さえも時には決定的な流れを生むだろう。殺害への理由付けは、個人のレベルでは常に個人的なものであり、こうした卑近な理由やきっかけが散らばっていたのが、ナチ支配下の日常であった。

それでも、他でもないナチ時代に、殺すことへの敷居が極端に低くなったのは事実である。その背景にはまず、ドイツが侵略し支配下に置いた東部という「場所」ゆえの要素がある。ドイツから地理的にも文化的にも遠く離れているため本国の社会規範は及ばず、またそこの住民が「劣等人種」と位置付けられていたことで、一種の価値観の真空地帯を生んでいた。ドイツ社会では決して容認されない行為が大目に見られ、むしろ奨励され、恥の感覚も伴わず行われた。こうした文脈にユダヤ人財産の略奪や、子供や女性の殺害が位置している。そこでは人間の扱いという点においても、一種のフリーハンドが存在したのだと考えられる。ロワーは二〇〇五年の『ナチの帝国建設とウクライナのホロコースト（*Nazi Empire-Building and the Holocaust in Ukraine*, Chapel Hill: University of North Carolina Press, 2005）』で、この地で展開したジェノサイドを「ナチ的」な東欧の植民地支配という文脈において解釈している。「ナチ的」な植民地支配とはつまり、帝国主義の時代の英仏に代表されるような、現地住民の排除と並行して包摂をも試みる植民地経営とは異なり、生物学的人種理論に基づくヒエラルキーの実現を目指し、特定の集団を徹底して搾取・破壊することを前提とする、抹殺的な植民地支配の形態である。ナチはこうした支配を通し、新しい形の国家建設を試みたのだとロワーは分析した。

もう一つの要素は「世代」である。近接した生まれ年の集団を、「コーホート（cohort）」という概念でとらえることが多くなっているが、個人は生まれた時代に特有の価値観、行動様式、集団的記憶に束縛され続ける。ナチズムの指導層が一国家を率いるには非常に若かったことは知られており、ホロコーストの実行者となった世代は、第一次世界大戦後の非常に不安定な時期に社会化を経験し成人した者が多かったため、ミヒャエル・ヴィルトが国家保安本部の殺人者たちの経歴から結論したように、彼らはある種の「妥協なき世代（Generation des Unbedingten）」に属していたと理解されている。本書に登場する女性たちもヴァイマル期の女性の権利の拡大と、これへの反動を体験した世代に属していた。不安定な政治環境に育った人たち、解消困難に思える格差の中で育った人たちは、人生の開運をもたらすものは他者への配慮であるよりは、狡猾さと貪欲さであると経験から知っているものだ。そこに思いがけなく、こうした自分の性向をむしろ後押ししてくれるような政治が登場すると、たいていの人間は飛びつくのである。もし彼女らが平和な時代に生きたならば、という仮定は気休めにしかならないが、実際に「失われた」世代、「奪われた」世代に共通する体験が持つ潜在的な破壊力（もしくは創造力）を、われわれはより深く認識する必要があるだろう。

また男女関係のジェンダー的力学も、明らかに殺害への敷居を低くした。愛が暴力を伴うことは自明としても、ドイツ人女性の愛はロワーが本書では扱わなかったもう一つの暴力、すなわちユダヤ人など犠牲者集団の女性に対する（性）暴力と併存していた。「作戦」から戻った親衛隊員の夫たちを家に迎え入れ、癒し、支え、また任務に送り出す彼女らの献身的な愛は、戦場と占領における性暴力という事実の上に成り立つ「正常」な世界である。東部占領地域においては、現地に展開するドイツ人兵士や民間男性に対し、ドイツ女性の数は圧倒的に不足していた。加えてナチの人種イデオロギーにより、ドイツ人と「劣等人種」との性的関係は原則的には禁止されていた（これは当然守られなかったが）。この男女比のバランスの崩れた世界において、東部でドイツ女性が夫や恋人をひとりの人間として愛することができたのは、同胞からの性的搾取の対象とはならないという了解があったためである。東部にいたドイツ女性は人種的ジェンダー秩序の一部を構成することで、搾取の対象の外に置かれ、性的虐待やレイプは、もっぱら「劣等な」女性集団に向けられた（この点については、レギーナ・ミュールホイザー著、姫岡とし子監訳『戦場の性――独ソ戦下のドイツ兵と女性たち』［岩波書店、二〇一五年］や、Sonja M. Hedgepeth/ Rochelle G. Saidel (ed.), *Sexual Violence against Jewish Women During the Holocaust,*

Waltham: Brandeis UP, 2010 を参照)。

こうした要素が絡み合って、本書で扱われた時代と場所で殺人に対する敷居が低くなったと思われるが、このような状況は現代に生きるわれわれとは関係のないことだろうか。

今、政治経済的な停滞からくる漠然とした将来への不安が日本社会を覆っている。かつての経済的地位を失ったことと、安全保障の点で「脅威」を感じることが増えたことは、明らかに関連している。努力は報われず、決して親の世代より物質的に豊かになることはないという諦念が若年層にさえ広がっている。老後破産という言葉が不気味なリアリティを持って迫ってくる。多くの人が「こんなはずではなかった」と感じ、その理由を求めるが、具体的な理由は見つからない。なぜならこの状況は、構造的な長いプロセスの最終生産物として存在しているからだ。すぐに個人の力ではどうにもならないことが判明するが、納得がいかないという感情だけは残る。そういったものの上に他人の転落や不幸を喜ぶ心が育つ。

最近の日本に蔓延する閉塞感は、ナチズムをもたらした頃のドイツ社会の雰囲気に似ているのではないかと思うことがある。こうした時代には、世界をあえて白黒の構図で示し、大きな物語を掲げてくれる人に支持が集まる。しかし、人はそれを支持しながらも、これも気休めに過ぎないとうすうす感じている。今までそういった物語を実現してくれた人はいなかったからである。このため自分の世界に逃げ場を求めるが、それでも希望を完全に捨てるほどには諦めきれず、既存の政党や社会通念を打ちこわし、すべてを超越する何か、それをもたらす誰かを待っている。同時に、社会全体に道徳規範を下げる卑近な理由が増えてゆく。そんな時、それまで高く見えていた敷居は、飛び越えられるほど低くなっている。

こうした流れに抗するのは、歴史的な想像力を持つことではないかと思う。われわれは体験したことのないものから「教訓」を引き出すことはできない。したがって「歴史の教訓を生かせ」とは、本質的に空虚な言葉だ。しかしなぜ、普通のドイツ女性が人を殺せるようになったのか、そこに至る過程を想像することはできるだろう。小さな逸脱を積み重ね、他者の支配に自分の可能性を試し、次第に殺人的な流れに飲み込まれていった様が浮かんでくるだろう。そうすると、犠牲と加害はかならずしも白黒ではないことが分かる。むしろ、それは徐々に色が変化するグラデーションのようにつながっている。

想像せよ、自分が立っている場所はすでに「灰色」ではないか。自戒せよ、大きな流れの中で自分を押しとどめるだけの確たる信念はあるか。われわれは不安な時代に生きている。

二〇一六年七月

監訳者　武井彩佳

エピローグ

1　東欧、特にウクライナとポーランドにおけるヒトラーとスターリンの関係については、Timothy Snyder, *Bloodlands: Europe between Hitler and Stalin* (Basic Books), 2010〔ティモシー・スナイダー『ブラッドランド――ヒトラーとスターリン　大虐殺の真実』布施由紀子訳、筑摩書房、2015年〕を参照。

2　目撃者は、ミェンジジェツ・ポドラスキのゲットーにいた元ユダヤ人戦争捕虜。フランツ・バウアーは、犬を飼う死刑執行人として知られ、「ユダヤ人を一人撃ってからでなければ朝飯が食えず、ユダヤ人を一人撃ってからでなければ寝られない。この拳銃で2000人のユダヤ人を撃った」と、よく公言していた。リンツにおける、1962年2月28日のダニエル・ドヴォジンスキによる宣誓証言。ヴィーゼンタールと検察官による往復書簡（Zentrale Stelle der Landesjustizverwaltungen, 8 AR-Z 236/60, 5 Feb 1962）。捜査はドルトムントで開始（file no. 45 Js 28/61）。ヴィーゼンタールからナチ戦争犯罪捜査局への書簡（Tel Aviv, 28 Mar. 1963, SWA）。

3　2005年11月3日にボルチモアで行われた、ギゼラ・グロスへの著者によるインタビュー。

4　ガリツィアにおける帝国ドイツ人男女の違法行為に関する親衛隊の報告書には、ドイツ人夫婦が違法にユダヤ人労働者を雇用していた事例、ユダヤ人に台所で食事をすることを許していた事例、そして、ある一家にルーマニアに逃亡するための書類を与えたとする事例が、2、3件引用されている。ギルケ夫妻（建築家で、コロメアのドイツ鉄道の駅も管理していた）は、駅からユダヤ人を移送する親衛隊の活動を妨害し、5人のユダヤ人をかくまい、救ったとされている。この事件は特に、親衛隊および警察による調査の対象となった。占領下のポーランドから国境を越えてハンガリーへ逃亡するユダヤ人を助けたロートという名の役人は罰せられ、強制収容所に送られた（SSPF Katzmann to HSSPF Krueger, Verhalten Reichsdeutschen in General Gouvernement, 14 May 1943, ITS）。

5　Ulrich Frisse, "The Role of the Local Judiciary: The *Sondergericht beim Deutschen Gericht Lemberg* (Limberg Special Court at the German Court Lemberg) and Its Contribution to the Holocaust in Eastern Galicia" (Yad Vashem Summer Workshop Presentation, July 2010), pp.8-10; archival source, Sondergericht bei dem Deutschen Gericht Lemberg, Strafsache gegen Liselotte Hassenstein wegen Judenbeherbergung, 1 Oct. 1943, 3 KLs. 103/43. また、Jill Stephenson, *Women in Nazi Germany* (Longman, 2001), p.111も参照。

6　Richard Evans, *The Third Reich at War* (Penguin, 2010), p.686.

7　K. H. Schaefer, "Die letzten Tage von Danzig im Jahre 1945," Pfingsten, 16 May 1946. 父親の草稿を提供してくれたヴォルフガンク・シェーファーに感謝申し上げる。

8　2010年6月6日と10月20日にドイツのヘーベルツハウゼンで行われた、マリア・ザイデンベルガーおよびボリス・ノイジウス博士への著者によるインタビュー。USHMMAに保管。

判などの大々的に報道された裁判では、女性看守ヒルデガルト・レヒャルトが12年の刑を宣告されたのに対して、男性看守は8年の刑を言い渡された。しかし、西ドイツによるすべての訴訟の総合的な分析から、被告女性のほとんどは、無罪とされたか、あるいは3年未満の刑を宣告されたと、別の歴史学者は結論付けている。Michael Greve, "Täter oder Gehilfen?" in Weckel and Wolfrum, *"Bestien" und "Befehlsempfänger,"* p.202 を参照。また、Claudia Koonz, "A Tributary and a Mainstream: Gender, Public Memory, and the Historiography of Nazi Germany," in Karen Hagemann and Jean H. Quataert, eds., *Gendering Modern German History: Rewriting Historiography* (Berghahn, 2007), p.161 も参照。

63　これは当初、元ナチ党員のヘルマン・ラウシュニクによって論じられ、その後、歴史学者ヨアヒム・フェストもこれに同調した。

64　Ute Frevert, *Women in German History: From Bourgeois Emancipation to Sexual Liberation* (Berg, 1989), p.215〔フレーフェルト『ドイツ女性の社会史』〕に引用されている言葉。

65　Roy Baumeister, *Evil: Inside Human Violence and Cruelty* (W. H. Freeman, 1997), p.46.

66　ハインリヒ・ヒムラーの弟の孫であるカトリン・ヒムラーは、ナチ時代について独自の個人的、学術的な和解を追求し、ヒムラー家に関する研究を発表し、イスラエル人と結婚した。彼女のエッセイ、"'Herrenmenschenpaare': Zwischen nationalsozialistischem Elitebewusstsein und rassenideologischer (Selbst-) Verpflichtung," in Krauss, *Sie waren dabei,* p.73 を参照。

67　Götz Aly, *Hitlers Volkstaat: Raub, Rassenkrieg und Nationalsozialismus* (Fischer Verlag, 2005)〔アリー『ヒトラーの国民国家』〕. 本書のためのインタビューに応じてくれた者の中には、戦時中、東部から持ち帰り、今は家に飾っている品々を誇らしげに見せてくれた者もいる。

68　特に有名な被告人には、イルゼ・コッホ（囚人の刺青入りの皮膚でランプシェードを作った罪で告発された、男性を誘惑する「サディストの女」）、ヘルミーネ・ブラウンシュタイナー（「マイダネクの雌馬」）およびイルマ・グレーゼ（ビルケナウおよびベルゲン・ベルゼンの「美しき野獣」）がいる。Sybil Milton, "Women and the Holocaust: The Case of German and German-Jewish Women," in Renate Bridenthal, Atina Grossmann, and Marion Kaplan, eds., *When Biology Became Destiny: Women in Weimar and Nazi Germany* (Monthly Review Press, 1984), pp.297-333; Sarah Cushman, "Women of Birkenau" (Ph.D. diss., Clark University, 2010) を参照。特に女性に対する東ドイツの訴訟については、Insa Eschebach, "'Negative Elemente': Ermittlungsberichte des MfS über ehemalige SS-Aufseherinnen," in Annette Leo and Peter Reif-Spireck, eds., *Helden, Täter und Verräter: Studien zum DDR-Antifaschismus* (Metropol, 1999), pp.197-210 を参照。

69　Koonz, "A Tributary and a Mainstream," p.161.

署名は、震えた字で、乱れている。

52 Erfurt, General Stasi Records, Allg. S 100, BSt U 000111-113, Allg S 73, BStU 000019-21, BAB, Archiv-Nr. 403/63, BStU Aussentselle Erfurt, 22 巻のフォルダおよび 10 本の録音テープと 2 冊のアルバム。

53 ホルストおよびエルナ・ペトリの裁判の音声ファイル（Eft. AU 403/63, Archives of BStU, BAB）。

54 Petri case, no. 10733, *DDR-Justiz und NS-Verbrechen,* Lfd Nr. 10733, 271-272.

55 1961 年 9 月 15 日のエルナ・ペトリに対する尋問記録（Case Against Horst and Erna Petri, BAB, Archives of BStU Berlin, file number Eft. AU 403/63 GA 1, USHMMA, RG 14.068, fiche 565）。

56 1961 年 9 月 18 日のエルナ・ペトリに対する尋問記録。

57 ドイツ人女性に対する非ナチ化の手続きに関するカトリン・マイヤーによる分析。マイヤーは、ジェンダーに対する期待が、女性の道徳水準を高めていたことを見出した。女性は、残忍な行動をしてはならないとされていたのである。このような期待が、アメリカ、東西ドイツの裁判官と当局者の判断に、一様に影響を与えた。マイヤーの *Entnazifizierung von Frauen: Die Internierungslager der US Zone, 1945-1952* (Metropol, 2004) を参照。

58 ペトリの手紙（BAB, Handakten Staatsanwalt Erfurt, BStU 000379）。

59 BAB, Abschrift, 7 Aug. 1961, Untersuchungsvorgang, Erna Petri, Stasi, Erfurt, 3493/61, Band V, Archiv-Nr. 403/63.

60 1990 年 9 月の法律により、西ドイツの法廷、あるいはそれを継承したドイツの法廷で、有罪判決を受けたナチ犯罪について、立証できる証拠がない場合、捜査の過程と裁判において重大な人権侵害があった場合、もしくは裁判が違法な方法で実施された場合、名誉回復されることになった。6 人に 1 人の受刑者（あるいはその子孫）が、名誉回復を申請し、その数は 106 件に上った。このうち 43 件は即座に棄却または却下されたが、残りは何らかの変更または見直しがなされた。有罪判決が覆された 13 件のうち、多くはヴァルトハイム裁判に由来するものであった。二人の受刑者が釈放された。Gunther Wieland, "Die Ahndung von NS-Verbrechen in Ostdeutschland, 1945-1990," in *DDR-Justiz und NS-Verbrechen: Sammlung ostdeutscher Strafurteile wegen nationalsozialistischer Tötungsverbrechen* (K. G. Saur Verlag, 2002) を参照。

61 ペトリは、1991 年 12 月 12 日のシュトルベルク裁判所の判決に従い、釈放されたものと見られる。この決定と、グドルーン・ヒムラー・ブルヴィッツを訪問したときのことについて「誰よりも素晴らしい女性」と夢中で話すペトリの言葉は、Oliver Schröm and Andrea Röpke, *Stille Hilfe für braune Kameraden: Das geheime Netzwerk der Alt- und Neonazis* (Aufbau Verlag, 2006), pp.104-5 にあり。2006 年 7 月 24 日に行われた、ペトリの家族への著者によるインタビュー。

62 歴史学者は、被告女性の高い有罪判決率には同意していない。マイダネク裁ナーは、1951年にわずか3年の刑を宣告された。「ウィーンの女性が、それほど残忍になれたわけがない」からである。しかし、1981年には、デュッセルドルフ裁判所で終身刑を言い渡された。Claudia Kuretsidis-Haider, "Täterinnen vor Gericht: Die Kategorie Geschlecht bei der Ahndung von nationalsozialistischen Tötungsdelikten in Deutschland und Österreich," in Krauss, *Sie waren dabei* を参照。

43　1964年11月19日のヴェラ・ヴォーラウフの尋問記録（BAL, B162/5916, 1655-1658）。

44　Christopher R. Browning, *Ordinary Men: Reserve Police Battalion 101 and the Final Solution in Poland* (HarperCollins, 1993)〔ブラウニング『普通の人びと』〕.

45　グスタフ・ヴィルハウス（1910～1945年）について、さらに詳しいことは、Pohl, *Nationalsozialistische Judenverfolgung in Ostgalizien,* pp.333, 423 を参照。

46　レンベルク裁判の起訴状（BAL, 162/4688, p.274）。

47　シュトゥットガルト検察官の新聞切り抜きファイルにあった、裁判に関する1961年4月30日付のドイツの新聞報道、「レンベルク裁判の判決」からの引用（BAL, 162/4688, 208 AR-Z 294/59）。

48　ドイツ民主共和国で裁判にかけられた女性加害者に関する出版物は、収容所の看守、特にラーヴェンスブリュックの親衛隊女性看守を中心に取り上げている。1947年から1954年までに、東ドイツとソ連の裁判所で35人が裁判を受け、比較的軽い刑を宣告された。興味深い分析、Insa Eschebach, "Gespaltene Frauenbilder: Geschechterdramaturgien im juristischen Diskurs ostdeutscher Gerichte," in Weckel and Wolfrum, *"Bestien" und "Befehlsempfänger,"* pp.95-116 を参照。

49　ペトリの裁判に関する著者の分析は、過去の論文で発表した資料（"Male and Female Holocaust Perpetrators and the East German Approach to Justice, 1949-1963," *Holocaust and Genocide Studies* 24, no. 1 [Spring 2010]: 56-84）を編集したもの。この論文の一節を（変更を加えた上で）使用する許可を与えてくれたオックスフォード大学出版局およびアメリカ合衆国ホロコースト記念博物館に感謝申し上げる。

50　生産共同組合 (LPG) とは、ソビエト式集団農場を言う東ドイツの言葉。この頃、西ドイツの検察官は、ウクライナの同じ地域にいた加害者に対する捜査を行い、裁判を始めていた。だが、エアフルトの当局者が、この偶然から恩恵を受けることはなかった。彼らはポーランドやロシア当局との協力を重視していたのである。ガリツィアにおける西ドイツの裁判については、Omer Bartov, "Guilt and Accountability in the Postwar Courtroom: The Holocaust in Czortkow and Buczacz, East Galicia, as Seen in West German Legal Discourse," paper presented at "Repairing the Past: Confronting the Legacies of Slavery, Genocide, and Caste" (Yale University, October 27-29, 2005) を参照。

51　ファイルからは強要されたことは明らかではないが、尋問報告書に記されている時間から、取り調べが長時間に及び、心身を疲労させるものであったこと、また中断もなく、不規則な時間に行われたことがうかがえる。記録にある被告人の

の出生証明書を提出した。この偽身分証に対する捜査が、彼の逮捕のきっかけとなり、1961 年にナチ時代の犯罪を理由に起訴され、1962 年 3 月にシュトゥットガルト裁判所から殺人の有罪判決を宣告された。彼は 2 件の終身刑判決を言い渡されたが、これは 1960 年代の西ドイツの裁判所では珍しい刑罰であった。しかし、これは、結果的には極めて象徴的と言える。1973 年、彼は恩赦により釈放され、10 年後に死亡した。Dieter Pohl, *Nationalsozialistische Judenverfolgung in Ostgalizien, 1941-1944: Organisation und Durchführung eines staatlichen Massenverbrechens* (Oldenbourg, 1996), pp.392, 417 を参照。

38　1947 年 5 月 29 日、6 月 2 日および 6 月 17 日と、1948 年 2 月 17 日および 2 月 27 日のゲルトルーデ・ゼーゲル・ランダウによる供述（VCA, Wien Stadtarchiv, Vg 8514/46）。

39　ドロホビチでブロックの服を仕立てていたレジーナ・カッツが、彼女を訴えた目撃者の一人である。カッツ夫人は訴えを起こした理由を二つ挙げた。1943 年にユダヤ人のゲットーが一掃されたとき、カッツの命と娘の命が危険にさらされたのである。ブロックはカッツを労働者として残したが、1 歳の娘は残さなかった。カッツは子どもの発見とヨゼフィーネ・ブロックが必ず罰せられることを望んだ。1946 年 10 月 3 日のレジーナ・カッツによる供述（VCA, Amtsvemerk, Haft, 19 Oct. 1946, Polizeidirektion. Niederschrift vom 19 Okt. 1946, Hausdurchsuchung, Wien Stadtarchiv, Vg 8514/46）。

40　1946 年 11 月 14 日のヨゼフィーネ・ブロックによる供述（VCA, Vg 8514/46）。1948 年 2 月 12 日のヨゼフィーネ・ブロックによる供述、ゲルトルーデ・ランダウに関する捜査（VCA, Vg 3b Vr 7658/47）。元ビルケナウ看守のイルマ・グレーゼは、自分は、実質的に収容所を支配していた特権階級のユダヤ人の犠牲者だと主張した。Donald McKale, *Nazis after Hitler: How Perpetrators of the Holocaust Cheated Justice and Truth* (Rowman & Littlefield, 2012), p.41 にある証言を参照。

41　捜査はかなり長引き、ブロック夫人は 1949 年初頭まで獄中にあった。オーストリア当局は、重要な証人、すなわち「ドイツ語を話すのが苦手」な「国外在住の」ユダヤ人や、ましな環境で暮らすためにオーストリアを離れた者を探し出す努力をほとんどしなかった。オーストリアの刑務所は容疑者であふれかえり、陪審員も判事も足りず、訴訟を取り扱うことができなかった。その後しばらくして、誰もがもう終わりにしたいと考えるようになった。おそらくは、検察官アルトマンを除いて。彼は 1949 年 3 月 3 日、ブロックに対し、一人の少女の拷問と虐待の罪を問う起訴状を発行した。これ以外の起訴は取り下げられたが、少女に対する犯罪の唯一の証人もいなくなってしまった。別の検察官が介入し、半日で急いで公判を終え、1949 年 9 月 15 日、証拠不十分を理由にブロックは何の異論もなく無罪放免とされた（Beratungsprotokoll bei dem Landesgericht Wien, 259/3 stop）。

42　同様な先入観は、同じくオーストリアのウィーン人民法廷で開かれたヘルミーネ・ブラウンシュタイナーの訴訟でも見られた。収容所看守のブラウンシュタイ

新聞報道（Band IV, bl 773-1004. Westerheide, II, 204 AR-Z 40/61, B162/4523, fol 1. Strafsenat of the Bundesgerichtshof）。

31 Urteil, Bundesgerichtshof, in der Strafsache gegen Westerheide und Zelle, wegen Moerder, 4 StR 303/80. BAL, Band IV, II, 204 AR-Z 40/61.

32 ヴァイシンクが中央捜査局に在職中（1965～2000年）、彼と同僚らは2万5000人を超える容疑者を捜査し、159人を起訴した。中央捜査局が起訴できずに終わったか、あるいは棄却されたケースで、エーリヒ・プリーブケとハインリヒ・ベーレの事件がある。元武装親衛隊員（ウクライナに展開したヴァイキング師団所属）のベーレは、オランダで犯した罪のためにアーヘンで裁判にかけられ、2010年3月23日に終身刑を宣告された。

33 2010年3月9日に行われた、ヴァイシンクへの著者によるインタビュー。

34 "Germans Protest Acquittal of Two in War Criminal Case," New York Times, 21 Dec. 1982.

35 Hannah Arendt, *Eichmann in Jerusalem* (Viking, 1963)〔ハンナ・アーレント『イェルサレムのアイヒマン──悪の陳腐さについての報告』大久保和郎訳、みすず書房、1969年〕. 被告側弁護団は、ユダヤ人から強奪し、ユダヤ人を移送し、殺害せよとの命令に従わない者は、上司から罰せられたという証拠を挙げることができなかった。脅されていた、または命令の順守が求められていたという推測は、法廷での弁明としては使えなかった。実際に総統命令がなかったことも、論拠を弱めることになった。

36 1947年5月29日のゲルトルーデ・ゼーゲル・ランダウによる供述（VCA, Polizeidirektion Wien, People's Court investigation, Vg 3b Vr 7658/47）。フェリックス・ランダウはゲルトルーデが主張したようには答えていないと否定し、さらに、妻が人に向けて撃ってはいけないと自分に言ったのは嘘だと言い張った。フェリックスは1938年にウィーンでユダヤ人の共同住宅を差し押さえたことを認めた。このユダヤ人の不動産を差し押さえる過程において、家族（ウィーンの工場主、アルトマン一家）の一人に、金のアクセサリーを寄こせと脅した。1947年8月7日のフェリックス・ランダウによる供述（Camp Marcus, Abschrift in Wien Stadtarchiv, Vg 8514/46）。

37 オーストリアの刑務所は比較的規制が緩やかであったようである。フランツ・シュタングルも、1947年に刑務所から逃げた。Gitta Sereny, *Into That Darkness: An Examination of Conscience* (Vintage, 1983), p.353〔セレニー『人間の暗闇』〕を参照。捜査官から隠れるために、オーストリアとドイツでランダウは別人になりすました。ルドルフ・ヤシュケという、ズデーテンの民族ドイツ人難民であると主張したのである。実際には、ランダウは1910年にウィーンで生まれた（ランダウに関する予備調査およびシュトゥットガルト検察庁の記録 [11 208 AR-Z 60a/1959, BAL/3380]）。1958年、ランダウはシュトゥットガルトで結婚許可証を取得しようとした。結婚証明書を申請したとき、彼は当局に本名を明かし、オーストリア

に「第三章　正常化への執念［“Desperately Seeking Normality”］」〕; Krauss, *Sie waren dabei,* p.13.

23　オーストリア人のヴィンディッシュは、西ドイツに逃亡し、ザールラントのネオナチ集団に潜伏していた。15 年間服役したのち、刑務所で死亡。

24　2010 年 8 月 2 日にマインツで行われた、元首席検察官ヘルベルト・ヒンツマンへの著者によるインタビューと、2012 年 2 月 14 日にマインツで行われた、ヒンツマンおよびボリス・ノイジウスへの著者によるインタビュー。

25　リーゼロッテ・マイアー・レームによる 1963 年 9 月 19 日の供述（BAL, 162/3425）および 1966 年 9 月 5、6 日の供述（BAL, 162/3449 and 3450）。

26　ヘルマン・ヴァイシンク検事と被告側弁護団を含む西ドイツ代表団は、ルーツィクを訪問し、ソ連のウクライナ人およびポーランド人目撃者らの証言を得た。2010 年 3 月 9 日にミュンスターで行われた、ヴァイシンクへの著者によるインタビュー。

27　アルトファーターの起訴状と判決にある経歴に関する資料（BAL, B162/4524, pp.20, 22）。

28　Dagmar Reese, *Growing Up Female in Nazi Germany,* trans. William Templer (University of Michigan Press, 2006), p.154. ミンデンでアルトファーターと同じ時期を過ごした者による回想の引用。

29　ヨハンナ・アルトファーター・ツェレとヴィルヘルム・ヴェスターハイデに対する裁判における重要な証人は、元ドイツ人同僚で、ヴェスターハイデの事務所の近くに駐屯していたドイツ国防軍（第 6 技術大隊第 1 中隊）付きの運転手だった。この運転手は、ヴォロディーミル＝ヴォルィンシキーの路上で、たびたびヴェスターハイデに会った。二人は一緒に歩いたり、話したりした。1943 年、ユダヤ人労働者らに遭遇したとき、ユダヤ人らは立ち止まり、ヴェスターハイデにひざまずいた。運転手はヴェスターハイデに、なぜユダヤ人たちがそんなことをするのかと尋ねた。すると、自分がそうするよう命じたからだとヴェスターハイデは答え、自分の地区にはかつて約 3 万人のユダヤ人がいたが、ゲットーに押し込まれ、すでに 1 万 8000 人が「殺《や》られ」てしまい、残りの者も殺されることになっていると豪語した。さらに、射殺に参加してくれる者を探していると続け、ユダヤ人殺しに興味があるかと運転手に尋ねてきたが、運転手は断った。運転手と同じ部隊に所属するほかの者たちもヴェスターハイデに声をかけられ、1943 年に古い墓地で行われた虐殺に射殺者として参加した。ヴェスターハイデが採用した射殺者の中には、運転手の記憶によれば音楽隊もいた。1963 年 6 月 21 日、オーバーハウゼンでのカール・ヴェッツェルの供述（BAL, 162/4522, fol.1）。おそらくこの音楽隊が、ポーランド人証人らが語った、宴会で演奏し、その後楽器を置いて何人かを射殺しに行った者たちであろう。ユゼフ・オパトフスキによる証言（7. Jewish Historical Institute Warsaw, ZIH 301/2014）。

30　“Das Todes-Getto war ‘unsagbar freundlich,’” in *Die Tat,* 6 Oct. 1978. 裁判に関する

言い続けた。また、ガス殺施設についても何も知らないと主張した。確かに、「再定住」や「立ち退き」などの言葉を聞いたことがあるが、これらが死を意味する隠語だとはわからなかったと述べた。2001 年、ドイツ人映画監督のインタビューを受けたミミは、この弁明に終始した。Berndt Rieger, *Creator of Nazi Death Camps: The Life of Odilo Globocnik* (Vallentine Mitchell, 2007), p.201 を参照。

17　Kerstin Freudiger, *Die juristische Aufarbeitung von NS-Verbrechen* (Mohr Siebeck, 2002), p.214 に引用されている言葉。

18　2011 年 6 月 7 日と 8 月 2 日に行われた、ルート・P との電話での会話。この資料に関して、アンドレイ・アングリックに感謝申し上げる。西ドイツによる国家保安本部の捜査は最も広範囲に及び、メンバー約 730 名が確認され、男性約 50 名が起訴された（Landgericht Berlin, 13 Oct. 1969, KS 1/69 [ZStL: VI 415 AR 1310/63, Sammelakte Nr. 341]）。.

19　1960 年 10 月 9 日の検察官のメモ（BAL, 9 Js 716/59）。

20　ホイザーの部下や友人の狭い交友関係以外にも目を向けた特別検察官らは、戦時中ミンスクで働いていた別のドイツ人女性を発見した。彼女たちは、より客観的な証言を提供してくれた。1941 年 9 月から 1943 年 12 月までミンスクにいた一人の秘書は、殺人作戦について信頼できる詳細を語っている。彼女はホイザーのことを非常によく覚えており、これにより彼が作戦の中心に位置したことが明らかになった。マリィ・トロステネツにユダヤ人の移送車両が着くたびに、ホイザーは樽の上に立ち演説をした。偉大なるドイツ帝国の名において歓迎すると宣言し、これから再定住すること、困難な時代ゆえに、戦争への協力として貴重品を差し出さなければならないことをユダヤ人らに告げた。さらに、すべての所持品はリストに登録されるが、最終的には弁償されるとほのめかした。ホイザーはユダヤ人は農作業のために農場に移されるとも言い、至らぬ宿泊施設や移動手段についてわびた。その後、この秘書は、ホイザーの事務所の他の女性たちや親衛隊員の同僚らから聞いた大量殺人現場での出来事と、ドイツ人による特殊な殺害方法について説明した。彼女は自分が働いていた建物の中庭でユダヤ人たちが射殺されるのを見た。そして射殺者たちの名前を挙げた。1961 年 11 月 9 日のエヴァ・マリア・シュミットによる証言（Landgericht Köln. Koblenz Sta, 9 Js/716/59）。この証言は、戦時中の文書と組み合わせることで、ホイザーに有罪を宣告するのに十分であった。彼は 1 万 1103 人を超える人々を殺害した罪で、15 年の刑を宣告されたが、10 年で釈放された。裁判所が彼を、「通常の意味での犯罪者ではなかった」と判断したからである（Files of the Staatsanwalt Koblenz, Heuser case, Sonderkommission P. 9 Js 716/59）。Interrogation notes on Sabine Dick, April-Oct. 1960.

21　Kuretsidis-Haider and Garscha, *Keine "Abrechnung,"* pp.204-6. 西ドイツの未亡人と家族に関する法律については、Heineman, *What Difference Does a Husband Make?* を参照。

22　Dagmar Herzog, *Sex after Fascism: Memory and Morality in Twentieth-Century Germany* (Princeton University Press, 2005)〔ヘルツォーク『セックスとナチズムの記憶』。特

Nationalsozialismus (Wallstein Verlag, 2008), pp.154-61 も参照。

10　ベルリンにあったユダヤ人専用共同住宅と不動産の女性管理人による共犯については、Brigitte Scheiger, "'Ich bitte um baldige Arisierung der Wohnung': Zur Funktion von Frauen im buerokratischen System der Verfolgung," in Theresa Wobbe, ed., *Nach Osten: Verdeckte Spuren nationalsozialistischer Verbrechen* (Verlag Neue Kritik, 1992), pp.175-96; Krauss, *Sie waren dabei,* p.11; Jill Stephenson, *Women in Nazi Germany* (Longman, 2001), pp.112-13 を参照。女性密告者は調査されたが、密告者や、密告したとして起訴された者に、女性が過度に多かったわけではない。Robert Gellately, *The Gestapo and German Society: Enforcing Racial Policy,1933-1945* (Oxford University Press, 1991); Ulricke Weckel and Edgar Wolfrum, eds., *"Bestien" und "Befehlsempfänger": Frauen und Männer in NS-Prozessen nach 1945* (Vandenhoeck & Ruprecht, 2003) を参照。

11　Katharina Kellenbach, "God's Love and Women's Love: Prison Chaplains Counsel the Wives of Nazi Perpetrators," *Journal of Feminist Studies in Religion* (Fall 2004): 11-13, 23 に引用されている言葉。この資料に関して、スーザン・バックラックに感謝申し上げる。

12　2010 年 4 月 22 日に電話で行われた、エディス・N への著者によるインタビュー。エディスは、戦後に夫と出会ったこと、高齢な傷病者である夫が、彼女の継続的な介護を必要としていたことを強調した。そして、父親の過去を調査し、知ったことで精神的なショックを受け、悩んでいた息子の早すぎる死について語り涙した。夫はかつて親衛隊髑髏部隊に所属し、1942 年にタガンログで特務部隊 10a とともに大量射殺を行った。それ以前はワルシャワの刑務所で看守を務めていた。

13　Jürgen Matthäus, "'No Ordinary Criminal' Georg Heuser, Other Mass Murderers and West German Justice," in Patricia Heberer and Jürgen Matthäus, eds., *Atrocities on Trial: Historical Perspectives on the Politics of Prosecuting War Crimes* (University of Nebraska Press, 2008) を参照。

14　1960 年 3 月 14 日のゲルダ・ロゴフスキーによる供述（BAL, 162/5102）。

15　Vorermittlungsverfahren der Zentralen Stelle der Landesjustizverwaltungen wegen NS-Verbrechen im Bereich des ehemaligen Gener-labezirks Shitomir/Ukraine, II, 204a AR-Z 131/67, Abschlussbericht, Das Gebietskommissariat Tschudnow. Beweismittel, Witness Statements, Erna Barthelt, Elisabeth Tharun, Elfriede Büschken, Friedrich Paul, Otto Bräse, Elfriede Bräse, Staatsanwaltschaft, Handakten, I 13 Js 60/51, Landesgericht I 13 ERKs 35/51. BAB, BStU 000199-202. Herr Richter, Volkspolizei Oberwachtmeister, VPKA-Wittenberg, "Bericht," 3 Feb. 1950, BStU 00035, Archiv Staatsanwalt des Bezirkes Halle, Fach Nr. 2052. MfS BV Halle, Ast 5544, BStU 00133-138, Urteilurschrift, Strafsache gegen den Arbeiter Bruno Sämisch aus Mühlanger Landgericht Dessau, and "Gründe," pp.1-5. BAB, BStU 00133-138, Archiv Staatsanwalt des Bezirkes Halle, Fach Nr. 2052.

16　グロボチュニクの秘書、ミミ・トゥルゼクは戦後に尋問を受けた際に、上司に対する忠誠を断固として守り続け、最終解決について自分は何も知らなかったと者の、5〜18パーセントは女性が占めていた。安楽死訴訟の被告人の22パーセント、収容所看守に対する訴訟の被告人の9パーセントは女性だった。Claudia Kuretsidis-Haider and Winfried R. Garscha, eds., Keine *"Abrechnung": NS-Verbrechen, Justiz und Gesellschaft in Europa nach 1945* (Akademische Verlagsanstalt, 1998), pp.200-205を参照。また、Alexandra Przyrembel, "Ilse Koch," in Klaus-Michael Mallmann and Gerhard Paul, eds., *Karrieren der Gewalt: Nationalsozialistische Täterbiographien* (Wissenschaftliche Buchgesellschaft, 2004), pp.126-27, 130-31も参照。

9　ハンナ・アーレントがアドルフ・アイヒマンとナチ官僚に関する研究に基づき、「悪の凡庸さ」についての論文を書き上げたとき、彼女は女性事務職員の役割を軽視していた。社会学者ジグムント・バウマンの研究はアーレントの影響を大きく受けているが、彼の打ち立てた理論でも、女性の役割は説明されていない。アイヒマンの裁判から約6年後、机上の殺人者であった一人の女性が裁判にかけられた。ゲルトルート・ズュロトケという、オランダのナチ秘密警察事務所「J」（ユダヤ人問題担当）課に所属していた39歳の専門職員である。最終解決の発端を再現しようと、1941年夏および秋のドイツの文書を丹念に調べていた歴史学者らは、1941年8月31日にズュロトケによって作成された、「すべてのユダヤ人の排除によるユダヤ人問題の最終解決」を提案する「ユダヤ人との全面闘争」という書類など、地域のイニシアティブにその手掛かりを発見した。ズュロトケには専属のタイピストと事務員が補佐役としてついており、彼女は保安警察および親衛隊保安部指揮官であった上司、ヴィルヘルム・ハルスターとともに積極的に会議に参加していた。彼女はマウトハウゼン、アウシュヴィッツ、ソビブルに移送されるユダヤ人のリストの下書きを作成し、少なくとも1回は「ヒステリックな」ユダヤ人女性の一斉検挙を視察した。このことについては、1943年5月27日付の彼女の報告書に記されている。ヴェステルボルク中継収容所のユダヤ人は、彼女を「死の天使」と名付けた。ユダヤ人の選別をしながら収容所を巡回したからである。彼女の移送者リストにはアンネ・フランクの家族が載っていた。ズュロトケとその男性上司らの裁判で、アンネの父親のオットーが被告人に質問をし、出版された日記の表紙にあるアンネの写真を見せた。ズュロトケは、5万5000人近いユダヤ人移送者を殺した共犯者としての役割を理由に、5年の実刑判決を受けた。この机上の殺人者であった女性に対する1967年の裁判と有罪判決は、異例である。世界の注目、マスコミによる報道、さらに、オットー・フランクとナチ・ハンターのジーモン・ヴィーゼンタールおよび先のニュルンベルク後続裁判で検事を務めたロベルト・ケンプナーが関与したことで、検察側の主張が強化された結果と言える。ゲルトルーデ・ズュロトケによる証言とその他の裁判資料については、BAL, 107 AR 518/59, Band IIを参照。また、Yaacov Lozowick, *Hitler's Bureaucrats: The Nazi Security Police and the Banality of Evil* (Continuum, 2000), pp.165-66, 171, 269; Elisabeth Kohlhaas, "Weibliche Angestellte der Gestapo, 1933-1945," in Marita Krauss, ed., *Sie waren dabei: Mitläuferinnen, Nutzniesserinnen, Täterinnen im* and Bystanders," in Lenore Weitzman and Dalia Ofer, eds., *Women in the Holocaust* (Yale University Press, 1999), p.96.

第七章　女性たちのその後

1　Kathrin Kompisch, *Täterinnen: Frauen im Nationalsozialismus* (Böhlau, 2008), pp.77, 84 を参照。1944年現在、ゲシュタポには約3万1000人、刑事警察には1万3000人の職員がいた。

2　Gudrun Schwarz, "Verdrängte Täterinnen: Frauen im Apparat der SS, 1939-1945," in Theresa Wobbe, ed., *Nach Osten: Verdeckte Spuren nationalsozialistischer Verbrechen* (Verlag Neue Kritik, 1992), p.209. また、Hilary Earl, *The Nuremberg SS-Einsatzgruppen Trial, 1945-1958: Atrocity, Law, and History* (Cambridge University Press, 2010), pp.40-44 も参照。

3　Elizabeth D. Heineman, "The Hour of the Woman: Survival in Defeat and Occupation" and "Marriage Rubble," in *What Difference Does a Husband Make? Women and Marital Status in Nazi and Postwar Germany* (University of California Press, 1999).

4　ジェンダー化されたドイツ現代史とナチズムについては、Elizabeth D. Heineman, "Gender, Sexuality, and Coming to Terms with the Nazi Past," *Central European History* 38 (2005): 41-74 を参照。

5　リダの秘書リーゼロッテ・マイアー・レームの尋問官は、1964年10月6日の尋問で、彼女が急に泣き出し、錯乱状態に陥り、混乱する一方で、自分の嘘のせいで話のつじつまが合わなくなり、上司との恋愛関係を否定し、知っていることを隠そうとしていたと語った。彼女の実際の有責性は究明されなかった（BAL, 162/3433）。

6　シュッキングはデュースブルクの刑事裁判所における初の女性裁判官の一人となった。1954年から1957年まではデュッセルドルフで民事裁判所の裁判官を務め、そこからデトモルトの裁判所に異動。1948年にジャーナリストのヘルムート・ホーマイヤーと結婚し、二人の子どもをもうけた。シュッキング＝ホーマイヤーは貴重な証人と考えられていた。1974年5月、西ドイツのルートヴィヒスブルクにあるナチ犯罪追及センター所長のリュッケルル博士は、ズヴャヘル／ノヴォフラド＝ヴォルィンシキーの地区弁務官とドイツ人警察官に関する捜査を裁判にかけるのなら、証人としてシュッキング＝ホーマイヤーに連絡を取るべきであるというメモを検察官宛に記した。しかし裁判は開かれなかった。証人シュッキング＝ホーマイヤーに関するリュッケルル博士のメモは、彼女の報告書に添付され、地区弁務官シュミットの調査書ファイルの中にある（BAL, II, 204a ARZ 132/67, p.574）。

7　2010年3月30日にドイツのリューネンで行われた、著者およびクリストフ・マウフによるシュッキング＝ホーマイヤーへのインタビュー。

8　オーストリア、西ドイツおよび東ドイツで起訴された殺人者および殺人共犯ダッハウで医学実験を視察しているところを目撃されている。また、クリスマスイブに、讃美歌を歌い、プレゼントを手渡しながら囚人を虐待したのも一度ではない。バウアーは1945年に逮捕された。ミュンヘンの神経科クリニックのドイツ人医師が勾留中の彼女を診察し、「性格は粗野で、無能。…（中略）…強い自尊心と性的衝動に支配されている」と断定した。ミュンヘンの裁判所は、1949年に10年間の強制労働という量刑を言い渡したが、これはこの非ナチ化法廷で許容される最高刑であった。1950年、健康上の理由から釈放され、1981年、95歳で死亡。Ulrike Leutheusser, ed., *Hitler und die Frauen* (DVA, 2001), pp.178-86を参照。また、Hans Holzhaider, "'Schwester Pia': Nutzniesserin zwischen Opfern und Tätern," in *Dachauer Hefte* 10 (1994) も参照。

46　2010年3月10日にドイツのミュンスターで行われた、ヘルマン・ヴァイシンクへの著者によるインタビュー。

47　Baum, *The Psychology of Genocide,* pp.122-25.

48　2010年3月10日に行われた、ヘルマン・ヴァイシンクへの著者によるインタビュー。

49　ウィーンの人類学者ドーラ・マリア・カーリッヒは、ユダヤ人に関する人種差別研究を実施するために、タルヌフゲットーを訪れた。Evan Bukey, *Jews and Intermarriage in Nazi Austria* (Cambridge University Press, 2011), p.51を参照。

50　婚姻関係の重要性は、迫害を引き起こした要因としてだけでなく、救援活動における重大な決定要因としても強調されるべきである。第三帝国で配偶者とは、最大のやっかい事となる可能性もあれば、宝となる可能性もあった。また、ユダヤ人と結婚したベルリンのドイツ人妻の有名な話（ローゼン通りの抗議行動）以外にも、次のような事例がある。リガで、軍の秘書が住む特別寮の寮監をしていたドイツ人女性が、同じニュルンベルクからラトヴィアに来た一人のユダヤ人女性と友人になった。ドイツ人女性は寮の台所から食料をくすね、軍の駐車場で働くユダヤ人労働者らに与えた。親衛隊がそれを発見し、ドイツ人女性を逮捕し、同じく東部に配属されていた中尉の夫を告発した。夫は、妻の犯罪について知り、自分がその行為に対する責任を問われるとわかると自殺した。妻は戦争を生き延びた。Yad Vashem Righteous File, no. 49, file 2828を参照。また、Killius, *Frauen für die Front,* p.183も参照。

51　ミェンジジェッツ・ポドラスキのドイツ人憲兵隊員、フランツ・バウアーは、同地のゲットーにいた元ユダヤ人戦争捕虜の証人によれば、いつも妻に点数を付けていた。1962年2月28日の、リンツにおけるダニエル・ドヴォジンスキによる宣誓証言。ヴィーゼンタールと検察官による往復書簡（Zentrale Stelle der Landesjustizverwaltungen, 8 AR-Z 236/60, 5 Feb. 1962）。調査はドルトムントで開始（file no. 45 Js 28/61）。ヴィーゼンタールからナチ戦争犯罪調査局への書簡（Tel Aviv, 28 Mar. 1963, SWA）。

52　Gisela Bock, "Ordinary Women in Nazi Germany: Perpetrators, Victims, Followers *and Genocide* (Vanderbilt University Press, 2004), pp.127-28も同様の結論に達している。看守と刑務所長に関するフランクフルト学派による研究（Jill Stephenson, *Women in Nazi Germany* [Longman, 2001], p.113に引用されている）では、彼らの貧しい境遇と、機能不全に陥っていた家庭が強調されている。最近の心理学的研究では、生物学的見地から、ホルモン（セロトニンなど）と出産時合併症によって生じた脳の損傷を、精神異常や暴力的な行動に結び付けている。Blair, Mitchell, and Blair, The Psychopath, pp.32, 42〔ブレア、ミッチェル、ブレア『サイコパス』〕; Peter Loewenberg, "Psychohistorical Perspectives on Modern German History," *Journal of Modern History* 47 (1975): 229-79; Richard Bessel and Dirk Schumann, eds., *Life after Death: Approaches to a Cultural and Social History of Europe during the 1940s and 1950s* (Cambridge University Press, 2003); Dirk Schumann, ed., *Raising Citizens in the Century of the Child* (Berghahn, 2010), pp.111-13を参照。

40　Theodor Adorno et al., *The Authoritarian Personality* (W. W. Norton, 1950); Aurel Ende, "Battering and Neglect: Children in Germany, 1860-1978," *Journal of Psychohistory* 7 (1979): 249-79; Raffael Scheck, "Childhood in German Autobiographical Writings, 1740-1820," *Journal of Psychohistory* 15 (1987); Sigrid Chamberlain, "The Nurture and Care of the Future Master Race," *Journal of Psychohistory* 31 (2004): 374-76.

41　Molly Harrower, "Rorschach Records of the Nazi War Criminals: An Experimental Study after Thirty Years," *Journal of Personality Assessment* 40, no. 4 (1976): 341-51; George Kren and Leon Rappoport, *The Holocaust and the Crisis of Human Behavior* (Holmes & Meier, 1994)を参照。

42　Joshua Rubenstein and Ilya Altman, eds., *The Unknown Black Book: The Holocaust in the German-Occupied Soviet Territories* (Indiana University Press, 2010), p.35の序章に引用されている言葉。オーレンドルフについては、Hilary Earl, *The Nuremberg SS-Einsatzgruppen Trial, 1945-1958: Atrocity, Law, and History* (Cambridge University Press, 2010)も参照。

43　Welzer, *Täter,* p.9に引用されているダグラス・ケリーによる報告。

44　ミルグラム、アドルノ、リッツラーらによる、ナチの加害者に関する戦後の心理学的研究の大半は、ナチ指導者と職員は正常であったと結論付けている。加害者の証言に適用された臨床基準によれば、研究対象の約10パーセントがのちに病的と診断された。実際には、彼らのほとんどが極めて聡明で、想像力にあふれ、精力的であった。リッツラー博士は、ロールシャッハ・テストの分析の結果、ニュルンベルクで検査を行った16人のうち5人がカメレオンのようなイメージを示していることを見出した。博士の主張によれば、このイメージが最も示唆に富む。Welzer, *Täter,* pp.9, 11. カメレオン効果については、Eric Steinhart, "The Chameleon of Trawniki: Jack Reimer, Soviet *Volksdeutsche*, and the Holocaust," *Holocaust and Genocide Studies* 23 (Spring 2009): 239-62も参照。

45　エレノア・バウアー（「血に飢えた看護師ピア」という名でも知られる）は、精神鑑定を受けた数少ない女性の一人である。筋金入りのナチ党員だった彼女は、

33 Eileen MacDonald, *Shoot the Women First* (Random House, 1991), pp.xi-xii〔アイリーン・マクドナルド『テロリストと呼ばれた女たち ―― 金賢姫、ライラ・カリド、革命戦士たち』竹林卓訳、新潮社、1994 年〕. この文献に気づかせてくれたロバート・エーレンレイクに感謝申し上げる。

34 Steven Barkan and Lynne Snowden, *Collective Violence* (Allyn & Bacon, 2000), p.85 に引用されている言葉。

35 Richard Wrangham and Dale Peterson, *Demonic Males: Apes and the Origins of Human Violence* (Houghton Mifflin, 1996)〔リチャード・ランガム、デイル・ピーターソン『男の凶暴性はどこからきたか』山下篤子訳、三田出版会、1998 年〕; Frans B. M. de Waal, "Evolutionary Ethics, Aggression, and Violence: Lessons from Primate Research," *Journal of Law, Medicine, and Ethics* 32 (Spring 2004): 18-23. アダム・ジョーンズは、Michael Ghiglieri, *The Dark Side of Man,* in *Genocide: A Comprehensive Introduction,* 2nd ed. (Routledge, 2011), pp.477-82〔マイケル・ギグリエリ『男はなぜ暴力をふるうのか ―― 進化から見たレイプ・殺人・戦争』松浦俊輔訳、朝日新聞社、2002 年〕など、文献の優れた要約を提供している。

36 Yehuda Bauer, *Rethinking the Holocaust* (Yale University Press, 2000), p.21.

37 *Encyclopedia of Genocide and Crimes against Humanity* (Macmillan, 2004) の中の、ロジャー・W・スミスによる「加害者」の項目を参照。Baumeister, Evil, p.137; Beatrice Hanssen, *Critique of Violence: Between Poststructuralism and Critical Theory* (Routledge, 2000); Steven K. Baum, *The Psychology of Genocide: Perpetrators, Bystanders, and Victims* (Cambridge University Press, 2008), p.123.

38 James Blair, Derek Mitchell, and Karina Blair, *The Psychopath: Emotion and the Brain* (Blackwell, 2005), p.20〔ジェームズ・ブレア、デレク・ミッチェル、カリナ・ブレア『サイコパス ―― 冷淡な脳』福井裕輝訳、星和書店、2009 年〕. 現代のアメリカ合衆国における一般社会をサンプルとすると残虐な行為（いじめ、動物虐待）と非行行動（万引き、無断欠席）は、男性の 6〜16 パーセント、女性の 2〜9 パーセントに見られる。さらに極端なサイコパス傾向は、男性の 1〜3 パーセント、女性の 1 パーセントに発現している。心理学者によれば、極端な犯罪行動は、情動および対人関係の因子のスペクトラムと併せて評価することができる。通常、そのような診断は、さまざまな因子を点数化したシステム、または、ロバート・ヘアによる特性、行動、情動反応（共感の欠如、自己中心性、後悔の欠如、攻撃性および衝動性）に関するリストなどのチェックリストを利用して行われる。これらの特性のリストは、特徴を明らかにはするが、説明にはならない。サイコパス的・反社会的行動は、幼少時に兆候が現れ、10 代で目立つようになるため、殺人者の子ども時代が重要な指標となり得る。

39 ジェンダーによる違いもある。Dana Britton, *The Gender of Crime* (Rowman & Littlefield, 2011) を参照。Waller, *Becoming Evil* も社会化の重要性を強調しており、重要な研究 Adam Jones, "Gender and Genocide in Rwanda," in Adam Jones, ed., *Gendercide*

ルゼーでは、1945年5月29日、アメリカ軍が当地に進軍してから33日後に、4歳の少年が殺害された。Ernst T. Mader, *Das erzwungene Sterben von Patienten der Heil- und Pflegeanstalt Kaufbeuren-Irsee zwischen 1940 und 1945 nach Dokumenten und Berichten von Augenzeugen* (Blöcktach, 1992) を参照。歴史学者ペーター・ヴィッテは、アメリカ諜報機関の1945年7月2日付の報告書を基に、カウフボイレンでの最後の日々に関する記録をまとめ、全貌を明らかにした（Nuremberg Doc. PS-1696. 非公開）。Henry Friedlander, *The Origins of Nazi Genocide: From Euthanasia to the Final Solution* (University of North Carolina Press, 1997), pp.218-19 の抜粋、1945年7月7日付 *Münchner Zeitung,* "Massenmord in der Heilanstalt"; Ernst Klee, *"Euthanasie" im NS-Staat: Die "Vernichtung lebensunwerten Lebens"* (Fischer Verlag, 1983), pp.452-53〔クレー『第三帝国と安楽死』〕を参照。

24 Roy Baumeister, *Evil: Inside Human Violence and Cruelty* (W. H. Freeman, 1997), p.47.

25 インザ・エッシェバッハによれば、ドイツ民主共和国におけるナチ犯罪に関する裁判では、女性に対する判決に三つの要素が影響を及ぼしていた。すなわち、その行動を例外的な過ちと見なすこと、若さ、もしくは純真さによるものとすること、そして、新興社会主義国家における労働者としての女性の立場である。エルナも、これらすべてを考慮してもらおうと自らを演じた。しかし裁判官は同情しなかったようで、やはり終身刑を宣告された。Insa Eschebach, "Gespaltene Frauenbilder: Geschechterdramaturgien im juristischen Diskurs ostdeutscher Gerichte," in Ulricke Weckel and Edgar Wolfrum, eds., *"Bestien" und "Befehlsempfänger": Frauen und Männer in NS-Prozessen nach 1945* (Vandenhoeck & Ruprecht, 2003), p.99 を参照。

26 1961年9月18日のエルナ・ペトリに対する尋問記録。ホルストおよびエルナ・ペトリの裁判記録（BStU 000050-57, USHMMA, RG 14.068, fiche 566）。

27 1961年9月18日のエルナ・ペトリに対する尋問記録。

28 Norman Goda, *Tales from Spandau: Nazi Criminals and the Cold War* (Cambridge University Press, 2008), p.147.

29 Roger Brown and James Kulik, "Flashbulb Memories," *Cognition* 5 (1977): 73-99.

30 Susannah Heschel, "Does Atrocity Have a Gender? Feminist Interpretations of Women in the SS," in Jeffrey Diefendorf, ed., *Lessons and Legacies,* vol. 6, *New Currents in Holocaust Research* (Northwestern University Press, 2004), pp.300-321.

31 当然、社会心理学者のジェームズ・ウォーラーが指摘するように、「加害者が犯した残虐行為に関する心理学的説明は、その行動を許し、正当化し、あるいは容認するものではない。その代わりに、このような説明は、我々の多くが殺人マシンに変容する可能性のある状況を、我々が理解することを可能にするだけである」。James Waller, *Becoming Evil: How Ordinary People Commit Genocide and Mass Killing* (Oxford University Press, 2002), p.xiv.

32 Cesare Lombroso and Guglielmo Ferrero, *Criminal Woman, the Prostitute, and the Normal Woman,* trans. Nicole Hahn Rafter and Mary Gibson (Duke University Press, 2004).

Experience and Expression: Women,the Nazis and the Holocaust (Wayne State University Press, 2003), p.105 に引用されている言葉。

19　Harald Welzer, *Täter: Wie aus ganz normalen Menschen Massenmörder werden* (Fischer Verlag, 2007), p.67 に引用されている証言。メゼリッツ・オブラヴァルデのヴェルニッケ医師も、自らの権威を利用し、看護師らに致死注射を命じた。Bronwyn Rebekah McFarland-Icke, *Nurses in Nazi Germany* (Princeton University Press, 1999), pp.233, 248 を参照。

20　男性と女性が取る暴力の手段は、ほとんどの点で重複していたが、女性は男性にはない好みがあったようだ。強制収容所に関する文献からは、普段から犬を使って攻撃を仕掛け、叫び声をあげ、平手打ちや足蹴りをする手口が、女性看守に特徴的であったことがしばしば読み取れる。Elissa Mailänder Koslov, *Gewalt im Dienstalltag: Die SS-Aufseherinnen des Konzentrations- und Vernichtungslagers Mayjdanek, 1942-1944* (Hamburg Institute for Social Research, 2009); 2010 年 6 月 23 日にミュンヘンのルートヴィヒ・マクシミリアン大学で行われた、ヘレン・ティハウアーへの著者によるインタビューを参照。この中に、ビルケナウのイルマ・グレーゼとマルヒョウの女性看守に関するコメントがある。Donald McKale, *Nazis after Hitler: How Perpetrators of the Holocaust Cheated Justice and Truth* (Rowman & Littlefield, 2012), p.42 による裏付け。

21　お決まりの回答には、「そのことについては何も知りません」「言えません」「これ以上は知りません」「それについては何も聞いていません」などがある。(Elisabeth Hoeven [b. Bork 1922], Kassel, 10 Oct. 1978, BAL, 634-K41676-Koe)。

22　最新の推定では、殺人のプロセスに直接手を下したドイツ人およびオーストリア人加害者（親衛隊や警察に所属していた加害者と、収容所の加害者）は、約 20 万人から 25 万人である。ヨーロッパ全土で、33 万人ものドイツ人とオーストリア人が捜査を受け、告発され、このうち約 10 万人が、実際に裁かれ、裁判所から何らかの判決を言い渡された。1945 年から 1989 年まで、東ドイツでは 1 万 2890 人が、ナチ関係の戦争犯罪と人道に反する犯罪で裁判にかけられたが、これは西ドイツの約 2 倍に相当する。裁判の 90 パーセントは、1955 年以前にソ連の圧力の下に行われた。有罪判決率は高く、1980 年代半ばまで死刑判決が下されていた。Norbert Frei, ed., *Transnationale Vergangenheitspolitik. Der Umgang mit deutschen Kriegsverbrechern in Europa nach dem Zweiten Weltkrieg* (Wallstein, 2006); Jürgen Matthäus and Patricia Heberer, eds., *Atrocities on Trial: Historical Perspectives on the Politics of Prosecuting War Crimes* (University of Nebraska Press, 2008) を参照。

23　Michael Burleigh and Wolfgang Wippermann, *The Racial State: Germany, 1933-1945* (Cambridge University Press, 1991)〔バーリー、ヴィッパーマン『人種主義国家ドイツ』〕; Ulrike Gaida, *Zwischen Pflegen und Töten: Krankenschwestern im Nationalsozialismus* (Mabuse Verlag, 2006), p.160 に引用されているパウリーネ・クナイスラーの言葉。クナイスラーは可能な限り殺人を続けた。最後の赴任地、カウフボイレン・イ

12 Summm, *Schäfers Tochter,* p.176.

13 オーバーホイザー医師は、ナチ党内で出世の階段を駆け上った。ラーヴェンスブリュック収容所の医師に志願し、身の毛もよだつ医学実験（致死注射、骨移植、傷口へのガラス片や木片の挿入）を補佐し、犠牲者の中でも特にポーランド人労働者らを殺害したことを称えられ、ドイツ戦功十字章を授与された。ニュルンベルク後続裁判では、常々外科手術に興味を持っていたこと、女性がドイツで外科医になるのはまず不可能であったことを語っている。ラーヴェンスブリュックの女子強制収容所では、外科医になり、健康な「生きている被験者」相手に実験をする機会があった。Paul Weidling, *Nazi Medicine and the Nuremberg Trials* (Palgrave Macmillan, 2004); Robert Jay Lifton, *The Nazi Doctors: Medical Killing and the Psychology of Genocide* (Basic Books, 2000) を参照。オーバーホイザーの証言（Document NO-487, NO-862）を含む、医師たちに対する裁判記録の原本は、デジタル化されており、ハーバード大学ロースクール図書館のサイト（http://nuremberg.law.harvard.edu）からオンラインで利用可能（NO-470. NARA, RG 238）。

14 （「ゲルマン化」という犯罪の中でも特に）誘拐作戦を実行した親衛隊機関のメンバーに対するアメリカ合衆国による訴訟とフィアメッツについては、Kathrin Kompisch, *Täterinnen: Frauen im Nationalsozialismus* (Böhlau, 2008), pp.33-36; Andrea Böltken: *Führerinnen im Führerstaat: Gertrud Scholtz-Klink, Trude Mohr, Jutta Rüdiger und Inge Viermetz* (Centaurus Verlag, 1995), pp.105-29 を参照。

15 エミー・ヘヒトルは、1925年から1933年までプロイセン内務省で（ロベルト・W・ケンプナーの）秘書を務めていた。1933年から1936年まではベルリン警視庁秘書、1936年から1942年までは刑事警察でアルトゥール・ネーベの秘書、1945年10月から1948年11月30日まではニュルンベルクでケンプナーの秘書、1948年から1949年までは、フランクフルトで、英米占領地区におけるノルトライン＝ヴェストファーレン州政府代表秘書、1950年から1959年までは、ボンに拠点を置き、西ベルリン市代表秘書を務めた。1961年にアルベルト・ヴィトマンおよびヴェルナー医師に対する捜査の一環として、東部におけるガス・トラックに関する尋問を受けたとき、ヘヒトルは、そのような犯罪について、またネーベや刑事警察で知り合った他の人々の犯罪活動については、一切思い出せないと主張した。戦時中、彼女は東部には配属されていない。しかし、最終解決に関する文書と帝国の各事務所についての彼女の知識が、ケンプナー検事がこれほど多くの証拠を挙げることができた理由の一つと言ってよいだろう。証拠の中には、彼女がニュルンベルクで秘書をしていたときに発見したヴァンゼー会議の公式議事録もある（BAL, B162/1604, fol. 1, 556-568）。ヘヒトルについて気づかせてくれたクリスティアン・ゲルラッハに感謝申し上げる。

16 Ruth Kempner and Robert M. W. Kempner, *Women in Nazi Germany* (1944), p.46.

17 Summ, *Schäfers Tochter,* p.152.

18 Susan Benedict, "Caring While Killing," in Elizabeth R. Baer and Myrna Goldenberg, eds.,

2016年〕に引用されている。

6　レイプの推定件数が定かでないのは、一つには、繰り返しレイプされた犠牲者がいたこと、また、その後殺されたり、自殺したりした者が多かったこと（ベルリンだけで推定1万人が死亡）が理由として挙げられる。フランス軍は、ドイツ南西部で集団レイプを実行した。アメリカ人兵士らによる事例もある。頻度は少ないが、イギリス軍でも認められた。Richard Evans, *The Third Reich at War* (Penguin, 2010); Michael Kater, *Hitler Youth* (Harvard University Press, 2004), p.241; Norman M. Naimark, *The Russians in Germany: A History of the Soviet Zone of Occupation, 1945-1949* (Harvard University Press, 1995) を参照。集団レイプと、ドイツ人の犠牲に関するディスクールについては、Atina Grossmann, "A Question of Silence: The Rape of German Women by Soviet Occupation Soldiers," in Nicole Ann Dombrowski, ed., *Women and War in the Twentieth Century* (Routledge, 2004), pp.162-83; *Die deutschen Trümmerfrauen* (documentary film), Hans Dieter Grabe (1968); Elizabeth D. Heineman, "The Hour of the Woman: Memories of Germany's 'Crisis Years' and West German National Identity," *American Historical Review* 101, no. 2 (April 1996): 354-95; [Anon.,] *A Woman in Berlin: Eight Weeks in the Conquered City* (Metropolitan Books, 2005) を参照。

7　たとえば、ライヒャースボイアーンの教師オトナート先生は、連合軍が到着した1945年5月9日に自殺した。2011年4月11日に行われた、オトナートの元生徒とその妻、フリードリヒおよびフレヤ・Kへの著者によるインタビュー。USHMMAに保管。また、Evans, *The Third Reich at War;* Margaret Bourke-White, *Dear Fatherland, Rest Quietly: A Report on the Collapse of Hitler's Thousand Years* (Literary Licensing, 2012) も参照。

8　初期の裁判と報復裁判については、Ilya Bourtman, "'Blood for Blood, Death for Death': The Soviet Military Tribunal in Krasnodar, 1943," *Holocaust and Genocide Studies* 22 (Fall 2008): 246-65; Gary Bass, *Stay the Hand of Vengeance: The Politics of War Crimes Tribunals* (Princeton University Press, 2000); Donald Bloxham, *Genocide on Trial: War Crimes Trials and the Formation of Holocaust History and Memory* (Oxford University Press, 2001) を参照。

9　Christiane Berger, "Die Reichsfrauenführerin Gertrud Scholtz-Klink," in Marita Krauss, ed., *Sie waren dabei: Mitläuferinnen, Nutzniesserinnen, Täterinnen im Nationalsozialismus* (Wallstein Verlag, 2008); *Mothers in the Fatherland: Women, the Family, and Nazi Politics* (St. Martin's Press, 1988)〔『父の国の母たち』〕の中のクローディア・クーンズによるクリンクへのインタビュー。

10　Gudrun Schwarz, "Verdrängte Täterinnen: Frauen im Apparat der SS, 1939-1945," in Theresa Wobbe, ed., *Nach Osten: Verdeckte Spuren nationalsozialistischer Verbrechen* (Verlag Neue Kritik, 1992), p.212.

11　Ilse Schmidt, *Die Mitläuferin: Erinnerungen einer Wehrmachtsangehörigen* (Aufbau Verlag, 2002), pp.38, 61, 76-77.

45　1946年12月16日のフィッシャーの供述および1947年1月17日のデンクの供述。VCA, Vg 8514/46.

46　1977年3月2日のハインリヒ・バルトによる証言（BAL, 76-K 41676-Koe）。ヴェスターハイデによるユダヤ人射殺への勧誘に関するヴェッツェルの証言：1963年6月21日のオーバーハウゼンでのカール・ヴェッツェルによる供述（BAL, LKA-NW, B162/4522 fol. 1, II, 204 AR-Z 40/1961）。

47　Father Patrick Desbois, *The Holocaust by Bullets* (Macmillan, 2008).

48　リガでは、ある民族ドイツ人の女性通訳者が、これらの「弔いの宴会」に一度参加し、シュナップスのグラスを傾け、ユダヤ人たちの死を祝いつつ乾杯していたと回想している。あるラトヴィア人警察長官が全員を呼び集め、こう言った。「紳士、淑女の皆様、時間になりました」。そして、宴会場から約150メートル離れた、縦15メートル横2メートルほどの、掘られたばかりの新しい墓穴へと全員が向かった。10人のユダヤ人が下着姿で墓穴のそばに立っていた。別の10人が穴の中でうめいていた。ラトヴィア人が自分の隊に射殺を命じた。さらに、一人の女性に拳銃を持たせ、ユダヤ人たちを狙って試してみたらと促した。そこには一般のドイツ人兵士もいたが、彼らは撃たなかった。そして、この光景はひどいと訴えた。宴会場に戻ると、騒ぎは明け方まで続けられた（リガでの1972年2月16日の尋問記録 [Violetta Liber, BAL, B162/8978]）。この資料を提供してくれたマーティン・ディーンに感謝申し上げる。

第六章　なぜ殺したのか

1　チェルニーヒウ校のオイゲーニエ・Sのこと。Rosemarie Killius ed., *Frauen für die Front: Gespräche mit Wehrmachtshelferinnen* (Militzke Verlag, 2003), pp.59-60.

2　Erika Summ, *Schäfers Tochter: Die Geschichte der Frontschwester* (Zeitgut Verlag, 2006), p.144.

3　Summ, *Schäfers Tochter,* p.153.

4　Summ, *Schäfers Tochter,* pp.165-66. エリカ・オーアは、患者の一人で、戦争で両脚を失ったドイツ人兵士と結婚した。戦後、ズム（旧姓オーア）は、ジンデルフィンゲンやマールバッハで看護師として働き、その後出産した。戦時中の同僚看護師らとは、南ドイツで開かれた同窓会で5、6回再会している。ズムは戦時中に自分が見たこととしたことに向き合うため、信仰に帰依した。彼女は90歳の誕生日までは前向きに「生き続けなければ」をモットーの一つとしていた。そして、小さな喜びを大事にし、大きな夢や野心は抑えるよう自らを律していた。2011年8月4日に行われた、著者によるズムの娘への電話インタビュー。

5　1945年4月15日のアドフル・ヒトラーの声明。ドイツの新聞に発表。Ian Kershaw, *Hitler: Nemesis,1936-1945* (W. W. Norton, 2000), p.793〔イアン・カーショー『ヒトラー（下）――1936-1945 天罰』石田勇治監修、福永美和子訳、白水社、

Good Old Days": The Holocaust as Seen by Its Perpetrators and Bystanders (Konecky & Konecky, 1991), pp.97-98 に引用、英訳されている。

32 Omer Bartov, *Erased: Vanishing Traces of Jewish Galicia in Present-Day Ukraine* (Princeton University Press, 2007), pp.50-60.

33 近年、ウクライナ政府がこの壁画をイスラエルへ移動することに反対し、国際的なスキャンダルと外交危機の焦点となった。壁画はイスラエルの国立ホロコースト記念館、ヤド・ヴァシェムに展示されている。

34 Schwarz, *Eine Frau an seiner Seite,* pp.201-9.

35 1947 年 7 月 3 日と 1947 年 9 月 6 日のハイム・パトリヒによる証言（VCA, Polizeidirektion Vienna, People's Court investigation, Vg 3b Vr 7658/47）。

36 オーストリア人は、1930 年代の現代風デザインのこの椅子を、「カナダ製」と言った。1948 年 2 月 27 日のゲルトルーデ・ランダウによる供述（VCA, Polizeidirektion Vienna, People's Court investigation, Vg 3b Vr 7658/47）。

37 1947 年 5 月 29 日のゲルトルーデ・ランダウによる供述（VCA, Polizeidirektion Vienna, People's Court investigation, Vg 3b Vr 7658/47）。

38 1947 年 6 月 2 日および 6 月 17 日の、ゲルトルーデ・ランダウによる 1947 年 5 月 29 日の供述への追加（VCA, Polizeidirektion Vienna, People's Court investigation, Vg 3b Vr 7658/47）。

39 1961 年 4 月 20 日の「ユダヤ将軍」ランダウに対する起訴状（14Js 3808/58, BAL 162/3380）。この虐殺後間もなく、ランダウの同僚がブルーノ・シュルツをドロホビチの路上で射殺した。

40 Schwarz, *Eine Frau an seiner Seite,* p.204 に引用されている言葉。

41 *Justiz und NS-Verbrechen,* vol.18, pp.364-65 にある、1962 年 3 月 16 日のシュトゥットガルト裁判所の判決を参照。

42 1948 年 5 月 18 日のヨゼフィーネ・ブロックによる供述（VCA, Vg 8514/46）。1949 年 3 月 3 日の起訴状（15 St 1617/49）。1946 年、彼女には 5 歳と 3 歳の子どもがいた。したがって、1942 ～ 43 年、彼女が殺人を繰り返していた時期には、幼児と乳児がいたか、あるいは第二子を妊娠中であった。

43 ある犠牲者は逃亡することができた。殺された三人は、ヴェラ・ザッカーマン、ドーラ・シュテルンバッハおよびパウラ・ヴィンクラーである（カッツ、フィッシャーおよびヴィーデマンの目撃証言）。ブロックとその夫がともに、たまたま遭遇したユダヤ人たちを虐待して楽しんでいたことについては、1946 年 12 月 12 日の法廷でのレジーナ・フリッツによる証言と、1947 年 2 月 19 日のヴァイスによる供述（Vg 8514/46）を参照。1946 年 11 月 19 日ヨゼフィーネ・ブロック（1910 年生）捜査および裁判記録（VCA, Polizeidirektion Wien an Staatsanwaltschaft Wien; Stadtarchiv Wien）。

44 1946 年 10 月 3 日のフィッシャー、1946 年 9 月 21 日のカッツ（ウィーン VCA, Polizeidirektion）、および 1946 年 12 月 12 日のカッツによる供述（Vg 8514/46）。

24　ステパン・ヤキモヴィチ・シェンフェルドによる1943年の回想。Joshua Rubenstein and Ilya Altman, eds., *The Unknown Black Book: The Holocaust in the German-Occupied Soviet Territories* (Indiana University Press, 2010), p.91に引用されている言葉。

25　レンベルク裁判の起訴状にある証言からの抜粋（p273, BAL）。カール・ケンプカに対するオーストリアの予備調査より（USHMMA, RG 17.003m, reel 98）。ハンスベルク（旧姓ヴィルハウス）に対する起訴状（BAL, 162/4688, 208 AR-Z 294/59）。The Lemberg Prozess, April 1968, BAL, 162/2096, 274.

26　Philip Friedman, *Roads to Extinction: Essays on the Holocaust* (Jewish Publication Society, 1980), p.311. ハイケが「ユダヤ人の標的」を、両親から誕生日プレゼントとして贈られた拳銃で撃ったという証言もある。Eliyahu Yones, *Smoke in the Sand: The Jews of Lvov in the War Years, 1939-1944* (Gefen House, 2004).

27　同様なバルコニーからの射撃事件は、ヤクトルフ収容所からそう遠く離れていない場所やクラクフ郊外のプワシュフ収容所でも起きた。2005年11月3日にボルチモアで行われた、ギゼラ・グロスへの著者によるインタビュー。

28　秘書と結婚した、あるいは秘書と職場で恋愛関係となった親衛隊員の例は多い。全国指導者のハインリヒ・ヒムラー自身も、「二番目の妻」はアシスタントのヘートヴィヒ・ポットハーストだった。ゲシュタポ長官のハインリヒ・ミュラーとその秘書バルバラ・ヘルムート、武装親衛隊将官のヨッヘン・パイパーとその秘書ジークリット・ヒンリッヒセン、アロイス・ブルンナーと補佐官のアンニ・レーダーなども同様。これらをはじめ、多くの事例において、公私の区別があまり徹底されていなかった。Gudrun Schwarz, *Eine Frau an seiner Seite: Ehefrauen in der "SS-Sippengemeinschaft"* (Hamburger Edition, 1997), pp.201-2を参照。

29　ハンヴェークの例が示すように、子どもたちはホロコーストを垣間見ることとなった。多くの場合、彼らは作業場に連れて行かれ、のちに殺されてしまうユダヤ人労働者らとかかわりを持った。Nicholas Stargardt, *Witnesses of War: Children's Lives under the Nazis* (Random House, 2005)を参照。また、ターゲット射撃のために息子をタルヌフのゲットーに連れて行った親衛隊の父親、ヘルマン・ブラッシェについては、Schwarz, *Eine Frau an seiner Seite,* pp.219-21も参照。

30　性革命については、Dagmar Herzog, *Sex after Fascism: Memory and Morality in Twentieth-Century Germany* (Princeton University Press, 2005)〔ダグマー・ヘルツォーク『セックスとナチズムの記憶――20世紀ドイツにおける性の政治化』川越修、田野大輔、荻野美穂訳、岩波書店、2012年〕を参照。

31　ランダウの日記。Walter Kempowski, *Das Echolot: Ein kollektives Tagebuch, Barbarossa 1941* (btb Verlag, 2002), pp.215, 243, 261, 282, 297, 714. ランダウの記述は、行動部隊Cの公式報告書で裏付けられている（Ereignismeldung UdSSR Nr. 21, 13 July 1941）。日記の原本の抜粋は、ルートヴィヒスブルクの州立文書館で保管（reference E1 317 III Bue 1103-1113）。日記のコピーの抜粋は、BAL 162/22380の捜査ファイルにあり。7月13日の内容は、Ernst Klee, Willi Dressen, and Volker Riess, eds., *"The in Ukraine, 1941-1944,* Exhibition Catalogue, Fondation pour la Mémoire de la Shoah and Yahad in Unum, p.44 を参照。

19　ギンスブルクは 1932 年に、マチェユフ近郊の町で生まれた。彼の回想録、*Noike: A Memoir of Leon Ginsburg,* 2011（pp.120-21 を参照）を提供してくれた、娘のスザンヌ・ギンスブルクに感謝申し上げる。また、Martin Dean, ed., *Encyclopedia of Ghettos and Camps,* vol. 2, *Ghettos in German-Occupied Eastern Europe* (Indiana University Press, 2011); Shmuel Spector, *The Holocaust of Volhynian Jews, 1941-1944* (Yad Vashem, 1990), pp.127, 145, 186 も参照。ウスティルーフの近くの町には小さなゲットーがあった。スペクターによるゲットーの話は、ヴォロディーミル＝ヴォルィンシキーのメモリアル・ブックの証言から引用。

20　Dieter Pohl, "The Murder of Ukraine's Jews under German Military Administration and in the Reich Commissariat Ukraine," in Ray Brandon and Wendy Lower, eds., *The Shoah in Ukraine: History, Testimony, Memorialization* (Indiana University Press, 2008), pp.50, 52, 58.

21　ホルスト・ペトリは訪問の日付を、1943 年の秋と記憶していた。エルナは 1943 年の夏と述べた。しかし、親衛隊将校のフリッツ・カッツマンは、その年の 4 月末には、西プロイセンのダンツィヒに配属されている。グジェンダの来客名簿によれば、ヒルデ・カッツマンが 1942 年 11 月 3 日午後の招待を感謝しており、1943 年 3 月 29 日の訪問についても、似たようなサインが認められる。1961 年 9 月 8 日のホルストの尋問と、1961 年 9 月 15 日のエルナの尋問（File no. 403/63, BStU Aussenstelle Erfurt, fol. 2 Untersuchungsvorgang, 000131, Stasi Archive, BAB）。ガリツィアのホロコーストにおけるカッツマンの役割については、Dieter Pohl, *Nationalsozialistische Judenverfolgung in Ostgalizien, 1941-1944: Organisation und Durchführung eines staatlichen Massenverbrechens* (Oldenbourg, 1996) を参照。ニュルンベルク後続裁判で提示された 1943 年 6 月 30 日付の有名な「カッツマン報告」(Nuremberg material, USA Exhibit 277, Document L-18) で、カッツマンは、この地域のユダヤ人 43 万 4329 人を対象に実施されたゲットー化、殺人、強制労働および財産の略奪について、詳細を語っている。カッツマンは戦後逮捕されることはなく、1957 年に死亡したと考えられている。

22　1961 年 8 月 25 日に行われたエルナ・ペトリに対する第 1 回目の尋問の記録（File archive no. 403/63, BStU Aussenstelle Erfurt, fol. 2 Untersuchungsvorgang, 000131. Stasi Archive, BAB）。

23　1961 年 9 月 19 日のエルナ・ペトリの尋問の記録（pp.1-7. Horst and Erna P. Trial, BAB, BStU 000050-57; USHMMA, RG 14.068, fiche 566）。また、エルナ・ペトリに関する資料の一部が掲載されている、Wendy Lower, "Male and Female Holocaust Perpetrators and the East German Approach to Justice, 1949-1963," *Holocaust and Genocide Studies* 24, no. 1 (Spring 2010): 56-84 も参照。この論文の一節を（変更を加えた上で）使用する許可を与えてくれたオックスフォード大学出版局およびアメリカ合衆国ホロコースト記念博物館に感謝申し上げる。

メゼリッツ・オブラヴァルデの主任医師の一人は、ヒルデ・ヴェルニッケ博士という女性だった。ポーランドにはほかにも、ポズナンから約50キロ離れたコシチャンの旧ベルナーディーヌ修道院や、ヴァルテガウのティーゲンホーフ（現在のジェカンカ）に安楽死施設があった。

8 Benedict and Chelouche, p71に引用されている言葉。また、Claudia Koonz, *The Nazi Conscience* (Harvard University Press, 2005)〔クーンズ『ナチと民族原理主義』〕; Friedlander, *The Origins of Nazi Genocide,* p.153も参照。

9 Friedlander, *The Origins of Nazi Genocide,* p.160に引用されている起訴状の文章。

10 看護師アンナ・ガストラーによる証言。Gaida, *Zwischen Pflegen und Töten,* p.170に再録。

11 このセクションの資料は、*Der Generalbezirk Wolhynien, Der Reichsminister für die besetzten Ostgebiete, Hauptabteilung I, Raumplanung,* 5 Dec.1941, 9, 30; Yitzhak Arad, Shmuel Krakowski, and Shmuel Spector, eds., *The Einsatzgruppen Reports: Selections from the Dispatches of the Nazi Death Squads' Campaign Against the Jews in the Occupied Territories of the Soviet Union, July 1941-Jan 1943* (Holocaust Library, 1989), Report #24, 16 July 1941に基づいている。

12 1963年6月21日、オーバーハウゼンでのカール・ヴェッツェルによる供述（BAL, 162/4522 fol. 1, II, 204 AR-Z 40/1961）。

13 モーゼス・メッサーによる供述。日付は不明。1964年5月3日、ハイファにて、アリエ・ゴムウカによる裏付け。おもに、州警察のナチ暴力犯罪捜査局に対しなされた証言。原本は、BAL, B162/4522, fol. 1, II, 204 AR-Z 40/1961に保管。証言の多くは、以前、メモリアル・ブック、*Pinkas Ludmir: Sefer-zikaron li-kehilat Ludmir* (Tel Aviv, 1962) に発表された。

14 モーゼス・メッサーによる供述。日付は不明。1964年5月3日、ハイファにてアリエ・ゴムウカによる裏付け。

15 1941年9月から1943年4月まで、ヴォロディーミル＝ヴォルィンシキーの戦争捕虜収容所長だったクルト・ベティンズによる証言。1978年10月27日付の*Die Tat*に再録。新聞の切り抜きのファイル、裁判記録（BAL, II, 204 AR-Z 40/61, Band II）。

16 1964年5月3日、ハイファにて、アリエ・ゴムウカの言葉（BAL, B162/4522, fol. 1）。

17 1968年6月12日のエルナ・シルベル・ミヒェルスによる供述（p.434, BAL, B162/4523, fol. 1）。Judith Halberstam, *Female Masculinity* (Duke University Press, 1998) を参照。

18 ピャティドニーでの宴会の光景は、ユゼフ・オパトフスキの証言（p.7, Jewish Historical Institute, Warsaw, ZIH 301/2014）。この文書を提供してくれたレイ・ブランドンに感謝申し上げる。ウクライナの別の目撃者たちも、別の大量射殺の際の宴会の光景について説明している。*The Holocaust by Bullets: The Mass Shooting of Jews*

（イルムガルト・フーベル、マルガレーテ・ボルコフスキ、リディア・トーマス、アグネス・シュランケル、イザベラ・ヴァイマル、ユーディト・トーマス、パウラ・ジーゲルト、ヨハンナ・シュレッティンガー、ヒルデガルト・ルッツェル、エルフリーデ・ヘフナー、エリーザベト・ウトリ、インゲボルグ・ザイデル、マルゴット・シュミット、クリステル・ツィールケ、リーナ・ゲルスト）に対する尋問の要約（OLG Frankfurt am Main, SS 10.48, 188/48. B162/28348 fol. 1, Urteil, 68-98）。経験豊富な安楽死担当看護師で、初期のナチ党員であったマリア・アッピンガーも、1942 年前半、5 カ月間ミンスクに派遣された。Friedlander, *The Origins of Nazi Genocide,* p.235 を参照。

5　Burleigh, *Death and Deliverance.* フォン・ガーレン司教は、このようなことが起きるのではないかと疑っていた。そして、1941 年 8 月 3 日にミュンスターで行われた、安楽死を非難する有名な演説の中で、「精神病者に試されたこの手続きを、他の『非生産的な』者へと拡大するには、不治の結核に苦しむ者、高齢者と虚弱者、仕事で障害を負った者、負傷して障害を負った兵士らにもこれを適用するには、極秘命令を出すだけでいいのだ！」と警告した。

6　パウリーネ・クナイスラーによる、ミンスクでの任務に関する供述。Ulrike Gaida, *Zwischen Pflegen und Töten: Krankenschwestern im Nationalsozialismus* (Mabuse Verlag, 2006), p.176 に再録。クナイスラーは、致死方法を紹介し、殺人を拡大するために、数カ所の施設を転々とした。副上級看護師に昇進したクナイスラーは、ほかの者たちに殺人を命じ、致死量の睡眠・鎮静剤（ベロナールおよびルミナール）を投与することができた。クナイスラーによれば、彼女の病棟では毎日約 75 人の患者が亡くなった。上司に、彼の指示と監督がなくても殺す覚悟はできているかと尋ねられると彼女は、覚悟はできている、すでにそうしていると答えた。Burleigh, *Death and Deliverance,* p.254 を参照。ハダマールの殺人者の経歴に関するゲオルク・リリエンタールの研究では、医療助手のリディア・トーマスを取り上げている。彼女の物語はパウリーネ・クナイスラーの話とだいたい同じで、1942 年初頭に東部での任務に就いたこと、爆撃で負傷したドイツ人一般市民と国防軍と親衛隊の兵士らに対し、ガス殺を行ったことを裏付けるものである。Georg Lilienthal, "Personal einer Tötungsanstalt Acht. biographische Skizzen," in Uta George et al., *Hadamar: Heilstätte, Tötungsanstalt, Therapienzentrum* (Jonas Verlag, 2006), p.286 を参照。また、Ernst Klee, *Euthanasie (NS-Staat): Die "Vernichtung lebensunwerten Lebens"* (Fischer Taschenbuch, 1983), pp.372-73〔エルンスト・クレー『第三帝国と安楽死 —— 生きるに値しない生命の抹殺』松下正明訳、批評社、1999 年〕; Burleigh, *Death and Deliverance,* pp.231-32; Friedlander, *The Origins of Nazi Genocide,* pp.153, 160, 296-97 も参照。

7　Susan Benedict and Tessa Chelouche, "Meseritz-Obrawalde: A 'Wild Euthanasia' Hospital of Nazi Germany," *History of Psychiatry* 19 (1): 68-76; Bronwyn Rebekah McFarland-Icke, *Nurses in Nazi Germany: Moral Choice in History* (Princeton University Press, 1999), p.214.

第1、第2および第3中隊の各小隊、志願補助員部隊（Hiwis）およびラジン保安警察のこと。

49　ヴォーラウフの結婚許可申請書（NARA, BDC, A3343-RS-G5348, frames 2214-2326）。ユリウス・ヴォーラウフの人事ファイルには、1943年2月6日生まれの子ども一人が記載されている（NARA, BDC, A3343 SSO 006C, frame 1182）。Daniel Jonah Goldhagen, *Hitler's Willing Executioners: Ordinary Germans and the Holocaust* (Knopf, 1996), pp.241-42〔ダニエル・J・ゴールドハーゲン『普通のドイツ人とホロコースト――ヒトラーの自発的死刑執行人たち』望田幸男監訳、ミネルヴァ書房、2007年〕を参照。

50　Goldhagen, *Hitler's Willing Executioners,* pp.244, 558 nn. 9, 12, 16〔ゴールドハーゲン『普通のドイツ人とホロコースト』〕.

51　ブラント少尉の妻による供述；Goldhagen, *Hitler's Willing Executioners,* p.243〔ゴールドハーゲン『普通のドイツ人とホロコースト』〕に引用されている。

52　特に、クローディア・クーンズとギッタ・セレニーによる研究は、男性加害者が殺人施設や強制収容所から、母性あふれる妻や恋人の元へ戻り、良心の呵責から逃れたこと、また場合によっては、さらに多くの罪を犯すよう煽られたことを立証した。トレブリンカとソビブルの所長は、大量殺人工場の運営から来る日々の緊張にどのようにして耐えていたのかと尋ねられると、こう答えた。「わからないな。ひょっとすると、妻だったのかも。妻に対する愛情のようなものか」Gitta Sereny, *Into That Darkness: An Examination of Conscience* (Vintage, 1983), p.348; シュタングル夫人に関しては、pp.210-11, 361-62〔ギッタ・セレニー『人間の暗闇――ナチ絶滅収容所長との対話』小俣和一郎訳、岩波書店、2005年〕.

53　Steven K. Baum, *The Psychology of Genocide: Perpetrators, Bystanders, and Rescuers* (Cambridge University Press, 2008), pp.131-32.

54　Schwarz, *Eine Frau an seiner Seite,* p.189.

第五章　加害者

1　Henry Friedlander, *The Origins of Nazi Genocide: From Euthanasia to the Final Solution* (University of North Carolina Press, 1997), pp.4, 54, 231-32; Michael Burleigh, *Death and Deliverance: "Euthanasia" in Germany, 1900-1945* (Cambridge University Press, 1994).　また、USHMMのオンライン資料*Deadly Medicine*：http://www.ushmm.org/wlc/article "euthanasia" Programも参照。

2　助産師については、Wiebke Lisner, "'Mutter der Mütter - Mütter des Volkes'? Hebammen im Nationalsozialismus," in Marita Krauss, ed., *Sie waren dabei: Mitläuferinnen, Nutzniesserinnen, Täterinnen im Nationalsozialismus* (Wallstein Verlag, 2008) を参照。

3　Richard Evans, *The Third Reich at War* (Penguin, 2010), pp.75-76.

4　ヴァールマン、ゴルガスらの裁判における、ハダマールの看護師と他の職員警察・親衛隊保安部事務所で働いていたほかの10人のドイツ人女性についても言及している。レオンハルトは夜中まで尋問報告書をタイプし、また、ユダヤ人らの尋問にも同席した。

41 Witte et al., *Der Dienstkalender Heinrich Himmlers,* 15 Aug. 1941. ヒムラーの意思決定については、Wendy Lower, "'Anticipatory Obedience' and the Nazi Implementation of the Holocaust in the Ukraine: A Case Study of Central and Peripheral Forces in the Generalbezirk Zhytomyr, 1941-1944," *Holocaust and Genocide Studies* 16, no. 1 (Spring 2002): 1-22 を参照。

42 1960年10月11日、マンハイムにおけるインゲボルク・グルーバーによる証言（BAK, Sta, 9 Js 716/59, B162/1682）。

43 1960年12月14日のエルナ・レオンハルトによる証言（BAL, 162/1682）。

44 このパラグラフで紹介されているエピソードは、1960年4月27～29日のザビーネ・ディックによる証言を基にしている（BAL, 162/1583）。レオンハルトも、1960年12月14日の供述で、ユダヤ人の財産を保管していたトロステネツの倉庫について説明している（BAL, 162/1682）。

45 ジトームィルの幼稚園園舎周辺での民族ドイツ人の祝賀会に関する一連の記事が、1942年7月に新聞に出ている。*Deutsche Ukraine Zeitung* (Luzk), 1 July, 2 July, 5 July, and 9 July 1942, すべて Library of Congress Newspaper Collection p.3. また、"Vermerk," 9 June 1942; "Einweisung von 14 Kindergärtnerinnen zur Betreuung Volksdeutscher in der Ukraine," 21 July 1942;"Lagebericht," NSV, 29 Sept. 1942, Zhytomyr も参照。USHMMA所蔵マイクロフィルム RG 31.002M, reel 6 に、すべて CSA, 3206-6-255 が入っている。1942年12月16日、弁務官らは、民族ドイツ人の子どもに就学を義務付けると発表した。*Deutsche Ukraine-Zeitung* (Luzk), 16 Dec. 1942, p.3.

46 この東部のドイツ人の若者を対象とした教材に関するファイルには、日付が記載されていない。おそらく1942年末から1943年初頭と思われる（ZSA P1151-1-139）。コッホが弁務官に宛てた、人種犯罪とこれに対する処罰に関する、「民族ドイツ人」に対する教育についての1942年5月13日付のメモを参照（ZSA, P1151-1-120）。ホフマイヤー報告書（1941年10月12日）NARA, RG 242, T454, roll 100, frames 000661-670. また、ナチ福祉団報告書（1942年6月11～12日）および RmfdbO 報告書（1942年6月15日）CSA, 3206-6-255, USHMMA所蔵マイクロフィルム RG 31.002M, reel 6 も参照。イルマ・ヴィルトハーゲンと部下の看護師らは、チェルニャヒウ、ノヴォフラド＝ヴォルィンシキー、Andreyiv、Horoshkyn〔原文ママ〕およびサトキに母子ステーションを設立した。1942年8月11日付のナチ福祉団職員概要を参照（CSA, 3206-6-255, USHMMA所蔵マイクロフィルム RG 31.002M, reel 6）。

47 グライザーの妻については Epstein, *Model Nazi,* pp.64-66, 70 の記述を参照。

48 Schwarz, *Eine Frau an seiner Seite,* pp.191-94; Christopher R. Browning, *Ordinary Men: Reserve Police Battalion 101 and the Final Solution in Poland* (HarperCollins, 1993), pp.91-94〔ブラウニング『普通の人びと』〕. ドイツ人加害者とは、第101警察予備大隊の

BDC, Misc. recs., DRK personnel files, A 3345-SF B021, 130, 156 を参照。同校卒業生の訓練と職務に関するさらに詳細な内容は、Jutta Mühlenberg, *Das SS Helferinnenkorps: Ausbildung, Einsatz und Entnazifizierung der weiblichen Angehorigen der Waffen-SS 1942-1949* (Hamburger Edition, 2011), p.264 を参照。

35　ランゲフェルトは親衛隊員のオーマイヤーとムルカの越権行為について不満を訴え、ヒムラーが彼女の肩を持った。Peter Witte et al., eds., *Der Dienstkalender Heinrich Himmlers 1941/42* (Christians Verlag, 1999), entry of 18 July 1942, p.483; ランゲフェルトの伝記、Irmtraud Heike, "Johannes Langefeld: Die Biographie einer KZ-Oberaufseherin," in *Werkstatt Geschichte* 12 (1995): 7-19 を参照。

36　Thomas Kühne, *Belonging and Genocide: Hitler's Community, 1918-1945* (Yale University Press, 2010), p.149 に引用されている言葉。

37　Helene Dowlad, Euskirchen, 21 Apr. 1966, BAL, B162/2110, fol. 1. コピーはマリー・ムーティエ、ヤハド・イン＝ウヌムより提供。また、1966 年 4 月 20 日のマリア・コシンスカ・シュプレンガーによる証言も参照（BAL, 162/3446）。タルノーポリにおけるホロコーストについて、1943 年に同地で殺害されたユダヤ人女性の視点から語られているのは、"Briefe einer unbekannten Jüdin an ihre Familie (geschrieben kurz vor ihrer Hinrichtung, 1943)," Tarnopol, 7 Apr. and 26 Apr. 1943, ed. Kerrin Gräfin von Schwerin, *Frauen im Krieg: Briefe, Dokumente, Aufzeichnungen* (Nicolai Verlag, 1999), pp.127-30. ミンスクのドイツ人秘書も、1943 年のマリィ・トロステネツにおける大量射殺の後、指に添え木をした狙撃者に直接会い、その話を聞いたという同様の証言をしている。さらに親衛隊中尉は、処刑現場に来るよう彼女を誘ってきた。彼女が服をあさりたいと思っているだろうと考えたのだ。1960 年 10 月 11 日、マンハイムでのインゲボルク・グルーバー夫人（1922 年生）による証言（BAK, Js 716/59）。

38　ここで取り上げた女性たちに加えて、ビルギット・クラッセン（1921 年生）も、ナチ党の弁護士協会で働いており、ヴィルヘルム・クーベの親類を通じて、東部にはチャンスがあると耳にしていた。1941 年 8 月に、6、7 人の女性とともにベラルーシに着いた彼女は、ミンスクの弁務官クーベの事務所に配属されたが、1959 年 11 月 20 日のホイザーに対する訴訟で尋問を受けた（BAK, Staatsanwalt, file 9, Js 716/59）。

39　1960 年 4 月 27 ～ 29 日（BAL, 162/5183）と 1960 年 12 月 14 日（BAL, 162/1682）のザビーネ・ディックによる証言。この証言に気づかせてくれた、シュテファン・レーンシュテット、ユルゲン・マテウスおよびアンドレイ・アングリックに感謝申し上げる。エルナ・レオンハルトは、事務所の人々がホイザーについて、夜、拳銃を持ってゲットーに行き、銃を撃ちながら走り回ってユダヤ人を脅したため、彼らが恐れて隠れたと話していたと説明し、ホイザーに不利な証言をした。1960 年 12 月 14 日の供述（BAL, 162/1682）。

40　エルナ・レオンハルトによる証言（1960 年 12 月 14 日）では、ミンスクの保安

Bestand J76, Nr. 569)。

29 1995年、オーストラリアのシドニーで行われたエリーゼ・バルザッハへのインタビュー（インタビュアーはアナ・フリードランダー、Title 4, SFA)。バルザッハは、ハンヴェークの部下の愛人について、ヴェルナーという名の部下がユダヤ人たちを殺したときその場にいたと語っている。このインタビューのコピーを提供してくれたUSHMMの職員に感謝申し上げる。

30 1966年9月6日のリーゼロッテ・マイアー・レームによる供述（BAL, 162/3450)。町に住むドイツ人（マイアー、ハンヴェーク、ヴィンディッシュ、ヴェルナー）は、雪かきをしているユダヤ人に出くわしたとき、ほかのドイツ人来訪者と一緒だった。1963年9月19日のマイアーに対する尋問を参照（BAL, 162/3425)。

31 Hilary Earl, *The Nuremberg SS-Einsatzgruppen Trial, 1945-1958: Atrocity, Law, and History* (Cambridge University Press, 2010). 2005年10月15日にニューヨーク州ニューロシェルで行われた、著者とニコル・ドンブロウスキーおよびリンダ・ビシャイによる、アインザッツグルッペン裁判の元検事、ベンジャミン・フェレンツとその妻、ゲルトルーデ・フェレンツへのインタビュー。

32 Gudrun Schwarz, "Verdrängte Täterinnen: Frauen im Apparat der SS, 1939-1945," in Theresa Wobbe, ed., *Nach Osten: Verdeckte Spuren nationalsozialistischer Verbrechen* (Verlag Neue Kritik, 1992), p.207. 戦後数年間にわたり、ゲシュタポ長官ハインリヒ・ミュラーの秘書、バルバラ・ヘルムートは、ミュラーを追う西ドイツとアメリカの当局に尋問された。ヘルムートの名は、最近機密指定を外されたCIAの名簿に掲載されている（http://www.archives.gov/iwg/declassified-records/rg-263-cia-records/rg-263-mueller.html)。ミュラーの愛人、アンナ・シュミットも尋問された。Richard Breitman, Norman Goda, Tim Naftali, and Robert Wolfe, *U.S. Intelligence and the Nazis* (Cambridge University Press, 2005), p.150を参照。ヒムラーの親衛隊副官、ヴィリー・ズハネクの妻は、自身もヒムラーの秘書を務めていたため、戦後、証人として追及された。親衛隊将校ホルスト・ベンダーの捜査に関する1975年1月2日付のジーモン・ヴィーゼンタールによる書簡を参照（SWA)。

33 報告書については、Ronald Headland, *Messages of Murder: A Study of the Reports of the Einsatzgruppen of the Security Police and the Security Service, 1941-1943* (Fairleigh Dickinson University Press, 1992) を参照。

34 1943年10月4日にポズナンで行われたヒムラーによる演説。親衛隊の女性補佐役に対する演説の全文は、http://www.nizkor.org/hweb/people/h/himmler-heinrich/posen/oct-04-43/. 親衛隊による女性のための学校は、「この道義心への目覚め」を体験した者を対象としていた。終戦までに、約3000人の女性（入学希望者の4分の1）が補佐もしくは指令を出せるような職に就いた。SS Obersturmbannführer, Commander of the SS Helferinnenschule, Dr. Mutschler, on applicant Dorothea Seebeck (b. 1925), Prüfung, Dienstleistungszeugnis, and Verhandlung, 19 Feb. 1945, NARA, RG 242,

のジトームィルで行われたグリゴリー・デニセンコ（ZSA）への著者によるインタビュー。また、Abschlussbericht, Becker Case, BAL, 204 AR-Z 129/67, 1023; Dagmar Herzog, ed., *Brutality and Desire: War and Sexuality in Europe's Twentieth Century* (Palgrave Macmillan, 2011) も参照。男性の性的行動と暴力的行動を統制している脳回路の相関関係については、*Scientific American,* "Sex and Violence Linked in the Brain," February 2011 を参照。ドイツ人男性によるユダヤ人女性のレイプと殺人の同時発生は、記録には残されているが、この現象がどの程度蔓延していたかは定かではない。ナチ当局が人種混淆の罪でドイツ人を起訴したこと、また、ユダヤ人の犠牲者と目撃者の大半が殺されてしまったことがその理由である。プライバシーと名誉を守るため、生き残ったユダヤ人女性はこの種の暴行について話したがらなかった。ウィーンに住むユダヤ人生存者、ユーリエ・ゼーベクは、ミンスクでの犯罪について数件の訴訟で質問を受けた。1942年5月にミンスクとトロステネツに送られた彼女は、ユダヤ人女性がレイプされ、殺された事件について語っている（1962年3月20日、BAK, Sta, 9 Js 716/59）。Sonja M. Hedgepeth and Rochelle G. Saidel, eds., *Sexual Violence against Jewish Women during the Holocaust* (Brandeis University Press, 2010); John Roth and Carole Rittner, eds., *Rape: Weapon of War and Genocide* (Paragon, 2012) を参照。

25　1966年9月6日のリーゼロッテ・マイアー・レームによる供述。BAL, 162/3450.　アルトゥール・グライザーの個人秘書だったエルザ・クラッセンは、グライザーを除けば、金庫を扱うことを特別に許可されていた唯一の人物だった。金庫には帝国からの極秘命令と通信記録が保管されていた。Epstein, *Model Nazi,* p.142 を参照。

26　"Die Zivilverwaltung in den besetzten Ostgebieten, Teil II: Reichskommissariat Ukraine" (Brown File), Osobyi Moscow 7021-148-183.

27　現地の製材所で働いていた別の秘書、エミリエ・ホルスト夫人による、1961年5月10日の供述（BAL, 162/5088）。

28　*Sefer Lida,* Lida Memorial Book, http://www.jewishgen.org/yizkor/lida/lida.html の "Life in the Lida Ghetto" の章 p.289 に引用されているD・S・アマラントの言葉。ドン・ゴールドマンによる英訳。この出来事は、1995年にオーストラリアのシドニーで行われたエリーゼ・バルザッハ（1913年生）へのインタビュー（インタビュアーはアナ・フリードランダー）でも語られている（SFA）。同様に、タルノーポリとラーヴァ・ルーシカ地区隊長、ゲルハルト・ハーガーも、批判的な親衛隊報告書（文民当局側の敵に対する中傷が大部分を占めている）で、女性たちを猪狩りに連れ出したり、盗み取ったユダヤ人の所持品を贈り物として惜しみなく与えたりした、堕落した女たらしとして説明されている。ガリツィアにおける腐敗については、「シェンク報告書」の Verhalten der Reichsdeutschen in den besetzten Gebieten, 14 May 1943 を参照。報告書全文は ITS に所蔵。BAK, R58/1002 のコピーは数ページ分が紛失している。また、リダの虐殺に関する写真のアルバムと証言も参照（LAS,

[1.2.7.6/0007/1383/0233, Archivnummer 3090])。1962年の証言では、生存者のジオマ・ププコがハンヴェークとマイアーについて、「ハーネンベルクと恋人のメルケルは、ともにサディストだった」と述べている。Sefer Lida, Lida Memorial Book（英訳版は、http://www.jewishgen.org/Yizkor/lida/lid307.html#Page311 にあり）に引用されている言葉。5月8日の虐殺は、行動隊9（ブラノヴィッチェの親衛隊保安部事務所に拠点を置いていた）の元隊員と現地の補助警察官によって実行された。*The Yad Vashem Encyclopedia of the Ghettos during the Holocaust* (Yad Vashem, 2009), vol. 1, Lida, pp.396-97も参照。現地の補助警察官は、リトアニア人、ポーランド人、ベラルーシ人、ラトヴィア人などと思われる。国籍に関する証言は一貫していない。Wolfgang Curilla, *Die deutsche Ordnungspolizei und der Holocaust im Baltikum und in Weissrussland* (Ferdinand Schöningh, 2006), pp.885-86を参照。リダでは300人のユダヤ人が戦争を生き延びた。多くは森に逃げ、Nechama Tec, *Defiance: The Bielski Partisans* (Oxford, 1994)〔ネハマ・テック『ディファイアンス――ヒトラーと闘った3兄弟』小松伸子訳、ランダムハウス講談社、2009年〕が最近映画化された『ディファイアンス』で描かれている抵抗勢力、ビエルスキ・パルチザンに合流した。

19　1964年10月9日のヨハンナ・ルイーゼ・ツィートローによる供述（BAL, 162/3433）。

20　1963年9月19日のリーゼロッテ・マイアー・レームによる供述（BAL, 162/3425）および1966年9月5日の供述（BAL, 162/3450）。レームは1963年9月19日の供述の中で、彼女がアルトマンに最後に会ったのは、ゲットー一掃が行われた1943年の秋だったと説明している。ハンヴェークの息子もレームの証言に登場するテネンバウムのことを覚えていた。

21　*Sefer Lida,* Lida Memorial Book, p.294. 身の回り品を入手するために行われていた、女性によるユダヤ人労働者の搾取は、ラトヴィアの保安警察・親衛隊保安部による調査の対象となった。現地の皮革工場の事件では、数名の女性がシャウレン地区事務所と癒着していた（KdS Lettland, Ermittlungsverfarhen, betr: Lederwerk in Schaulen, 10 Jan. 1943, NARA, RG 242, T454, roll 15）。

22　1963年9月19日、1964年10月6日および1966年9月6日のリーゼロッテ・マイアー・レームによる供述（BAL, 162/3425）。レームについて気づかせてくれたウェイトマン・ビヨルンに感謝申し上げる。

23　「東部の陶酔」は、Elizabeth Harvey, *Women and the Nazi East: Agents and Witnesses of Germanization* (Yale University Press, 2003), p.125では、性的な高揚感ではなく、広い植民地における高揚感として扱われている。

24　ドイツ人男性にレイプされた非ドイツ人女性は、人種混淆の罪を隠すために殺されることが多かった。1960年12月14日のエルナ・レオンハルトによる証言（BAL, 162/1682）。1960年10月11日、マンハイムでのインゲボルク・グルーバー夫人（1922年生）による証言（BAK, 9 Js 716/59）。1993年8月11日にウクライナ敗の傾向と、東部におけるドイツ人女性のかかわりを実証するものである。東部から国内に送られた食料の入手可能性については、1943年3月と4月の輸送に関して記されている国防軍諜報機関が傍受した手紙と、闇市と略奪に対する国防軍の批判（ZSA, P1151-1-1, P1151-1-21）を参照。また、Götz Aly, *Hitler's Beneficiaries: Plunder, Racial War, and the Nazi Welfare State* (Picador, 2008)〔アリー『ヒトラーの国民国家』〕; Catherine Epstein, *Model Nazi: Arthur Greiser and the Occupation of Western Poland* (Oxford University Press, 2012)、特に p.269（マリーエンゼーにあったグライザーの城について）および p.276（30万ドルの価値があったグライザーのワインコレクションについて）も参照。

14 Peter Black, "Foot Soldiers of the Final Solution: The Trawniki Training Camp and Operation Reinhard," *Holocaust and Genocide Studies* 25, no. 1 (2011): 1-99 を参照。また、Peter Black, "Odilo Globocnik - Himmler's Vorposten im Osten," in Ronald Smelser et al., eds., *Die Braune Elite* (Wissenschaftliche Buchgemeinschaft, 1993); Dieter Pohl, "Die Stellung des Distrikts Lublin in der 'Endlösung der Judenfrage,' " in Bogdan Musial, ed., *"Aktion Reinhardt": Der Völkermord an den Juden im Generalgouvernement 1941-1944* (Fibre Verlag, 2004) も参照。

15 1961年9月15日のヴィースバーデン裁判所におけるルンホフによる供述。Berndt Rieger, *Creator of Nazi Death Camps: The Life of Odilo Globocnik* (Vallentine Mitchell, 2007), pp.72, 82 に掲載。ヒルマンは、健康上の問題とユダヤ人の血統であるという噂から、ルブリンでの職務を「解かれた」。Joseph Poprzeczny, *Odilo Globocnik, Hitler's Man in the East* (McFarland, 2004) を参照。

16 しかし、1943年の夏が終わる頃には、グロボチュニクは行き過ぎた振る舞いから総統に嫌われてしまった。Bogdan Musial, *Deutsche Zivilverwaltung und Judenverfolgung im Generalgouvernement* (Harrossowitz Verlag, 1999), pp.201-8 を参照。また、David Silberklang, *Gates of Tears: The Holocaust in the Lublin District* (Yad Vashem, 2013); Peter R. Black, "Rehearsal for 'Reinhard'? Odilo Globocnik and the Lublin Selbstschutz," *Central European History* 25, no. 2 (1992): 204-26 も参照。

17 ゲットーの作業場は1943年9月18日に一掃された。残されたユダヤ人労働者は、ソビブルとマイダネクのガス室に送られた。ハンヴェークの息子は1943年9月より前にリダを去ったので、これはそれ以前の虐殺の記憶に違いない。1964年10月15日のエバーハルト・ハンヴェークによる供述（BAL, 162/3433）および2010年7月31日に行われた著者によるインタビューを参照。

18 1942年5月の第1週と第2週、特に5月5日から12日までに、リダ地域（ラドゥニ、ヴォロノヴォ、シュチュチン）では数回にわたり虐殺が行われ、2万人を超えるユダヤ人が射殺された。ヴィルナの生存者の証言やベラルーシの地区弁務官による「パルチザン戦争とユダヤ人作戦」に関するドイツ語の報告書（1942年7月29日以降、何月かは判読不可能）、ソ連による調査書の抜粋および1947年9月に行われた墓の掘り起こしを参照（ITS, Doc No. 82176805 #1

要な労働者を雇い続けたいと考えていた。彼は部下で副弁務官のヴィンディッシュほど野蛮ではなかったが、大量殺人作戦に異を唱えたり、これを妨害したりすることもしなかった。ハンヴェークは「彼の」ユダヤ人労働者らと緊密にかかわり、節度を持って彼らに接し、その仕事ぶりを評価していた。比較的寛大であったがために、ハンヴェークは、ヴィンディッシュや親衛隊、警察による彼に対する批判に対処しなければならなかった。ヴィルヘルム・クーベからローゼンベルクの人事アドバイザーに宛てた 1942 年 12 月 29 日付の報告と 1943 年 1 月 15 日付のクーベへの回答（NARA, RG 242, roll 21, frames 000580 および 000587）。

10　1947 年、ミュンヘンの「解放ユダヤ人中央委員会」に対する証言の中で、ほとんどの生存者がハンヴェークの部下で副弁務官のヴィンディッシュの名を、リダ行政史上最悪の加害者として挙げた。ハンヴェークも選別の場にいたことが確認されているが、あらゆる機会をとらえてユダヤ人を殴り、撃ち、侮辱したのはヴィンディッシュであった（Record Group M.21, War Criminals' Section, Legal Department at the Central Committee of Liberated Jews, File 184, 28 pp., YVA）。リダとスロニムでの証言に関する記録資料を提供してくれたウェイトマン・ビヨルンに感謝申し上げる。

11　1964 年 10 月 15 日のエバーハルト・ハンヴェークによる供述（BAL, 162/3433）。ハンヴェークは、1942 年の春にマイアーとリダに着き、その後まもなく虐殺が起きたと 1964 年に証言している。ナチによるリダの占領については、Christian Gerlach, *Kalkulierte Morde: Die deutsche Wirtschafts- und Vernichtungskriegpolitik in Weissrussland 1941 bis 1944* (Hamburger Edition, 1999); Bernhard Chiari, *Alltag hinter der Front: Besatzung, Kollaboration und Widerstand in Weissrussland, 1941-1944* (Droste Verlag, 1998); 1965 年 5 月 7 日のヨアヒム・L（リダの旧第 727 歩兵連隊）による供述（BAL, B162/3440）を参照。

12　2010 年 9 月 20 日にドイツのラングゲーンスで行われたハンヴェークへの著者によるインタビュー。また、*Sefer Lida,* Lida Memorial Book,ed. Alexander Manor, Itzchak Ganusovitch, and Aba Lando (Tel Aviv, 1970), p.294 も参照。同様な事例が、ウクライナのブーチャチでも記録されている。弁務官は妻と三人の子どもを連れて赴任した。一人の息子が、ユダヤ人労働者から木彫りのおもちゃの馬をもらうと、親衛隊指揮官オットー・ヴェヒターは不快感を示し、どこでその素敵なおもちゃを手に入れたのか尋ねてきた。B162/1673, リヒャルト・リスベルクの元妻、ヘンリエッテ・バウによる 1969 年 4 月 23 日の証言。この情報を提供してくれたオメル・バルトフに感謝申し上げる。

13　1943 年 5 月の占領地域（ガリツィア）における帝国ドイツ人の行動については、ITS に保管されている「シェンク報告書」を参照。この特別報告書は、親衛隊警察が市長、地区官僚、現地開発業者などの文民行政当局側のライバルをくじき、弱体化する試みであった。このような権力闘争が、違法行為に関する誇張をもたらしたとも言えるが、少なくともこの報告書は、ホロコーストに関連した腐

3　これらの話は、食料、燃料、石けんと衣服の確保などの家庭での日々の苦労、料理、空襲、家を失ったことが中心である。Kathrin Kompisch, *Täterinnen: Frauen im Nationalsozialismus* (Böhlau, 2008), p.85; Nicole Ann Dombrowski, "Soldiers, Saints, or Sacrificial Lambs? Women's Relationship to Combat and the Fortification of the Home Front in the Twentieth Century," Nicole Ann Dombrowski, ed., *Women and War in the Twentieth Century* (Routledge, 2004), pp.2-3; Joanna Bourke, *An Intimate History of Killing: Face-to-Face Killing in Twentieth-Century Warfare* (Basic, 2000)、特に第10章 "Women Go to War" を参照。

4　1944年から1945年まで、男性がいなくなったために生じた空席を女性が埋めていた。ウィーンのゲシュタポ事務所には女性事務職員が180名いた。ベルリンでは、1500名の職員のうち600名が女性だった。Kompisch, *Täterinnen,* p.85を参照。

5　多くの中学校が軍の兵舎や病院となったが、若い男性が戦線に赴いたのに対して、非常に多くの女性が大学に戻った。女性の入学者が急増し、1943年にはフランクフルト大学の全学生の50パーセント以上を女性が占めていた。戦時中にヒットしたコメディ映画、『*Unser Fräulein Doktor*』（1940年）では、恋人の医師の地位を奪い取った、狡猾で聡明な大学卒の女性の姿が描かれている。予想外の役割転換は、女性を馬鹿にするのではなく、勇気づけるものであった。Christoph Dorner et al., *Die Braune Machtergreifung: Universität Frankfurt, 1930-1945* (Nexus/Druckladen, 1989), p.96; Dörr, *"Wer die Zeit nicht miterlebt hat ...,"* p.125を参照。

6　管区事務所で雇用されていた帝国出身のドイツ人の数はさまざまだが、リダの事務所では86名だった。ブラノヴィッチェの地区事務所には、1941年9月の時点でドイツ人男性職員が6名、1943年1月20日までは男性19名と女性7名（現地からは男性95名と女性66名）、1944年6月24日には男性26名と女性10名、さらにドイツ法廷に男性4名と女性アシスタント2名、ナチ福祉団（NSV）に女性3名（看護師2名を含む）がいた。1942年11月、この地区を担当する弁務官ヴェルナーは、妻と4人の子どもを連れて赴任した（NARA, RG 242, T454, roll 102, Report by Gebietskommissar Hennig, Lida, 15 Aug. 1944）; Situation and Activity Report of Gebietskommissar Werner, Baranowitsche, 11 Aug. 1944を参照。

7　「キアオジ」については、エリカ・ズムの回想録、*Schäfers Tochter: Die Geschichte der Frontschwester* (Zeitgut Verlag, 2006), p.130に出てくる。

8　リダでヘルマン・ハンヴェークの後任となった弁務官は、1944年の夏に、東部に赴いた多くの女性が、国ではなく自分自身のために仕事をしていると不満を漏らした。そして、自分で掃除と洗濯をしなければならない祖国の女性と、東部の女性とを対比した。東部の女性は家事使用人らを従え、専用の更衣室を持ち、プリマドンナのように振る舞っていた（ここでは、官僚の女性秘書と妻のことを指す）。地区弁務官ケーニクによる1944年8月15日付の報告（NARA, RG 242, T454, roll 102, frame 000162）。

9　ハンヴェークは、自分の壮大な夢と個人的な要望を満たすための建築計画に必レッドマンに感謝申し上げる。また、イェッケルンの1941年7月25日のノヴォフラド＝ヴォルィンシキーでの殺害命令については、NARA, RG 242, T501, roll 5, frames 000559-560 および *Unsere Ehre Heisst Treue: Kriegstagebuch des Kommandostabes Reichführer SS, Tätigkeitsberichte der 1. Und 2. SS-Inf., Brigade der 1. SS-Kav. Brigade und von Sonderkommandos der SS* (Europa Verlag, 1965), pp.95-96 も参照。

35　アネッテ・シュッキング＝ホーマイヤーが著者に宛てた2010年5月17日付の手紙を参照。戦時中の手紙から抜粋。手紙のコピーを提供してくれたシュッキング＝ホーマイヤーに感謝申し上げる（原本は、ヴァーレンドルフ郡文書館に保管）。

36　Kempowski, *Das Echolot* (2001), p.780 に引用されている、1943年2月15日付のブリギッテ・エルトマンの手紙。

37　アネッテ・シュッキング＝ホーマイヤーが著者に宛てた2010年5月17日付の手紙。フミリヌィークでの虐殺は、BALの調査官によって収集された戦時中の文書と証言によって裏付けられている。Abschlussbericht, BAL II, 204 ARZ, 135/67, 23-24 を参照。

38　1944年のブリューマ・ブロンフィンによる、イリヤ・エレンブルグに宛てた手紙の形式をとった証言。Joshua Rubenstein and Ilya Altman, eds., *The Unknown Black Book: The Holocaust in the German-Occupied Soviet Territories* (Indiana University Press, 2010), pp.151-54 に再録。

39　2010年3月30日に行われた、著者およびクリストフ・マウフとのシュッキング＝ホーマイヤーへのインタビュー。*Der Spiegel* の2010年1月28日付の記事にもあり。

40　1941年11月5日、リウネの地区弁務官ヴェルナー・ベーアは、1941年11月6～7日に実施されるユダヤ人約1万7000人の虐殺を計画した。これは秩序警察320、315、69と、行動隊5によって実行された。Brandon and Lower, eds., *The Shoah in Ukraine,* p.43 を参照。

41　アネッテ・シュッキングがズヴャヘルから両親に宛てた、1941年11月5日付の手紙。2010年3月30日に行われた、シュッキング＝ホーマイヤーへの著者およびクリストフ・マウフによるインタビュー。USHMMAに保管。

42　1961年5月10日のエミリエ・ホルスト夫人による供述（BAL, 162/5088）。

第四章　共犯者

1　Joanne Sayner, *Women without a Past? German Autobiographical Writings and Fascism* (Rodopi, 2007), p.2. この情報を提供してくれたマリオン・デシュムクに感謝申し上げる。

2　Rosemarie Killius, ed., *Frauen für die Front: Gespräche mit Wehrmachtshelferinnen* (Militzke Verlag, 2003); Margarete Dörr, *"Wer die Zeit nicht miterlebt hat ...": Frauenerfahrungen im Zweiten Weltkrieg und in den Jahren danach,* vol. 2, *Kriegsalltag* (Campus Verlag, 1998) を参照。

28　Schmidt, *Die Mitläuferin,* pp.74-76.　また、Shmuel Spector, *The Holocaust of Volhynian Jews, 1941-1944* (Yad Vashem, 1990), pp.113-15, 184-85も参照。リウネのユダヤ人虐殺については、ヘルマン・グレーベによる証言を参照（NARA, RG 238, Document 2992-PS, International Military Tribunal Nuremberg）。また、Dieter Pohl, "The Murder of Ukraine's Jews under German Military Administration and in the Reich Commissariat Ukraine," Ray Brandon and Wendy Lower, eds., *The Shoah in Ukraine: History, Testimony, Memorialization* (Indiana University Press, 2008), p.49も参照。ポールの研究によれば、現地の協力者と第33警察予備大隊第1中隊が親衛隊保安部隊を補佐した。ストルーヴェが目撃したゲットーの一掃は、おそらく1942年7月13日に発生したと思われる。

29　別のさらに有名な目撃者メリタ・マシュマンは、暴力を目にしたとき自分は盲人と化したと語っている。Maschmann, *Fazit: Mein Weg in der Hitler-Jugend* (dtv, 1983)を参照。

30　ジトームィルにおけるヒムラーの口頭による命令については、Lower, *Nazi Empire Building and the Holocaust in Ukraine* (University of North Carolina Press, 2005), p.8; 1945年12月29日のパウル・アルベルト・シェーアによる証言（USHMMA RG 06.025 Kiev）; Peter Witte et al., eds., *Der Dienstkalender Heinrich Himmlers 1941/42* (Christians Verlag, 1999), pp.498-99を参照。

31　Schmidt, *Die Mitläuferin,* p.81.

32　Schmidt, *Die Mitläuferin,* pp.38, 76-77.

33　1943年1月21日付のブリギッテ・エルトマンの手紙。Kempowski, *Das Echolot* (2001), p.237.

34　ズヴャヘル（ノヴォフラド＝ヴォルィンシキー）でのユダヤ人殺戮は、1941年7月、行動部隊Cの司令部がそこに本部を設置したときに始まった。特務部隊4aが、現地のウクライナ人および民族ドイツ人の協力者らと、警察上級指導者（HSSPF）イェッケルン下の武装親衛隊部隊の支援を受け、ユダヤ人男女を見つけ出し、逮捕した。国防軍の部隊は「報復」措置の計画と実施を支援した。現地のユダヤ人とユダヤ人戦争捕虜が、ドイツ人やドイツ軍事施設に対する攻撃の報復として殺された。1945年5月、集団埋葬地が掘り起こされ、「女性と子どもの血でごわごわに固まり、半分腐った服と靴」があらわになった。ソビエト特別委員会の調査官によれば、死体は乱れた状態で埋められており、頭部と頭蓋骨に損傷が見られ、子どもとおもちゃを抱きしめている女性たちもいた。あるウクライナ人農民の目撃者によれば、射殺は1941年8月末に行われた。戦争捕虜については、Fernspruch 16 Pz.-Div. 14 July 1941, NARA, RG 242, T314, roll 1146, frame 000467を、ユダヤ人虐殺については、Ereignismeldung 38, Einsatzgruppe C, 30 July 1941, NARA, RG 242, T175, reel 233を参照。ソビエト特別委員会による1945年5月24日付の報告書のコピーは、ZSA file 413およびノヴォフラド＝ヴォルィンシキーのユダヤ文化協会にある。これらのソ連の報告書を提供してくれたダニエル・

17　ヴァルテガウのプレーネンに関する 1942 年 7 月 17 日付のマリアンネ・ペインクハウスの手紙は、Margarete Dörr, *"Wer die Zeit nicht miterlebt hat ...": Frauenerfahrungen im Zweiten Weltkrieg und in den Jahren danach, vol. 2, Kriegsalltag* (Campus Verlag, 1998), p.132 に収録され、分析されている。

18　Elizabeth Harvey, *Women and the Nazi East: Agents and Witnesses of Germanization* (Yale University Press, 2003), pp.130-31, 122.

19　Catherine Epstein, *Model Nazi: Arthur Greiser and the Occupation of Western Poland* (Oxford University Press, 2010), p.169 に引用されている手紙。手紙にはさらに、自分がゲットーのユダヤ人だったら、監禁されることに怒りを感じるだろうという、この若い女性の言葉が綴られている。

20　1944 年夏、ダンツィヒに近い建設事務所に勤めていたあるドイツ人秘書は、毎朝 100 人から 150 人のポーランド系ユダヤ人女性労働者が集められ、仕事に向かうのを目撃した。シュトゥットホーフ強制収容所から来たユダヤ人で、黒服と軍靴姿の親衛隊の女性たちが鞭を手に見張っていた。Walter Kempowski, *Das Echolot* (btb Verlag, 1979), pp.107-8 を参照。

21　1960 年 12 月 14 日のエルナ・レオンハルトによる供述（BAL, 162/1682); Rosemarie Killius, ed., *Frauen für die Front: Gespräche mit Wehrmachtshelferinnen* (Militzke Verlag, 2003), pp.71-74.

22　Anna Luise von Baumbach, *Frauen an der Front: Krankenschwestern im Zweiten Weltkrieg,* 2010 (DVD).

23　1969 年 4 月 23 日のリヒャルト・リスベルクの前妻、ヘンリエッテ・バウによる証言（BAL, 162/1673）。この情報を提供してくれたオメル・バルトフに感謝申し上げる。

24　リダの鉄道員の妻は、5200 人のユダヤ人が集団埋葬地で大量射殺された出来事について回想している。墓地には塩素系消毒薬がまかれ、それが日中の暑さで「泉のように」泡を噴き出していた。1965 年 10 月 11 日のリーゼロッテ・ヴァーゲントロッツによる証言（Staatsanwaltschaft Mainz, 3 Js 155/64, BAL, 162/3446）。また、Father Patrick Desbois, *The Holocaust by Bullets* (Macmillan, 2008) も参照。

25　1976 年 11 月 29 日のフロレンティーナ・ベートナーによる証言（BAL, Bayer, Landeskriminalamt 76-K 41676, Koe）。地区弁務官の下でのナチ福祉団（NSV）の「活動」については、"IV. Vorläufige Aufgaben," regarding "Judennachlass," CSA, Kiev, 3206-6-254, USHMMA 所蔵マイクロフィルム RG31.002M, reel 6, p.5 を参照。

26　町の中を通って食堂に行き、皆で昼食をとることがエリカ・オーアの日課だった。Summ, *Schäfers Tochter,* pp.132, 141.

27　リウネ／ロブノのユダヤ人コミュニティに対する「巣窟」という表現は、1947 年 5 月 7 日のウクライナ秩序警察指揮官、オットー・フォン・エールハーフェンによる証言にもあり（NARA, RG 238, roll 50, M1019）。Ilse Schmidt, *Die Mitläuferin: Erinnerungen einer Wehrmachtsangehörigen* (Aufbau Verlag, 2002), pp.73-75 を参照。

11　ブレストとその周辺での虐殺とゲットー化については、Christian Gerlach, *Kalkulierte Morde. Die deutsche Wirtschafts- und Vernichtungspolitik in Weissrussland 1941 bis 1944* (Hamburger Edition, 1999), p.610に引用されている、1941年10月11日と11月10日付のドイツ軍司令官による報告書を参照。また、Jürgen Matthäus, Konrad Kwiet, and Jürgen Förster, eds., *Ausbildungsziel Judenmord? "Weltanschauliche Erziehung" von SS, Polizei und Waffen-SS im Rahmen der "Endlösun"* (Fischer Verlag, 2003) も参照。

12　たとえば、ゲットーを訪れたレオンハルト夫人は好奇心からそこを訪れていたが、ユダヤ人労働者に内緒で食べ物を与えていた。彼女は非難されたが、罰せられることはなかった (BAL, B162/1682; testimony of Erna Leonhard, 14 Dec. 1960)。ヘルミー・シュペートマンも、ゲットーのユダヤ人たちの面倒を見ていた。第一次世界大戦の経験がある年配の看護師、シュペートマンは、1941年8月に、禁止されているにもかかわらず（ゲットーは、隔離されていた）ワルシャワのゲットーに入った。彼女はカメラを持ち込み、ユダヤ人たちの極度の貧困と苦しみを写真に収めた。戦後、彼女は写真を隠したが、死の直前にそれらの写真を整理し、自分の死後公開するよう姪に依頼した。"Zeugin des Grauens: Lazarettschwester im Warschauer Ghetto," 24 Sept. 2010, *Der Spiegel* online. http://einestages.spiegel.de/static/authoralbumbackground/15081/zeugin_des_grauens.html を参照。この記事に気づかせてくれたスーザン・バックラックに感謝申し上げる。

13　エルトマンが母親に宛てた1943年1月30日の手紙。Kempowski, *Das Echolot* (2001), pp.613-14.　また、Alexander B. Rossino, "Eastern Europe through German Eyes: Soldiers' Photographs, 1939-42," *History of Photography* 23, no. 4 (Winter 1999): 313-21 も参照。

14　Susi Gerloff, "Kriegsschwestern: Erlebnisberichte, 1995," in Panke-Kochinke and Schaidhammer-Placke, *Frontschwestern und Friedensengel,* p.196に引用されている言葉。

15　Philip Friedman, *Roads to Extinction: Essays on the Holocaust* (Jewish Publication Society, 1980), p.69 を 参 照。 ま た、Eric Sterling, ed., *Life in the Ghettos during the Holocaust* (Syracuse University Press, 2005); Daniel Michman, *The Emergence of Jewish Ghettos during the Holocaust* (Cambridge University Press, 2011) も参照。

16　エルトマンが母親に宛てた1943年1月30日付の手紙。Kempowski, *Das Echolot* (2001), pp.613-14.　ドイツ軍が1941年6月28日にミンスクに入ったとき、約5万5000人のユダヤ人が住んでいた。ほとんどが射殺され、あるいはガス・トラックに詰め込まれた。これと並行して、1941年11月から、ハンブルク、フランクフルト、ベルリン、ウィーンや国内のその他の都市から数千人がミンスクに移送されている。1941年11月18日にハンブルクからミンスクのゲットーに移送されたユダヤ人のリストは、Bundesarchiv, Dahlwitz Hoppegarten Records on microfilm at USHMMA, RG 14.050, reel 1, frames 827-841 を参照。トート機関、ミンスクのゲットー、ミンスクにおけるゲットー観光については、Christian Gerlach, *Kalkulierte Morde,* pp.57-63 を参照。

University Press, 2001); Panke-Kochinke and Schaidhammer-Placke, *Frontschwestern und Friedensengel,* pp.191-92 に引用されている、Elfriede Schade-Bartkowiak, *Sag mir, wo die Blumen sind ... Unter der Schwesternhaube. Kriegserinnerungen einer DRK-Schwester im II. Weltkrieg an der Ostfront* (Hamburg, 1989) も参照。

4　ブリギッテ・エルトマンが母親に宛てた1943年1月24日付の手紙。Walter Kempowski, *Das Echolot* (btb Verlag, 2001), p.339 に再録。

5　Jens Ebert and Sybille Penkert, eds., *Brigitte Penkert: Briefe einer Rotkreuzschwester von der Ostfront* (Wallstein Verlag, 2006).

6　Franka Maubach, "Expansionen weiblicher Hilfe: Zur Erfahrungsgeschichte von Frauen im Kriegdienst," in Sybille Steinbacher, ed., *Volksgenossinnen: Frauen in der NS-Volksgemeinschaft* (Wallstein Verlag, 2007); Marita Krauss, ed., *Sie waren dabei: Mitläuferinnen, Nutzniesserinnen, Täterinnen im Nationalsozialismus* (Wallstein Verlag, 2008), p.13.

7　Karel Berkhoff, "Babi Yar: Site of Mass Murder, Ravine of Oblivion," J. B. and Maurice C. Shapiro Annual Lecture, 9 Feb. 2011 (United States Holocaust Memorial Museum, Occasional Paper Series, May 2012); Peter Longerich, *"Davon haben wir nichts gewusst!" Die Deutschen und die Judenver-folgung, 1933-1945* (Siedler, 2006); Jeffrey Herf, *The Jewish Enemy: Nazi Propaganda during World War II and the Holocaust* (Belknap Press, 2008).

8　ベウジェツの収容所を列車が通過する際の大量殺人に関するやりとりの一例は、"Aufzeichnungen eines deutschen Unteroffiziers vom 31 August 1942, Rawa Ruska, Anlage 36," in Raul Hilberg, *Sonderzüge nach Auschwitz: The Role of the German Railroads in the Destruction of the Jews* (Dumjahn Verlag, 1981), pp.188-91 を参照。列車内での会話に関する同様な回想は、Alison Owings, *Frauen: German Women Recall the Reich* (Rutgers University Press, 1995) にも見られる。

9　デュッセルドルフ警察長のパウル・ザリッターは、この移送車の護衛をゲシュタポに命じられた。コーニッツで、現地のドイツ人鉄道員が列車の通過を阻んだ。ザリッターは彼を、ドイツ民族共同体の一員ではなく、ユダヤ人の仲間だとして密告した。ザリッターがドイツ赤十字社の支部に行き、病人の扱いなどを交渉している間に、列車はザリッターなしで出発してしまった。彼の戦中の報告書は、Hilberg, *Sonderzüge nach Auschwitz,* p.134 に収録されている。Andrej Angrick and Peter Klein, *Die "Endlösung" in Riga: Ausbeutung und Vernichtung 1941-1944* (Wissenschaftliche Buchgesellschaft, 2006) も参照。

10　このパラグラフと次のパラグラフにおける引用は、2010年3月30日にドイツのリューネンで行われた著者とクリストフ・マウフ博士によるアネッテ・シュッキング＝ホーマイヤーへのインタビューを基にしている。ここで使用されている資料の一部は、マルティン・デリーとクラウス・ヴィーグレーフェによって行われたインタビューで初めて明らかにされ、2010年1月25日付の *Der Spiegel* オンライン版 "They Really Do Smell Like Blood: Among Hitler's Executioners on the Eastern Front" で発表された。ヴィーグレーフェ氏の協力に感謝申し上げる。

大学教授のハンス・F・K・ギュンター博士（北方ゲルマン主義の知識を一般に広めた「人種学の教皇」として知られるペイガニスト）がいた。しかし、エルナの未来を決定する上で直接的な役割を果たすことになったのは、ヒムラーに信頼されていた植民地化の専門家、ヴァルター・ダレであった。Lower, "Living Space," pp.310-25; Evans, *The Third Reich in Power,* p.9 を参照。

66　ダレは大家族を育み、広大な土地を耕す、一夫一婦制の純血のドイツ人男女による新しい農業貴族の創造を提案した。*Neuadel aus Blut und Boden* (Munich, 1930), pp.131, 152, 153〔リヒャルト・ヴァルター・ダレ『血と土』黒田礼二訳、春陽堂書店、1941 年〕. ダレはアルゼンチンにあるドイツ貿易会社の商人の子で、ドイツに帰国し、ヴィッツェンハウゼンにあるドイツの植民地学校に通い、ハレ大学で農学の学士号を取得した。「フェルキッシュ」理論を強固に支持した。Klee, *Das Personenlexikon zum Dritten Reich* を参照。

67　NARA, BDC, RuSHA file Petri, SSOK, roll 373A, frames 2908, 2910-2936. Heineman, *What Difference Does a Husband Make?* Appendix A を参照。

68　多くの農民の娘と妻たちは労働者としては公式に登録されず、「補佐的な家族構成員」として登録されていた。伝統的家内経済が何世紀も続いていた。Jill Stephenson, *Women in Nazi Germany* (Longman, 2001), p.68 を参照。

69　Shelley Baranowski, *Nazi Empire: German Colonialism and Imperialism from Bismarck to Hitler* (Cambridge University Press, 2011), p.154.

70　Frevert, *Women in German History,* p.203〔フレーフェルト『ドイツ女性の社会史』〕.

71　Nancy Reagin, *Sweeping the German Nation: Domesticity and National Identity in Germany, 1870-1945* (Cambridge University Press, 2006).

第三章　目撃者

1　Erika Summ, *Schäfers Tochter: Die Geschichte der Frontschwester* (Zeitgut Verlag, 2006), p.117. このオーアの描写には、生気なく文化を欠く異国の風景、広大なロシアの大草原地帯など、典型的な植民者的なディスクールが見られる。

2　Dieter Pohl, *Die Herrschaft der Wehrmacht: Deutsche Militärbesatzung und einheimische Bevölkerung in der Sowjetunion, 1941-1944* (Oldenbourg, 2008) を参照。また、Christian Streit, "The Fate of the Soviet Prisoners of War," in Michael Berenbaum, ed., *A Mosaic of Victims: Non-Jews Persecuted and Murdered by the Nazis* (New York University Press, 1990) も参照。

3　Birgit Panke-Kochinke and Monika Schaidhammer-Placke, *Frontschwestern und Friedensengel: Kriegskrankenpflege im Ersten und Zweiten Weltkrieg; Ein Quellen- und Fotoband* (Mabuse Verlag, 2002), pp.193-96 に引用されている看護師の言葉。Magdalena Wortmann, *Was haben wir nicht alles mitgemacht: Kriegserinnerungen einer Rotkreuzskrankenchwester* (Wim Snayder Verlag, 1995); Lora Wildenthal, *German Women for Empire, 1884-1945* (Duke

57　Michael Burleigh and Wolfgang Wippermann, *The Racial State: Germany, 1933-1945* (Cambridge University Press, 1991), pp.49-50〔バーリー、ヴィッパーマン『人種主義国家ドイツ』〕; Wildt, *An Uncompromising Generation,* p.111.

58　Gudrun Schwarz, *Eine Frau an seiner Seite: Ehefrauen in der "SS-Sippengemeinschaft"* (Hamburger Edition, 1997), p.11; Kathrin Kompisch, *Täterinnen: Frauen im Nationalsozialismus* (Böhlau, 2008), p.204 を参照。親衛隊の結婚許可申請書に関する記録は戦争で失われることなく、アメリカ合衆国とドイツで保管されている。ベルリン・ドキュメントセンターの資料の中にある。Isabel Heinemann, *Rasse, Siedlung, deutsches Blut* (Wallstein Verlag, 2003), pp.54, 62 n.47 も参照。

59　1912年にハンブルクで生まれたため、第一次世界大戦後のベビーブーマーというカテゴリーには該当しない。しかし、彼女の第二次世界大戦前の職業体験は、ヴァイマル時代後期とナチ時代の第一次世界大戦に対する反動と、新たに生まれた都市労働文化における初期の女性の生き方の影響を強く受けている。結婚許可申請書の中で家族の経歴について尋ねられると、彼女は両親についてはよく知らないと答えた。親衛隊審査官らに「有害」と思われるような、遺伝にかかわる過去を何か隠していたか、あるいは両親と親密でなかったか、どちらかであろう（"Fragebogen" Wohlauf, NARA, BDC, A3343-RS-G5348, frames 2214-2326）。

60　Urteil Landegericht Zivilkammer Hamburg, 10 June 1942, NARA, BDC, RuSHA file Wohlauf, A3343-RS-G5348, frames 2214-2326.

61　Christopher R. Browning, *Ordinary Men: Reserve Police Battalion 101 and the Final Solution in Poland* (HarperCollins, 1993), p.92〔クリストファー・R・ブラウニング『普通の人びと ―― ホロコーストと第101警察予備大隊』谷喬夫訳、筑摩書房、1997年〕.

62　ヴィルハウスの結婚許可申請書（NARA, BDC, Ru-SHA files, A3343-RS-G5242, frames 2524-2710）。Ernst Klee, *Das Personenlexikon zum Dritten Reich: Wer war was vor und nach 1945* (Fischer Verlag, 2003) を参照。

63　Evans, *The Third Reich in Power,* p.626.

64　1935年7月2日付の手紙（Stabsführer to RuSHA Leader of the 85th Standarte, Cottbus. RuSHA file Willhaus）。1943年、親衛隊はまだ許可の出ていないヴィルハウスの結婚問題について調査していた（NARA, BDC, A3343-RS-G5242）。Michael Burleigh, *The Third Reich: A New History* (Hill & Wang, 2000), pp.102, 116 を参照。

65　エルナの故郷の町とその周辺では、人種差別的な反ユダヤ主義者と「血と土」の信奉者らが州の各機関に浸透し、すでに変化が現れていた。ユダヤ人に対する不買運動は、1932年12月に、若者の再教育を目的とした学校教科書の改編と同時に始まった。のちにナチ政権の興亡と運命をともにしたテューリンゲン大管区のナチ指導者には、フリッツ・ザウケル（その後ヒトラーの戦争時代に、強制労働を目的とした東部から帝国への強制連行を中心となって進めた「皇帝（ツァーリ）」で、1946年にニュルンベルクで絞首刑となった）や、リヒャルト・ヴァルター・ダレ（ヒムラーに仕えた農業専門家で、親衛隊人種植民本部初代所長）、

ウスに感謝申し上げる。

48　Gerhard Paul, "'Kämpfende Verwaltung' Das Amt IV des Reichsicherheitshauptamtes als Führungsinstanz der Gestapo," in Gerhard Paul and Klaus-Michael Mallman, eds., *Die Gestapo im Zweiten Weltkrieg: "Heimatfront" und besetztes Europa* (Primus Verlag, 2000), pp.45, 47 を参照。秘密警察（ゲシュタポ）には3万1374名、刑事警察（クリポ）には、1万2792名、親衛隊保安部（SD）には6482名の秘書がいた。Klaus Hesse, Kay Kufeke, and Andreas Sander, eds., *Topographie des Terrors* (Stiftung Topographie des Terrors, 2010), p.127 を参照。秘書に関する情報を提供してくれたレイチェル・センチュリーに感謝申し上げる。

49　NARA, RG 242, BDC, RuSHA 結婚許可申請書および A3343-RS-D-490, frames 1584, 1640, and 1656.

50　マイケル・マンは、ヴェルサイユ条約に基づき失われた地域、または占領された地域（シュレージエン、ラインラントなど）に住み、ナチ時代に積極的に活動していたドイツ人は超国家主義者であり、加害者の大部分を占めていたと判断した。彼による "Were the Perpetrators of Genocide 'Ordinary Men' or 'Real Nazis'?" *Holocaust and Genocide Studies* 14 (Winter 2000): 331-66, 特に pp.343-46 を参照。

51　ヨゼフィーネ・クレップ・ブロックの経歴については、Vernehmung, VCA, Strafbezirksgericht Wien, 15 Oct. 1946, Wiener Stadt- und Landesarchiv, Vg 8514/46.

52　ウィーン・モデルについては、Hans Safrian, *Eichmann's Men* (Cambridge University Press, 2010) を参照。

53　Katrin Himmler "'Herrenmenschenpaare': Zwischen nationalsozialistischem Elitebewusstsein und rassenideologischer (Selbst-) Verpflichtung," in Marita Krauss, ed., *Sie waren dabei: Mitläuferinnen, Nutzniesserinnen, Täterinnen im Nationalsozialismus* (Wallstein Verlag, 2008), pp.65-66.

54　帝国のゲシュタポ事務所から占領地域に派遣された別の女性速記者の事例は、Michael Wildt, *An Uncompromising Generation: The Nazi Leadership of the Reich Security Main Office* (University of Wisconsin Press, 2009), pp.116-19 を参照。

55　Ricahrd Evans, *The Coming of the Third Reich* (Penguin, 2004) p.127 によれば、「経済におけるサービス部門の急増は、大デパートの店員から成長著しい企業の世界での秘書の仕事に至るまで、（タイピングを女性の仕事とする強力な動きに後押しされた）女性の新たな雇用の可能性を伴い、新しい形の搾取を生んだが、同時に、ますます多くの若い未婚女性にそれまで経験したことのない経済的・社会的自立をもたらした」。Elizabeth D. Heineman, *What Difference Does a Husband Make? Women and Marital Status in Nazi and Postwar Germany* (University of California Press, 1999) p.64 によれば、「戦争に、情熱をもって参加したか、嫌々参加したかにかかわらず、おおよそ1918年から1928年までに生まれ、戦時中独身だった女性は、ほかのどのドイツ人女性労働者集団よりも直接的に戦争に貢献した」。

56　Frevert, *Women in German History*, p.186〔フレーフェルト『ドイツ女性の社会史』〕.

Euthanasia to the Final Solution (University of North Carolina Press, 1997).

38 NARA, RG 238, NMT, NO-470; Pauline Kneissler, Nazi Party #3892898. クナイスラーはウクライナの Kurdjunowka〔原文ママ〕出身（Nazi Party Card, BDC, NARA II, A3340-MFOK-L005, frame 0972）。

39 このパラグラフと次の二つのパラグラフ中の引用部分はすべて、Gaida, *Zwischen Pflegen und Töten,* p.176 に引用されているクナイスラーの証言。

40 都会の光景は田舎から出てきた若い女性には戸惑いを感じさせるものだった。彼女たちは、解放感だけでなく新たなストレスも体験した。Katharina von Ankum, ed., *Women in the Metropolis: Gender and Modernity in Weimar Culture* (University of California Press, 1997), pp.2-4; Frevert, *Women in German History,* pp.156-57, 218〔フレーフェルト『ドイツ女性の社会史』〕を参照。

41 Ilse Schmidt, *Die Mitläuferin: Erinnerungen einer Wehrmachts-angehörigen* (Aufbau Verlag, 2002), p.16.

42 戦時中、ドイツ人女性事務補助員の最大の雇用主はドイツ軍だった。女性軍補助員の中で最も数が多かったのは、「電撃少女（*Blitzmädchen*）」と呼ばれた、ヴァイマル時代の「新しい女」の戦中版タイプで、銃後を体現する貞淑な女性のタイプではなかった。ある秘書の話については、Killius, *Frauen für die Front,* testimony entitled, pp.69-70 所収の「それほどひどくはなかった」と題された証言を参照。「男性を職務から解放して戦線に送り出すために」軍補助員に任命された女性は、部下に命令を下す権限を持ち、上は上級のスタッフリーダーから下は通常の軍補助員まで、ヒエラルキーの中に位置付けられた。Franka Maubach, "Expansionen weiblicher Hilfe: Zur Erfahrungsgeschichte von Frauen im Kriegdienst," in Sybille Steinbacher, ed., *Volksgenossinnen: Frauen in der NS-Volksgemeinschaft* (Wallstein Verlag, 2007), p.105 を参照。また、Ingeburg Hölzer の回想録 *"Im Sommer 1944 ..."* (Wim Snayder Verlag, 1994); Franz Wilhelm Seidler, *Blitzmädchen* (Wehr und Wissen, 1979) も参照。

43 1963 年 9 月 19 日のリーゼロッテ・マイアー・レームによる供述（BAL, 162/3425）。

44 Dagmar Reese, *Growing Up Female in Nazi Germany,* trans. William Templer (University of Michigan Press, 2006), p.128.

45 Reese, *Growing Up Female in Nazi Germany,* p.41. 1936 年のドイツ女子青年団大会におけるヒトラーとフォン・シーラッハの言葉の引用。同書の pp.72, 101, 133, 237 も参照。

46 アルトファーターの起訴状と判決の中にある彼女の経歴から（BAL, B162/4524, pp.20, 22）。

47 ベルリンにおける、1960 年 4 月 27 日および 29 日のディックによる証言（Oberstaatsanwalt Koblenz files, Koblenz 9 Js 716/59, Sonderkommission P.）。ホイザーと国家保安本部の捜査に関するこれらのファイルを提供してくれたユルゲン・マテ

さない看護師の全国連盟があった。「青い看護師団」は「ナチ看護師団」と合併した。

25 Birgit Panke-Kochinke and Monika Schaidhammer-Placke, *Frontschwestern und Friedensengel: Kriegskrankenpflege im Ersten und Zweiten Weltkrieg; Ein Quellen- und Fotoband* (Mabuse Verlag, 2002), p.18; Ulrike Gaida, *Zwischen Pflegen und Töten: Krankenschwestern im Nationalsozialismus* (Mabuse Verlag, 2006) を参照。

26 ドイツ赤十字社（DRK)、ナチ福祉団（NSV）とナチ党の関係については、ドイツ赤十字社の記録を参照（NARA Record Group 242, Deutsches Rotes Kreuz, Göttingen Stab, BDC, A 3345-DS-N001, frame 298）。Gaida, *Zwischen Pflegen und Töten.*

27 Vorschlagsliste DRK to NSDAP, Ortsgruppenleiter Aschaffenburg, 7 Dec. 1938. NARA, Record Group 242, Misc, Collection, Personnel Records, Göttingen, A 3345-DS-N001. 1938年9月28日、訓練と患者のケアにおけるユダヤ人看護師の分離に関する帝国内務省法令。Joseph Walk, ed., *Das Sonderrecht für die Juden im NS-Staat* (C. F. Mueller Verlag, 1996), p.243.

28 Lotte Guse, *Kriegserlebnisse einer Krankenschwester: Vom Kreuz beschützt, Der Spiegel,* August 11, 2008, http://einestages.spiegel.de/static/authoralbumbackground/2413/vom_kreuz_beschuetzt.html. 戦時中、看護師をしていたロッテ・グーゼの回想録から引用。

29 *Frauen an der Front: Krankenschwestern im Zweiten. Weltkrieg,* documentary film, Henrike Sandner and Dirk Otto (MDR, 2010). この映像を提供してくれたレナーテ・ザルカーに感謝申し上げる。

30 Erika Summ, *Schäfers Tochter: Die Geschichte der Frontschwester* (Zeitgut Verlag, 2006), p.76.

31 Erika Summ, "Ich will mehr," in Jürgen Kleindienst, ed., *Als wir Frauen stark sein mussten: Erinnerungen 1939-1945* (Zeitgut Verlag, 2007), p.60 に引用されている。また、Summ, *Schäfers Tochter,* p.89 にも、同じ言葉が感嘆符入りで見出しに使われている。

32 Panke-Kochinke and Schaidhammer-Placke, *Frontschwestern und Friedensengel;* Birgitt Morgenbrod and Stephanie Merkenich, *Das Deutsche Rote Kreuz unter der NS-Diktatur, 1933-1945* (Ferdinand Schöningh), 2008 を参照。

33 Summ, *Schäfers Tochter,* pp.95-115.

34 2010年3月10日にドイツのリューネンで行われた、アネッテ・シュッキング＝ホーマイヤーへの著者によるインタビュー。

35 Diemut Majer, *"Non-Germans" under the Third Reich: The Nazi Judicial and Administrative System in Germany and Occupied Eastern Europe, with Special Regard to Occupied Poland, 1939-1945* (Johns Hopkins University Press, 2003), p.638.

36 戦時中のドイツ人女性の労働の義務については、Ute Frevert, *Women in German History: From Bourgeois Emancipation to Sexual Liberation* (Berg, 1989), p.227〔フレーフェルト『ドイツ女性の社会史』〕を参照。

37 Michael Burleigh, *Death and Deliverance: "Euthanasia" in Germany, 1900-1945* (Cambridge University Press, 1994), p.159; Henry Friedlander, *The Origins of Nazi Genocide: From*

は、Bogdan Musial, *Deutsche Zivilverwaltung und Judenverfolgung im Generalgouvernement* (Harrossowitz Verlag, 1999), pp.82-90 より引用。ムジアルが引用した数字には、現地の民族ドイツ人も含まれている。オストラントの女性タイピストと事務職員に関する別の人事記録は、Record Group 242, A3345-DS-A156, Ostministerium, frame 316, selections for Riga, "Einsatz in den besetzten Ostgebieten, 28 Nov. 1941, Zentral- und Personalabteilung RKO-RmfdbO, NARA, Record Group 242, T454, roll 15 にあり。

15 Kater, *Hitler Youth,* p.89.

16 Richard Evans, *The Third Reich in Power* (Penguin, 2006), p.273; pp.265, 268 も参照。

17 George L. Mosse, ed., *Nazi Culture: Intellectual, Cultural, and Social Life in the Third Reich* (Grosset & Dunlap, 1966), p.80. Jakob Graf, *Familienkunde und Rassenbiologie für Schüler* (Munich, 1935) から引用。

18 Susi Podgurski, interview 5368, segment 32; Henry Adler, interview 10481; どちらも SFA 所蔵。Pine, *Education in Nazi Germany,* pp.15-16 を参照。調査を手伝ってくれたダニエル・ノットに感謝申し上げる。

19 2011 年 4 月 11 日に行われた、オトナートの生徒の一人で、てんかんの子の友人であったフリードリヒおよびフレヤ・K への著者によるインタビュー。目撃者たちからの著者への手紙（ライヒャースボイアーン、2011 年 5 月 6 日）。オトナートに関する人事記録と党記録で確認。オトナートは活発な党員で、1933 年 7 月以降、ナチ婦人団地区指導者を務め、ナチ教師連盟に参加し、1934 年に始まった青年プログラムでは現地マネージャーとなった。NARA, Record Group 242, BDC records, NSDAP Parteikorrespondenz: A3340-PK-I450, frames 1336-1340; NS Lehrerbund: A3340-MF-B095 frames 96-98, NSDAP, MFOK: A3340-MFOKQ036, frame 1496 を参照。オトナートの元生徒への著者によるインタビューの記録は、USHMMA に保管。教師が基本教材を党に依存していたことについては、Kalender 1938-NS Lehrerbund（ドイツのヴァイル・イム・シェーンブーフ在住の元教師が個人的に所蔵）を参照。

20 Claudia Koonz, *The Nazi Conscience* (Harvard University Press, 2005), p.154〔クローディア・クーンズ『ナチと民族原理主義』滝川義人訳、青灯社、2006 年〕.

21 Ingelene Rodewald, *...und auf dem Schulhof stand ein Apfelbaum: Meine Zeit in Polen, 1942-1944* (Cimbrian, 2007), pp.8-11.

22 Harvey, *Women and the Nazi East,* pp.97, 98-101.

23 Rosemarie Killius, ed., *Frauen für die Front: Gespräche mit Wehrmachtshelferinnen* (Militzke Verlag, 2003). Correspondence from Eugenie S., pp.59-60 を参照。

24 Jean H. Quataert, "Mobilizing Philanthropy in the Service of War: The Female Rituals of Care in the New Germany, 1871-1914," in Manfred F. Boemeke, Roger Chickering, and Stig Förster, eds., *Anticipating Total War: The German and American Experiences, 1871-1914* (Cambridge University Press, 1999) を参照。1930 年代の組織的ネットワークには、教会のシスターたちによるプロテスタントとカトリックの看護師団体（たとえばカイザースヴェルター社会奉仕団連合や第三修道会カリタス看護師団）や組織に属

トーク 1941-1944』〕; Götz Aly, *Hitlers Volkstaat: Raub, Rassenkrieg und Nationalsozialismus* (Fischer Verlag, 2005), pp.230-44〔ゲッツ・アリー『ヒトラーの国民国家 ―― 強奪・人種戦争・国民的社会主義』芝健介訳、岩波書店、2012 年〕; Johnpeter Horst Grill and Robert L. Jenkins, "The Nazis and the American South in the 1930s: A Mirror Image?" *Journal of Southern History* 58, no. 4 (1992): 667-94; Gert Gröning and Joachim Wolschke-Bulmahn, *Der Drang nach Osten: Zur Entwicklung der Landespflege im Nationalsozialismus und während des 2. Weltkrieges in den eingegliederten Ostgebieten* (Minerva, 1987), p.132.

9 幌馬車に乗って移住するヴォリニアの「民族ドイツ人」の写真は、Maximilian du Prel, ed., *Das deutsche Generalgouvernement Polen: Ein Überblick über Gebiet, Gestaltung und Geschichte* (Buchverlag Ost Krakau, 1940) を参照。

10 Siegfried Kracauer, *From Caligari to Hitler: A Psychological History of the German Film* (Princeton University Press, 1947; reprinted 2004), p.6〔ジークフリート・クラカウアー『カリガリからヒトラーへ ―― ドイツ映画 1918-1933 における集団心理の構造分析』丸尾定訳、みすず書房、1970 年〕. また、Eric Rentschler, *Ministry of Illusion: Nazi Cinema and Its Afterlife* (Harvard University Press, 1996) も参照。

11 1942 年 9 月 16 日にヘーゲヴァルトで行われたヒムラーの演説。NARA, Record Group 242, T175, R 90. ITS は今も家族の再会を進めている（http://www.its-arolsen.org/en/archives/collection/organisation/child-tracingservice/index.html）。戦時中、子どもは労働力として搾取され、医学実験の実験台にされた。カロリーネ・ディールとその夫で親衛隊医師のジークムント・ラッシャー（ヒムラーの側近で、ダッハウでの残虐な医学実験で知られる）は、子どもを誘拐していた。二人は 1944 年の末に逮捕され、1945 年 4 月に詐欺と会計上の違法行為により強制収容所で処刑された。Stanislav Zamečnik, *Das war Dachau* (Comité International de Dachau, 2002) を参照。

12 Isabel Heinemann, *Rasse, Siedlung, deutsches Blut* (Wallstein Verlag, 2003), p.520.

13 Christopher R. Browning, with Jürgen Matthäus, *The Origins of the Final Solution: The Evolution of Nazi Jewish Policy, September 1939-March 1942* (Yad Vashem, 2004), p.427.

14 東部のドイツ人職員の数の記録はさまざまな文書に散在しており、現存する報告書は複数の特定の機関による異なる時期のデータである。ここに挙げられている数字は、おもにウクライナ帝国弁務官領、オストラント帝国弁務官領および総督府から得られたものである。1942 年、ウクライナおよびオストラント帝国弁務官領の親衛隊事務所の 1 万 5000 人を超えるドイツ人職員、1 万 4000 人の農業監督官、東部中央貿易会社（ZHO）の 6600 人のドイツ人に女性が含まれていた。ウクライナには管区を構成する 440 を超える地方事務所があり、それぞれに最低一人は秘書がいた。Timothy Patrick Mulligan, *The Politics of Illusion and Empire: German Occupation Policy in the Soviet Union, 1942-1943* (Praeger, 1988), pp.22-23, 26, 28-29, 64 (n. 18), and 72 の統計を参照。マリガンの引用元は、NARA, Record Group 242, "Übersicht über die Verwaltungseinteilung des Reichskommissariats Ukraine nach dem Stand vom 1. Januar 1943," T454, reel 92, frame 000933 である。占領下ポーランドの数字

婦業と農業に少なくとも1年間従事することを義務付けた。1938年2月15日のゲーリングの命令と、Kuhn and Rothe, *Frauen im deutschen Faschismus,* vol. 1, pp.125-26にある Elisabeth Sedlmayr, *Frauenberufe der Gegenwart und ihre Verflechtung in den Volkskörper* (Munich, 1939) を参照。

第二章　東部が諸君を必要としている

1　Adolf Hitler, *Mein Kampf,* trans. Ralph Manheim (Houghton Mifflin, 2001; orig. pub. 1943), pp.653-54〔アドルフ・ヒトラー『わが闘争〈下〉―― II 国家社会主義運動』平野一郎、将積茂訳、角川文庫、1973年〕. アルベルト・シュペーアの回顧では、ヒトラーは、戦場における2、30万人のドイツ人の喪失は2、3年で容易に埋め合わせることができるため、影響はないと述べたという。Albert Speer, *Spandau: The Secret Diaries* (Macmillan, 1976).

2　Monologues of 8-10 Sept. 1941, Adolf Hitler, *Table Talk,1941-1944* (Enigma Books, 2008), p.24〔アドルフ・ヒトラー『ヒトラーのテーブル・トーク1941-1944』〈上〉、ヒュー・トレヴァー＝ローパー解説、吉田八岑監訳、三交社、1994年〕.

3　Lisa Pine, *Education in Nazi Germany* (Berg, 2011), p.56.

4　Woodruff Smith, "The Colonial Novel as Political Propaganda: Hans Grimm's *Volk ohne Raum," German Studies Review* 6, no. 2 (May 1983): 215-35.

5　Michael Kater, *Hitler Youth* (Harvard University Press, 2004), pp.102-3に引用されているドイツ女子青年団歌集1938年版より、*Wir Mädel singen* の歌詞。

6　*Das Sowjet-Paradies: Ausstellung der Reichspropagandaleitung der NSDAP; Ein Bericht in Wort und Bild*（Berlin: Zentralverlag der NSDAP, 1942; www.calvin.edu より抜粋)。1942年5月18日、ヘルベルト・バウムと4人のユダヤ人を含む左派反政府主義者の一派が博覧会を爆撃した。ゲッベルスと親衛隊および警察は500人のユダヤ人とその家族を逮捕し、報復した。男性250人がその場で射殺され、ほかの者は収容所に送られた。この出来事は、ゲッベルスとヴィクトール・クレンペラーの日記に記されている。Regina Scheer, *Im Schatten der Sterne: Eine jüdische Widerstandsgruppe* (Aufbau Verlag, 2004) を参照。

7　Elizabeth Harvey, *Women and the Nazi East: Agents and Witnesses of Germanization* (Yale University Press, 2003), p.92. Nicholas Stargardt, *Witnesses of War: Children's Lives under the Nazis* (Random House, 2005), p.120およびヒルデガルト・フリッチュによる回想録、*Land, mein Land: Bauerntum und Landdienst, BDM-Osteinsatz, Siedlungsgeschichte im Osten* (Schütz, 1986) も参照。

8　Wendy Lower, "Living Space," in Peter Hayes and John K. Roth, eds., *The Oxford Handbook of Holocaust Studies* (Oxford University Press, 2011), pp.310-25を参照。Carroll P. Kakel III, *The American West and the Nazi East: A Comparative and Interpretive Perspective* (Palgrave Macmillan, 2011), p.1; Hitler, *Table Talk*〔ヒトラー『ヒトラーのテーブル・

30 Richard Evans, *The Third Reich in Power* (Penguin, 2006), pp.584-86; 死亡者数の推定は p.590 に記載。

31 Alan E. Steinweis, *Kristallnacht 1938* (Harvard University Press, 2009); Beate Meyer, Hermann Simon, and Chana Schütz, eds., *Jews in Nazi Berlin: From Kristallnacht to Liberation* (University of Chicago Press, 2009); Thomas Kühne, *Belonging and Genocide: Hitler's Community, 1918-1945* (Yale University Press, 2010), pp.38-40.

32 Evans, *The Third Reich in Power,* p.587.

33 Evans, *The Third Reich in Power,* pp.378-88.

34 Kaplan, *Between Dignity and Despair.* 少女たちの軍隊式訓練については、Reese, *Growing Up Female in Nazi Germany,* p.4 を参照。ドイツの軍国主義と「最終解決」については、Isabel V. Hull, *Absolute Destruction: Military Culture and Practices of War in Imperial Germany* (Cornell University Press, 2005)、赤軍における女性の軍国主義については、Anna Krylova, *Soviet Women in Combat: A History of Violence on the Eastern Front* (Cambridge University Press, 2011) を参照。ドイツ人女性は戦争の最終局面において、必要に迫られて戦闘員としての役割を課せられたが、すでにそれまでに軍事文化の一端を担っており、身体訓練を受けていた。

35 人種主義国家と女性の役割については、Michael Burleigh and Wolfgang Wippermann, *The Racial State: Germany, 1933-1945* (Cambridge University Press, 1991)〔M・バーリー、W・ヴィッパーマン『人種主義国家ドイツ――1933-45』〈人間科学叢書〉柴田敬二訳、刀水書房、2001 年〕; Evans, *The Third Reich in Power,* pp.331, 523 を参照。

36 Frevert, *Women in German History,* p.207〔フレーフェルト『ドイツ女性の社会史』〕に引用されている言葉。また、Christina Thürmer-Rohr, "Frauen als Täterinnen und Mittäterinnen im NS-Deutschland," Viola Schubert-Lehnhardt and Sylvia Korch, eds., *Frauen als Täterinnen und Mittäterinnen im Nationalsozialismus: Gestaltungsspielräume und Handlungsmöglichkeiten* (Universität Halle-Wittenberg, 2006), p.22 も参照。

37 1939 年には例外的に結婚率が急増したが、1933 年から 1945 年まで出生率は全般的に 1920 年代と比較してあまり高くはなく、戦時中（1940 年から 1945 年まで）は著しく低かった。Jill Stephenson, *Women in Nazi Germany* (Longman, 2001), pp.24, 31-35; Frevert, *Women in German History,* pp.218-19〔フレーフェルト『ドイツ女性の社会史』〕を参照。

38 1921 年にミンデンで生まれたインタビュー対象者の言葉。Reese, *Growing Up Female in Nazi Germany,* p.126.

39 労働の義務を果たすには、農場で働く以外にも特別な任務を選ぶことがまだ可能であり、女性の場合、これは通常「事務職、看護補佐、社会福祉、公共交通機関〔および〕軍の仕事」を意味した（Stephenson, *Women in Nazi Germany,* p.81）。独身女性の労働奉仕の義務は、4 カ年計画の下で拡大されたが、これらの女性は事務所や小売店で働くことを好んだため、ゲーリングは労働力が不足していた家政

17　演説は、Benjamin Sax and Dieter Kunz, eds., *Inside Hitler's Germany: A Documentary History of Life in the Third Reich* (D. C. Heath, 1992), pp.262-63 から引用。

18　George L. Mosse, ed., *Nazi Culture: Intellectual, Cultural, and Social Life in the Third Reich* (Grosset & Dunlap, 1966), p.39 から引用したヒトラーの言葉。

19　Mosse, *Nazi Culture,* p.40 から引用したローゼンベルクの言葉。

20　Gisela Bock, "Ordinary Women in Nazi Germany: Perpetrators, Victims, Followers, and Bystanders," in Dalia Ofer and Lenore Weitzman, eds., *Women in the Holocaust* (Yale University Press, 1999) を参照。また、当時（終戦直後に再発行）の標準的なマニュアルにあった、受胎、妊娠、出産および助産術に関する人種主義的ガイドライン、Frau Dr. Johanna Haarer, *Die deutsche Mutter und ihr erstes Kind* (J. F. Lehmanns Verlag, 1938) も参照。結婚を予定している女性は皆、侵襲的医学検査を受けなければならず、また、いわゆる遺伝性疾患に関する審査を受けたが、売春、賭博および浮浪なども審査対象となった。"Richtlinien für die ärztliche Untersuchung der Ehestandsbewerber vom 3.1.1939," excerpted in Kuhn and Rothe, *Frauen im deutschen Faschismus,* vol. 1, p.95; "Die geschichtliche Entwicklung der deutschen Schwesternschaften," in *Lehrbuch für Säuglings-und Kinderschwestern* (Stuttgart, 1944), p.11 を参照。

21　Bock, "Ordinary Women in Nazi Germany," p.87.

22　Dagmar Reese, *Growing Up Female in Nazi Germany,* trans. William Templer (University of Michigan Press, 2006), p.148; Michael Kater, *Hitler Youth* (Harvard University Press, 2004), pp.100-103 も参照。

23　Frevert, *Women in German History,* p.207〔フレーフェルト『ドイツ女性の社会史』〕に引用されているアルフレート・ローゼンベルクの言葉。また、Matthew S. Seligmann, John Davison, and John McDonald, *Daily Life in Hitler's Germany* (St. Martin's Press, 2003), p.75; Kirsten Heinsohn, Barbara Vogel, and Ulrike Weckel, eds., *Zwischen Karriere und Verfolgung: Handlungsräume von Frauen im nationalsozialistischen Deutschland* (Campus Verlag, 1997), p.7; Bock, "Ordinary Women in Nazi Germany," p.93 も参照。

24　Mosse, *Nazi Culture,* p.21; Irene Guenther, *Nazi Chic? Fashioning Women in the Third Reich* (Berg, 2004), pp.83-85, 92, 106-8.

25　「ひとかどの人物になること」の魅力については、Ulrike Gaida, *Zwischen Pflegen und Töten: Krankenschwestern im Nationalsozialismus* (Mabuse Verlag, 2006), pp.7-8 を参照。

26　Lisa Pine, *Education in Nazi Germany* (Berg, 2011), pp.57-58.

27　Jürgen Matthäus, "Antisemitic Symbolism in Early Nazi Germany, 1933-1935," *Leo Baeck Institute Yearbook* 45 (2000): 183-203.

28　1938 年 11 月、ユダヤ人はドイツの公立学校から締め出された。Henny Adler, interview 10481; Susi Podgurski, interview 5368; どちらも SFA 所蔵。インタビュー資料提供者のダニエル・ノット氏に感謝申し上げる。

29　Marion A. Kaplan, *Between Dignity and Despair: Jewish Life in Nazi Germany* (Oxford University Press, 1999), p.108.

"Women on the Weimar Right: The Role of Female Politicians in the Deutschnationale Volkspartei," *Journal of Contemporary History* 36, no. 4 (2001): 547-60 も参照。

10 この流れは、最大の女性団体、ドイツ女性協会連盟（BdF）が解散した1933年に始まった。従来の女性団体と女性の職業はナチ狂信者に乗っ取られ、ユダヤ人女性は追い出された。Bridenthal, Grossmann, and Kaplan, *When Biology Became Destiny,* pp.21-22を参照。

11 Sybil Milton, "Women and the Holocaust: The Case of German and German-Jewish Women," in Bridenthal, Grossmann, and Kaplan, *When Biology Became Destiny*, pp.298, 300, 305. 1933年から1939年までの間、ナチの強制収容所には約15万人の共産主義者が収容されており、3万人が処刑された。女囚たちはのちにリヒテンブルクへ、その後ラーヴェンスブリュックへと移された。最も古いゴッテスツェルの収容所に収容され、その後リヒテンブルクへ移された者の中に共産主義者のリーナ・ハークがいる。

12 リーナ・ハークの1947年の回想録にある。*Eine Hand voll Staub-Widerstand einer Frau 1933 bis 1945* (Fischer Verlag), 1995, pp.10, 53.

13 Barbara Distel, "In the Shadow of Heroes: Struggle and Survival of Centa Beimler-Herka and Lina Haag," in Wolfgang Benz and Barbara Distel, eds., *Dachau Review: History of Nazi Concentration Camps; Studies, Reports,Documents,* vol. 1 (Berg, 1988), p.201; 2012年2月9日、ミュンヘンで行われたリーナ・ハークおよびボリス・ノイジウス博士への著者によるインタビューも参照（インタビュー内容はUSHMMAで入手可能）。

14 Karin Orth, "The Concentration Camp Personnel," in Jane Caplan and Nikolaus Wachsmann, eds., *Concentration Camps in Nazi Germany: The New Histories* (Routledge, 2010), p.45に引用されている、3508名の女性看守のリストを掲載した1945年1月以降の収容所職員に関する報告書。（収容所ではなく）刑務所に勤務していた女性の総数は不明。女性看守の人物像については、Kerrin Gräfin Schwerin, ed., *Frauen im Krieg: Briefe, Dokumente, Aufzeichnungen* (Nicolai Verlag, 1999), pp.117-24に引用されているLuise Rinser, *Gefängnistagebuch* (1944-1945)を参照。3万人の囚人がいたシュトゥットホーフについては、Rita Malcher, "Das Konzentrationslager Stutthof," in Theresa Wobbe, ed., *Nach Osten: Verdeckte Spuren nationalsozialistischer Verbrechen* (Verlag Neue Kritik, 1992), pp.161-74を参照。また、Elissa Mailänder Koslov, *Gewalt im Dienstalltag: Die SS-Aufseherinnen des Konzentrations- und Vernichtungslagers Majdanek, 1942-1944* (Hamburg Institute for Social Research, 2009); Brown, *The Camp Women;* Jürgen Matthäus, ed., *Approaching an Auschwitz Survivor: Holocaust Testimony and Its Transformations* (Oxford University Press, 2009)も参照。

15 Marc Buggeln, *Arbeit und Gewalt: Das Aussenlagersystem des KZ Neuengamme* (Wallstein Verlag, 2009)を参照。1945年1月、ノイエンガンメには322名の女性看守がいた。

16 ドイツ社会における自警については、Robert Gellately, *The Gestapo and German Society: Enforcing Racial Policy, 1933-1945* (Oxford University Press, 1991)を参照。

たのは、1919年から1920年までであった。Elizabeth D. Heineman, *What Difference Does a Husband Make? Women and Marital Status in Nazi and Postwar Germany* (University of California Press, 1999), Appendix Aを参照。

4　たとえば、ドイツ国家国民党、キリスト教社会国民党、ドイツ国民党、キリスト教国家農民農村住民党およびバイエルン国民党など。Larry Eugene Jones and James Retallack, eds., *Elections, Mass Politics and Social Change in Modern Germany* (Cambridge University Press, 1992); George L. Mosse, *The Crisis of German Ideology: Intellectual Origins of the Third Reich* (Grosset & Dunlap, 1964)〔ジョージ・L・モッセ『フェルキッシュ革命——ドイツ民族主義から反ユダヤ主義へ』〈パルマケイア叢書〉植村和秀、大川清丈、城達也、野村耕一訳、柏書房、1998年〕; Mosse, *Toward the Final Solution: A History of European Racism* (Howard Fertig, 1997) を参照。

5　Ute Frevert, *Women in German History: From Bourgeois Emancipation to Sexual Liberation* (Berg, 1989)〔ウーテ・フレーフェルト『ドイツ女性の社会史——200年の歩み』若尾祐司、姫岡とし子、坪郷実、原田一美、山本秀行訳、晃洋書房、1990年〕.

6　Nancy R. Reagin, *Sweeping the German Nation: Domesticity and National Identity in Germany, 1870-1945* (Cambridge University Press, 2006), pp.61-69, 97-101; Renate Bridenthal, Atina Grossmann and Marion Kaplan, eds., *When Biology Became Destiny: Women in Weimar and Nazi Germany* (Monthly Review Press, 1984), p.xiii を参照。

7　Eva Schöck-Quinteros and Christiane Streubel, eds., *"Ihrem Volk verantwortlich": Frauen der politischen Rechten (1890-1933); Organisationen-Agitationen-Ideologien* (Trafo Verlag, 2007).

8　Erna Günther, "Wir Frauen im Kampf um Deutschlands Erneuerung," *NS-Frauen-Warte* 2, no. 17 (25 Feb. 1934): 507. German Propaganda Archive, http://www.calvin.edu/academic/cas/gpa/fw2-17.htm.

9　党の人気が最高潮に達した1932年でさえ、ヒトラーに投票した者の大多数は女性ではなかった。1932年3月の大統領選挙では、女性投票者の51. 6パーセントがヒンデンブルクに投票したのに対して、ヒトラーに投票したのは26. 5パーセントであった。1931年9月の選挙では、300万人の女性がナチ党の候補者に投票したが、これはナチ党の総得票数650万票の半分に近かった。ほとんどの女性は保守系民族主義政党に投票していた。Richard Evans, "German Women and the Triumph of Hitler," *Journal of Modern History* 48 (March 1976): 156-57 を参照。しかし、地域差は大きく、宗教も関連していた。たとえば、カトリック中央党党員のアマーリエ・ラウアーやドイツ社会民主党、共産党の左派クララ・ツェトキンはヒトラーのファシズムに反対していた。女性に対してナチ党に関する警告を発したさらにリベラルな保守派女性指導者に、法学者のエリーザベト・シュヴァルツハウプトがいる。Annette Kuhn and Valentine Rothe, *Frauen im deutschen Faschismus,* vol.1 (Schwann, 1982), pp.80-83に、1932年にベルリンで初版が発行された論考、「女性はナチズムに何を期待するのか？」からの引用あり。Michael Kater, *The Nazi Party: A Social Profile of Members and Leaders* (Harvard University Press, 1983); Raffael Scheck,

2002) では、女性に関する分析はごく表面的にしか行われていない。

13　Karen Hagemann, "Military, War, and the Mainstreams: Gendering Modern German Military History," in Karen Hagemann and Jean H. Quataert, eds., *Gendering Modern German History: Rewriting Historiography* (Berghahn, 2007), 特に pp.70-75 を参照。および素晴らしい文献案内である、Claudia Koonz, "A Tributary and a Mainstream: Gender, Public Memory, and Historiography of Nazi Germany," pp.147-68 を参照。

14　Raul Hilberg, *Perpetrators, Victims, Bystanders: The Jewish Catastrophe, 1933-1945* (HarperCollins, 1992), p.53.

15　彼女は国家保安本部（Reichssicherheitshauptamt, RSHA）で唯一の女性主任であった。刑事警察（Kriminalpolizei, Kripo）には、1943 年 5 月の時点で 71 名の管理職の女性がおり、61 の事務所で働いていた。Michael Wildt, *An Uncompromising Generation: The Nazi Leadership of the Reich Security Main Office* (University of Wisconsin Press, 2009), pp.177-78, 482 n. 35 を参照。

16　Henry Greenspan, *On Listening to Holocaust Survivors: Recounting and Life History* (Praeger, 1998); Christopher Browning, *Collected Memories: Holocaust History and Postwar Testimony* (University of Wisconsin Press, 2003); Harald Welzer, *"Opa war kein Nazi": Nationalsozialismus und Holocaust im Familiengedächtnis* (Fischer Verlag, 2002); Dörr, *"Wer die Zeit nicht miterlebt hat ..."* を参照。

第一章　ドイツ女性の失われた世代

1　Ernest M. Doblin and Claire Pohly, "The Social Composition of the Nazi Leadership," *American Journal of Sociology* 51, no. 1 (1945): 42-49; Michael Mann, "Were the Perpetrators of Genocide 'Ordinary Men' or 'Real Nazis'? Results from Fifteen Hundred Biographies," *Holocaust and Genocide Studies* 14 (Winter 2000): 331-66; Daniel Brown, *The Camp Women: The Female Auxiliaries Who Assisted the SS in Running the Nazi Concentration Camp System* (Schiffer, 2002) を参照。特にジョン・ロスによる序文（pp.6-7）。

2　Michael Wildt, *An Uncompromising Generation: The Nazi Leadership of the Reich Security Main Office* (University of Wisconsin Press, 2009).

3　1914 年から 1964 年までで最も出生数が多かったのは、1920 年から 1922 年まででであった。出生率は、第一次世界大戦中の 1918 年に人口 1000 人につき 14. 3 人へと急激に低下し、その後 1920 年に 25. 8 人に急増したが、結局、1930 年の不況とともに再び 17. 5 人に減少した。この人口学的動向は、ヨーロッパでは一般的であったが、ドイツでは際立っており、これが母親の社会的地位を向上させる一方で、女性を家庭に連れ戻そうとし、避妊と中絶を制限する反フェミニズム的反動のおもな一因となった。Michelle Mouton, *From Nurturing the Nation to Purifying the Volk: Weimar and Nazi Family Policy, 1918-1945* (Cambridge University Press, 2007), pp.108, 272-82 を参照。1908 年から 1964 年まででドイツで最も結婚件数が多かっの路上にいた一人のユダヤ人女性と、事務所で働いていたユダヤ人たちが殴られ、親衛隊の銃殺隊と補助警察官たちに追いつめられたことを覚えていた。Maria Koschinska Sprenger, 20 Apr. 1966, BAL, 162/3446.

7　ショルツ＝クリンクは国民社会主義婦人団（ナチ婦人団：NS-Frauenschaft）の指導者で、その他の組織も主宰していた。「民族を代表する女性」として、ショルツ＝クリンクは反フェミニズムの新たな女性の時代を求めた。この目的のために、彼女は三度結婚し、11 人の子を出産した。また、純潔、倹約、規律に基づく生活を説いたが、自身は放蕩で不貞な生活を送った。ショルツ＝クリンクについて研究し、インタビューを行ったクローディア・クーンズによれば、彼女は野心的であったが、その権限は小さかった。Koonz, *Mothers in the Fatherland: Women, the Family, and Nazi Politics* (St. Martin's Press, 1988), p.6〔クローディア・クーンズ『父の国の母たち —— 女を軸にナチズムを読む』姫岡とし子監訳／翻訳工房「とも」訳、時事通信社、1990 年〕を参照。さらに、ショルツ＝クリンクの身勝手な釈明である *Die Frau im Dritten Reich* (Grabert, 1978) も参照。

8　「殺戮の地〔キリングフィールド〕」という言葉は意図的に選んだ。クメール・ルージュによる恐怖政治はずっと後の時代（第二次世界大戦の 30 年後）であるが、このジェノサイドの事例は、歴史的により一般的な、工業化されていない大量殺人の方法と、革命家、そして殺人者としてのクメール人女性の役割に関心を向けさせた。Ben Kiernan, *The Pol Pot Regime: Race, Power, and Genocide in Cambodia under the Khmer Rouge, 1975-1979,* 3d ed. (Yale University Press, 2008) を参照。両者が極めて異なっていたという見解の例として、クメール・ルージュでは広く女性が関与していたのに対し、ドイツの場合はわずか 2、3000 人の収容所看守のみがかかわっていたと考えられていたことが挙げられる。Roger W. Smith, "Perpetrators," in *Encyclopedia of Genocide and Crimes against Humanity* (Macmillan, 2004) を参照。

9　Ursula Mahlendorf, *The Shame of Survival: Working through a Nazi Childhood* (Penn State University Press, 2009).

10　女性による度を越した略奪については、ガリツィア地区保安警察・親衛隊保安部指揮官報告書（シェンク報告）、Verhalten der Reichsdeutschen in den besetzten Gebieten, 14 May 1943 を参照。報告書の全文は ITS に保管。BAK, R58/1002 のコピーは数ページ分紛失。Martin Dean, *Robbing the Jews: The Confiscation of Jewish Property in the Holocaust,1933-1945* (Cambridge University Press, 2008) も参照。

11　Margarete Dörr, *"Wer die Zeit nicht miterlebt hat ...": Frauenerfahrungen im Zweiten Weltkrieg und in den Jahren danach,* vol. 2, *Kriegsalltag* (Campus Verlag, 1998), p.109.「瓦礫の女たち」のナラティブが、この犠牲のイメージを生んだ。Antonia Meiners, ed., *Wir haben wieder aufgebaut: Frauen der Stunde null erzählen* (Sandmann, 2011) を参照。

12　Ann Taylor Allen, "The Holocaust and the Modernization of Gender: A Historiographical Essay," *Central European History* 30 (1997): 349-64 (p.351 参照)。Gerhard Paul, ed., *Die Täter der Shoah: Fanatische Nationalsozialisten oder ganz normale Deutsche?* (Wallstein Verlag,

序

1 Elisabeth H., Neustadt, 11 Aug. 1977, BAL, 76-K 41676-Koe.

2 Theresa Wobbe, ed., *Nach Osten: Verdeckte Spuren nationalsozialistischer Verbrechen* (Verlag Neue Kritik, 1992); Gudrun Schwarz, *Eine Frau an seiner Seite: Ehefrauen in der "SS-Sippengemeinschaft"* (Hamburger Edition, 1997); Elizabeth Harvey, *Women and the Nazi East: Agents and Witnesses of Germanization* (Yale University Press, 2003); Susannah Heschel, "Does Atrocity Have a Gender? Feminist Interpretations of Women in the SS," in Jeffrey Diefendorf, ed., *Lessons and Legacies,* vol. 6, *New Currents in Holocaust Research* (Northwestern University Press, 2004), pp.300-321.

3 Christa Schroeder, *He Was My Chief: The Memoirs of Adolf Hitler's Secretary* (Frontline Books, 2009), pp.99, 114-15. ドイツ語版は1985年に発行。

4 Lora Wildenthal, *German Women for Empire, 1884-1945* (Duke University Press, 2001). 関連するナチ以前の歴史については、Katharina Walgenbach, *Die weisse Frau als Trägerin deutscher Kultur: Koloniale Diskurse über Geschlecht, "Rasse" und Klasse im Kaiserreich* (Campus Verlag, 2005) も参照。帝国の政策への女性貴族の統合については、全国食料身分団（Reich Nährstand）でイデオロギー活動を担当し、ドイツ赤十字社で積極的に活動していたヒルデガルト・フォン・レーデンの伝記を参照。また、全国農民指導者（Landesbauerführerin）であったフォン・レーデンとヒムラーの1941年6月17日の会合については、Peter Witte et al., eds., *Der Dienstkalender Heinrich Himmlers 1941/42* (Christians Verlag,1999) を参照。

5 Rosemarie Killius, ed., *Frauen für die Front: Gespräche mit Wehrmachtshelferinnen* (Militzke Verlag, 2003), pp.69-70; Franka Maubach, "Expansionen weiblicher Hilfe: Zur Erfahrungsgeschichte von Frauen im Kriegdi-enst," in Sybille Steinbacher, ed., *Volksgenossinnen: Frauen in der NS-Volksgemeinschaft* (Wallstein Verlag, 2007), pp.93-94. 女性たちはエアフルトの警察学校に送られ、同校卒業生は1945年初頭、アルザスの親衛隊養成学校への入学を許可された。Gudrun Schwarz, "Verdrängte Täterinnen: Frauen im Apparat der SS, 1939-1945," in Theresa Wobbe, ed., *Nach Osten: Verdeckte Spuren nationalsozialistischer Verbrechen* (Verlag Neue Kritik, 1992), p.210 を参照。

6 特に赤裸々なある証言の中で、リダ出身の民族ドイツ人の料理人が、地元の警察官の食事作りを任されたことについて語っている。ある日彼女はドイツ憲兵隊大尉から、特別作戦のために翌日町に着く100人の食事を急いで用意するよう頼まれた。彼女は朝早く食事を出し、憲兵隊は暗いうちに出発した。2、3時間後、射殺が始まった。交代で任務を遂行した銃殺隊について、ドイツ人親衛隊将校と緑灰色の制服を着たリトアニア人補助警察官だったと彼女は説明した。彼らは定期的に食事をしに戻ってきた。これが真夜中を過ぎ、翌日まで続いた。地元の補助警察官は彼女に、赤ん坊を宙に放り投げ、まだ息のある者を生き埋めにするという、恐ろしい殺害現場の様子を詳細に語った。彼女は、憲兵隊事務所の外

原注

文書館

ドイツ

BAB	Bundesarchiv (Federal Archives), Berlin
BAK	Bundesarchiv (Federal Archives), Koblenz
BAL	Bundesarchiv (Federal Archives), Ludwigsburg
BSL	Bavarian State Library, Munich
ICH	Institute for Contemporary History, Munich
ITS	International Tracing Service, Bad Arolsen
LAS	Landesarchiv Speyer, Speyer
MCA	Munich City Archive, Munich

オーストリア

SWA	Simon Wiesenthal's Office Archive, Vienna Wiesenthal Institute for Holocaust Studies, Vienna
VCA	Vienna City and State Archive, Vienna

ウクライナ

CSA	Central State Archives of Civic Organizations of Ukraine, Kiev
ZSA	State Archives, Zhytomyr

アメリカ合衆国

BDC	Berlin Document Center Collection, NARA, Washington, D.C.
IMT	International Military Tribunal at Nuremberg, NARA, Washington, D.C.
NARA	U.S. National Archives Record Administration, Washington, D.C.
SFA	Shoah Foundation Visual History Archive, University of Southern California, Los Angeles
USHMMA	U.S. Holocaust Memorial Museum Archives, Washington, D.C.

フランス

Yahad	Yahad in Unum Collecton, Paris

イスラエル

YVA	Yad Vashem Archive, Jerusalem

図版出典一覧

◆監訳者紹介
武井彩佳（たけい・あやか）
早稲田大学博士（文学）。専門はドイツ現代史、ユダヤ史、ホロコースト研究。早稲田大学比較法研究所助手を経て、現在、学習院女子大学国際文化交流学部准教授。著書に『戦後ドイツのユダヤ人』（白水社、2005年）、『ユダヤ人財産はだれのものか――ホロコーストからパレスチナ問題へ』（白水社、2008年）、訳本にダン・ストーン著『ホロコースト・スタディーズ――最新研究への手引き』（白水社、2012年）がある。

◆訳者紹介
石川ミカ（いしかわ・みか）
国際基督教大学教養学部人文科学科卒業。外資系銀行勤務を経て、障害・福祉・リハビリテーション分野の翻訳に従事。主な訳書は、O・ヘンリー著『賢者の贈りもの』〈マルチメディアDAISY図書〉（公益財団法人日本障害者リハビリテーション協会、2007年）、カイリー・チャン著『玄天　第一巻　白虎』（バベルプレス、2012年）、アラナ・オフィサー、アレクサンドラ・ポサラック編『世界障害報告書』（明石書店、2013年）、スーザン・ヤング、ジェシカ・ブランハム著『大人のADHDのアセスメントと治療プログラム――当事者の生活に即した心理教育的アプローチ』（明石書店、2015年）など。

※一部の地名表記等について、下記の諸氏にご教示いただいた。記して感謝申し上げる。岩手大学・梶さやか氏（ポーランド）、平成国際大学・末澤恵美氏（ウクライナ）、一般社団法人ロシアNIS貿易会・服部倫卓氏（ベラルーシ）。

◆著者紹介
ウェンディ・ロワー（Wendy Lower）
クレアモント・マッケナ・カレッジ歴史学部教授（John K. Roth Chair）、ミュンヘン大学リサーチ・アソシエイト。アメリカ合衆国ホロコースト記念博物館の学術コンサルタントも務め、20年にわたりホロコーストに関する資料調査とフィールド調査を行っている。家族とともに米国・カリフォルニアのロサンゼルスとドイツのミュンヘンに居住。

ヒトラーの娘たち
——ホロコーストに加担したドイツ女性

2016年7月27日　初版第1刷発行
2016年9月20日　初版第3刷発行

著　者　ウェンディ・ロワー
監訳者　武井　彩佳
訳　者　石川　ミカ
発行者　石井　昭男
発行所　株式会社　明石書店

〒101–0021 東京都千代田区外神田 6-9-5
電話 03（5818）1171
FAX 03（5818）1174
振替　00100-7-24505
http://www.akashi.co.jp/

装幀　上野かおる
印刷／製本　モリモト印刷株式会社

（定価はカバーに表示してあります）　ISBN978-4-7503-4374-7